부동산은 시류에 흔들리지 않는 자기만의 철학이 필요합니다.
이 책을 통해 대한민국 부동산에 대한 안목을 키우는데 보탬이 되길!

저자 진희선 드림

서울도시건축주택 인문학 산책 ①

서울시 부시장이 말하는

# 대한민국
# 부동산
# 트렌드

진희선 지음

하우스푸어에서 영끌이까지
대한민국 부동산 어디로 가나?
지나온 30년 – 다가올 30년

# 머리말

## 대한민국 부동산 모두의 불만

최근 몇 년 사이 집값에 대한 논쟁이 대한민국을 뜨겁게 달구고 있다. 집은 우리의 삶을 담는 소중한 공간인 국민의 보금자리다. 집값이 출렁거리면 우리의 삶이 힘들어지며 국민의 일상이 곤궁해진다.

집값 폭등이 20~30대 젊은이들에게는 불안감을 넘어 공포를 자아낸다. 오죽하면 영혼을 끌어서라도 주택가격이 오르기 전에 아파트를 사야겠다고 올인하는 모습이 안타깝다. 이번 기회에 있는 재산을 모두 털어 모으고 최고 한도까지 은행 대출을 받아, 그래도 부족하면 부모, 친척에게 돈을 빌려서라도 아파트를 사야 하나? 그러다가 나중에 아파트 가격이 떨어지면 어떻게 하지? 좀 더 기다려 볼까? 정부에서도 3기 신도시를 비롯한 주택공급 정책을 대대적으로 펼치고 있으니, 몇 년 만 더 기다리면 좋은 주택을 지금보다는 훨씬 싸게 살 수 있지 않을까? 몇 달 며칠을 고민해 보지만 결정하기 쉽지 않다. 젊은이들이 취직하여 월급 받아 한 푼도 안 쓰고 20년 이상을 모아야 서울에 있는 아파트 한 채를 사들일 수가 있다고 하니, 내 생애 집 사는 것은 포기해야 하는 것은 아닌가?

그동안 전세를 살며 악착같이 돈을 모아 내 집 마련의 꿈을 꾸고 있었던 서민들은 하늘에 날벼락이 떨어진 것이다. 이제는 집주인 눈치에 이사 걱정 안 하고 내 집에서 당당하게 아이들을 키워보겠다는 희망은 물거품이 된 것인가? 설상가상으로 전·월세 값마저 올라서 그간 모아났던 목돈을 전·월세 상승분 메우기도 벅차다. 규모를 줄여서 전·월세 집을 찾아야 하니 하늘에 날벼락도 유분수다.

내 집이 있는 사람도 불안하다. 애들이 자라면서 조금이라도 더 큰 집으로 이사 가야 하는데, 집값이 너무 올라 그동안 저축한 금액으로는 턱없이 부족하다. 이제는 덩치가 커버린 애들을 데리고 이 작은 집이라도 감지덕지하며 계속 살아야 하는가?

집값이 많이 오른 강남의 집주인들도 불만이다. 공시가격을 올려서 재산세를 올리고 종합부동산세를 더 많이 걷는다고 한다. 나는 아무 잘못도 없는데 정부가 주택정책을 잘못해서 집값을 올려놓고 인제 와서 집값 잡는다고 세금만 올린다. 고정적인 소득이 없는 은퇴자들은 평생을 이곳에서 살아왔는데 세금을 올려 쫓아내려고 하느냐?


강남사람들은 세금이 올라 불만, 강북사람들은 상대적으로 집값이 덜 올라 불만, 지방에 사는 사람들은 터무니없는 서울 집값 상승에 상대적 박탈감. 그마저 집이 없는 사람은 내 생애 내 집에서 사는 것은 포기하고 평생 남의 집에서 세를 살아야 하는가? 최근 몇 년 동안 가파르게 상승한 집값 때문에 대한민국 국민 모두가 불만이다. 서민들은 이사 갈 전셋집을 찾을 수 없고, 간신히 찾은 전셋집은 턱없이 비싸거나 월세로 전환되었다. 전셋집 한 채 나왔다 하면 순번타서 기다려야 하는 세상이 된 것이다. 종전 전세금으로 이사 갈 집이 없다고 아우성친다. 사회초년생들과 신혼부부들은 내 집 마련은 꿈만 같아 출산을 미루거나 포기할 지경이다. 작은 집 한 채 가지고 살던 사람들도 아이들이 중고등학교 진학하면서 덩치들이 커지고, 살림살이가 늘어나면서 좀 더 큰 집으로 이사가고 싶은데 집값이 너무나 폭등하여 엄두를 내지 못한다. 강남에 집 가지고 있는 사람들도 내가 한 것이라고는 한 집에서 수십 년간 산 죄 밖에 없는데 세금이 너무 올라 자신의 수입으로는 감당하기 곤란하여 오랫동안 살던 곳에서 쫓겨날 판이라고 불만을 토로한다. 최근 집값 폭등으로 인해 국민 아무도 이익이나 혜택을 받은 것이 없고 모두가 손해를 보거나 불이익을 당했다고 한다.

## 설마 이렇게까지 집값이 오를 줄이야!

2008년 미국발 금융위기 이후 한동안 떨어지기만 했던 집값이 2014년을 기점으로 하락을 멈추더니 2015년부터 상승하기 시작한다. 2017년 초까지만 해도 국민은 주택가격 상승을 체감하지 못했다. 가격상승 초기일뿐만 아니라 박근혜 정부의 국정농단이 국가적인 주요 이슈였고, 온 국민의 관심 대상이었다. 광화문 일대에서만 연인원 1,600만 명이 참여하는 촛불 문화행사가 연일 개최되었다. 촛불 문화행사는 전국적으로 번져나가면서 "대통령 물러나라! 이것이 나라이냐! 국민이 국가의 주인이다!"라는 외침이 대한민국 전역에 울려 퍼졌다.

그러나 그러한 외침 속에서도 주택가격은 6~7년 동안 하락했던 저점을 찍고 상승하기 시작한 것이다. 그러다가 2017년 문재인 정부의 출범과 함께 국민은 주택가격의 상승을 체감하기 시작했으며 정부에서도 부동산 시장의 이상 조짐에 대한 대책에 들어갔다. 정부 관계부서와 협의가 진행되고 주택가격 상승을 막기 위해 수도권의 지방자치단체와도 긴밀한 협의가 이루어진다.

그러나 초기에는 정부나 전문가들조차도 부동산이 이렇게까지 급격하게 상승하리라 예상하지 못했다. 일부 전문가는 미국발 금융위기가 어느 정도 해소되었으나, 그간 10년 주기의 부동산 상승과 하강을 반복했던 우리의 경험으로 보면 2016년쯤 상승기를 찍고 2018년부터는 다시 하강하리라 예상했다. 일부 외국의 선진도시들도 금융위기의 충격에서 아직 벗어나지 못하고 있었고, 이미 일본을 비롯한 일부 도시들은 인구 감소와 노인인구 증가에 따른 빈집 걱정을 해야 하는 시기였다.

## 서울발 집값 상승 수도권과 광역도시로 번지고

그렇기에 정부 초기 대책은 다주택자들이 저금리 상황에서 전세 끼고 갭 투자하는 것을 막으려는 조치로 금융 대출 규제에 정책을 집중했다. 그러나 예상과 달리 주택가격이 계속해서 상승하자 3기 신도시 개발과 도심 주택공급 정책을 발표했다. 그런데도 집값이 폭등 수준으로까지 오르자 종합부동산세를 포함한 재산세, 양도소득세, 취득세 등 세율을 올리는 세제 강화정책을 펼치기 시작한다. 그러나 강남발 집값 상승 추세는 강북지역을 거쳐 수도권으로 번지다가 이제는 지방 광역도시를 휩쓸고 다시 서울의 집값을 부추기고 있다. 한편에서는 주택가격 상승의 견인효과로 전세금이 오르고 일부 전세시장이 월세시장으로 바뀌는 현상이 나타났다. 정부에서는 임대시장 안정화를 위해 임대차 3법을 개정해서 월세 신고제, 임대 계약갱신청구권, 임대료 상한제를 도입했다. 가뜩이나 불안한 임대시장에 임대 기간을 2년에서 4년으로 늘리는 것은 기존의 임차인에게는 유리하나 새롭게 임대주택을 구하는 사람들은 어려움을 겪을 수밖에 없었다.

## 부동산 정책 백가쟁명百家爭鳴

지난 몇 년간 부동산 시장에 대한 논쟁은 백가쟁명을 방불케 했다.

첫째, 정부의 역할에 관한 것이다. 정부가 정책을 잘못해서 주택가격을 오히려 폭등시켰으니 정부가 책임져라. 시장경제 논리로 작동하는 부동산 시장에 어설프게 정부가 끼어들어서 주택가격 상승을 초래한 것이라는 것이다. 그러면 부동산 시장은 시장경제에 그냥 맡겨야 하는가?

둘째, 공급만이 답이다. 주택가격 상승은 수요보다 공급이 턱없이 부족한 것에 기인하므로 그린벨트를 풀어서라도 주택공급을 하여야 한다.

셋째, 아파트 재건축 시행 여부에 대해서도 의견이 갈린다. 강남 여의도 등 폭발적으로 주택수요가 많은 곳의 아파트 재건축은 빨리 허가를 내어 주어야 주택가격을 잡을 수 있다. 그러나 한편에서는 아파트 재건축 인허가를 내어 주면 오히려 조합원 아파트 지분값이 오르기 때문에 인근의 아파트 가격을 부추길 수 있다.

넷째, 세제에 대해서도 의견이 상반된다. 주택가격이 오른 만큼 보유세와 양도세를 올려서 불로소득을 환수해야 한다. 강남을 비롯한 부동산이 우리 사회 양극화의 주범이다. 다른 한편에서는, 세금 인상은 오히려 주택가격으로 전가되거나 양도세 등 세금부담으로 매물 가뭄 현상을 초래하여 오히려 가격상승을 부채질할 것이다.

다섯째, 금융 대출 규제는 다주택자들의 갭투자를 막는 데 필요하다. 아니다, 금융 대출을 막다 보니 현금이 없는 사회초년생들이 주택을 매입하거나 분양을 받을 수 없고, 현금 동원 능력 있는 사람만이 주택을 매입할 수 있어서 오히려 부작용을 초래한다.

여섯째, 임대주택 시장안정을 위해서는 임대차 3법이 필요하다. 그렇지 않다, 임대계약갱신청구권은 임대주기를 배로 늘리는 효과를 가져와 임대 물건 가뭄 현상을 초래하여 전월세가 상승으로 이어지는 역효과를 낳았다.

이렇게 최근 집값 상승에 관한 주요 쟁점에 대해 다양한 의견들이 분출하고, 여기에 정치적 논쟁이 기름을 부으면서 일반 국민은 어찌할지 갈팡질팡하고 있다. 지금 주택을 사지 못하면 영원히 자기 집에 사는 꿈을 버려야 하는 것은 아닌지, 우려를 넘어 공포가 엄습한다. 젊은이들은 영혼을 끌어와서라도 내 집 마련을 반드시 해야 할 것 같은 분위기가 형성되어 버린 것이다.

## 2년 만에 '하우스푸어'에서 '영끌이'로

2010년에는 집은 있으나 가난한 '하우스푸어'라는 용어가 유행했다. 금융기관으로부터 무리하게 대출받아 집을 샀는데, 금리가 오르면서 직장인 월급으로 원금과 이자를 충당하기에 벅찬 샐러리맨들의 자조적인 얘기다. 〈김광수 경제연구소〉에 따르면, 수도권에서만 95만 가구, 전국적으로 198만 가구에 이른다고 한다. 불과 10년 전이다. '집 있는 거지'라는 뜻의 '하우스푸어'가 신문 지면에 매일 주요 기사로 등장했던 것이 말이다. 당시 언론들은 무리하게 대출을 해서 집을 샀다가, 집값하락에 고전하는 직장인 김모, 이모, 박모 씨 얘기를 비중 있게 다뤘다. 번듯한 대기업에 다니지만, 주택 대출금 이자를 갚느라 외식도 못 하고 아이들 학원도 못 보낸다는 당시 세태가 사회 문제로 주목받았다. 하지만 10년이 지난 지금 하우스푸어는 '영끌이'와 '벼락거지' 등에 밀려 지면에서 자취를 감춰버렸다.

2020년에는 '영끌이'란 용어가 사회 키워드다. 영혼이라도 끌어 모아서 집을 사야 한다는 영끌이. 이번 기회에 집을 사지 못하면 내생에 집은 포기해야 한다는 절실함을 넘어 공포감에 사로잡혀 있다. 대출해서 집을 사기만 하면 몇 달 새 집값이 수억 원씩 오르는 상황에서 당연한 결과다. 10년 만에 하우스푸어는 영끌이의 선망의 대상이 되었다. 그런데 지난 10년을 뒤돌아보자. 2010년에 등장한 하우스푸어는 2017년까지 지속된다. 그러다가 2019년 영끌이가 등장하여, 2년 만에 신조어가 하우스푸어에서 영끌이로 변신하는 대한민국에서 우리는 살고 있다.

부모한테 물려받은 돈이 없어, 또는 금융권 대출 문이 막혀 집을 사지 못한 또 다른 김모, 이모, 박모 씨는 이번엔 '벼락거지'로 뉴스 단골 소재가 되었다.

'벼락거지'는 앞으로도 계속 양산될까. 이 문제를 놓고 전문가들 사이에서도 의견을 달리한다. 각자 나름의 이유와 근거도 명확하다.

## 미래의 예측은 어려운 것

집값 상승론을 내세우는 사람들은 주택 공급부족, 저금리로 인한 풍부한 유동성 등을 주요 근거로 들고 있다. 반면 하락론자들은 다주택자에 대한 중과세 등으로 투기 수요가 급감하고 이에 따른 매물이 급증할 것을 그 근거로 활용하고 있다. 어떤 요인에 가중치를 더 놓는지에 따라 결과가 달라질 뿐, 상승론·하락론 다 일리가 있는 얘기다. 지난 몇 년 동안 집값 폭등을 정확히 예견할 수 없었던 것처럼 앞으로 집값이 어떻게 될지는 사실 누구도 정확히 알 수 없다는 뜻이기도 하다. 다만 명확한 것은 한 가지 있다. 주택 등 자산 가격은 경제 및 소득 성장과 더불어 금융위기 등 외부충격을 받아 상승·하락(업-다운) 사이클을 그리며 우상향한다는 것이다.

우리나라에서 부동산은 장기적으로 우상향 추세이기 때문에 업-다운 사이클이 무의미하다고 주장하는 사람도 많다. 장기적으로 우상향한다는 게 진실이라면 당장 오늘이라도 집을 사는 게 이득이기는 하다. 하지만 집값 하락기를 버틸 수 없다면 장기 우상향이라는 조건은 사실 별 의미가 없다. 10년 전 하우스푸어는 바로 그 하락기를 버틸 수 없었던 우리네 이웃들이었다.

집값 하락론을 주장하고 싶은 게 아니다. 코로나19 사태로 인한 경기침체에 대응하기 위해 거의 모든 국가가 재정 완화 정책으로 돈 풀기를 하고, 제로 수준의 저금리와 이로 인한 역대급 풍부한 유동자금이 부동산으로 유입되고 있는 지금의 상황을 불변의 상수로 생각하면 안 된다는 뜻이다. 지금 무리하게 대출받고 있는 돈 다 끌어 모아 집을 사서 월급으로 원리금 갚으며 근근이 살아가고 있는데, 코로나19 사태 종료와 금리 인상이 연이어 이뤄진다면 영끌이는 언제 또 하우스푸어가 될지 모른다.

금리가 당분간 쉽게 오르지 않을 것으로 생각하기 쉽다. 하지만 코로나 팬데믹을 아무도 예견 못 했듯이, 앞으로 어떤 예상치 못한 변수가 나타날지 알 수 없다는 것도 분명하다. 일부 경제학자들은 코로나19 장기화로 지금과 같은 실물경기와 자산시장의 괴리가 지속되면, 1930년대 미국식 경제 대공황이 재현될 수 있다는 우려를 내놓고 있다. 당시 부동산, 주식 등의 자산 가격은 대폭락했다. 반대로 경기가 급격히 회복되면 풀린 돈의 위력으로 우리가 감당할 수 없는 초인플레이션이 발생할 것이라는 전망도 나오고 있다.

너무 극단적인 시나리오인가. 2년 전 이맘때만 해도 전 세계 여객기 운항이 90% 이상 줄어들 것이라는 '극단'의 상황을 예측한 사람은 아무도 없었다.


## 주택시장에 영향을 미치는 요인

주택가격 안정화를 위해 정부에서 추진하는 주택정책은 1) 주택건설과 인허가 등 주택공급 정책, 2) 주택담보대출과 분양가 통제 등 금융정책, 3) 재산세 부동산종합소득세 양도세 취득세 등 세금제도, 4) 전월세 지원 주택바우처 등 주거복지, 5) 임대기간과 임대료 규제 등 임대시장 관리 등 5가지로 크게 나눌 수 있다.

한편으로 주택가격에 영향을 미치는 시장경제 요인으로는 1) 경제성장으로 인한 소득증가, 2) 금리와 유동자금, 3) 인구증가와 가구 분화 4) 글로벌 경제변수 등이 있다. 우리나라와 같이 민간주택이 절대다수를 차지하는 나라에서는 주택시장에서 자본주의 원리에 따라 시장경제 논리가 강하게 작용한다. 그렇지만 정부가 주도하는 주택정책도 주택시장에 상당한 영향을 준다. 앞으로 주택가격이 내릴 것인지 오를 것인지는 시장경제 논리와 정부 정책이 씨줄날줄로 서로 얽혀 영향을 주면서 결정될 것이다.

## 값비싼 대가를 치른 위기를 헛되이 낭비하지 말자

부동산 가격 폭등으로 온 국민이 힘들게 살고 있다. 집이 있는 사람은 있는 대로 없는 사람은 없는 대로 불안하다. 코로나 우울증에 이어 주택 우울증이 우리 사회에 어두운 그림자를 드리우고 있다. 그러나 다른 한편으로 생각하면, 이번 기회에 취약한 부동산 시장을 혁신시킬 절호의 기회일 수 있다. 평상시에는 하기 어려운 혁신은 위기 속에 가능하다. 혁신의 역설이다. 혁신은 고통을 수반하기 때문에 평상시에 시행하기가 어렵다. 별 탈 없이 그럭저럭 사는데 괜히 긁어서 부스럼 만들려고 한다는 비판에 직면하기 때문이다. 부동산 가격 폭등을 경험하고, 이대로는 안 된다는 국민 공감대가 형성되었을 때, 부동산 시장의 체질을 체계적으로 혁신할 기회가 주어지는 것이다.

최근 우리 사회를 가장 뜨겁게 달구었던 이슈는 3가지라 할 수 있다. 코로나 19 방역과 권력기관 개혁, 그리고 주택시장 안정화. 현재를 사는 우리 세대에게 너무나 낯선 손님인 코로나19를 지혜롭게 극복하여 편안하고 안전한 일상을 회복하는 일이 당장은 무엇보다 중요하다. 그리고 공동체의 인권과 안녕을 위해 국민이 위임한 권력이 가장 정의롭고 합리적으로 행사되도록 권력기관의 개혁도 중요하다. 주택은 우리의 삶을 담는 소중한 보금자리이면서도 국민 개인의 가장 큰 자산이다. 국민 개인 재산의 80%가 주택 한 채에 들어 있다.

부담 가능한 가격으로 좋은 주택에 사는 것은 우리 국민 모두의 주거기본권이라 할 수 있다. 최근 주택시장의 불안감을 해소하고, 국민 주거기본권을 실현하기 위해 중앙정부, 지방자치단체, 전문가, 공기업, 그리고 부동산 개발회사, 주택건설회사 등 민간 주택산업 관련 기업들이 다 같이 힘을 합쳐야 한다. 부동산 시장의 흐름을 살피고 국민의 목소리를 경청하며 좋은 주택정책을 수립하고 그 실행에 다 같이 참여해야 한다.

## 글의 초점

대한민국 부동산 트렌드는 무엇인가? 대한민국의 남한 면적은 9만 9천㎢이지만, 부동산 가격을 좌우하는 것은 도시지역이다. 그중에서도 서울을 중심으로 하는 수도권(남한 면적의 11.8%)이다. 서울을 중심으로 한 수도권 주택시장이 대한민국의 부동산 이슈를 선점해왔고 부동산 가격등락의 진원지이다. 따라서 필자는 서울을 중심으로 수도권의 부동산 시장에 대해 논할 것이다. 부동산 시장은 주로 아파트가 집값을 주도하기 때문에 아파트 가격을 중심으로 논할 것이다.

이 책은 부동산을 투자해서 돈 버는 방법을 알려주지 않는다. 필자는 그럴 능력도 없다. 집값이 최근 들어 폭등하면서 국민은 주거 불안정으로 불안감을 떨쳐버릴 수 없다. 집값이 오르는 날이 있으면 내리는 날도 있다. 너무 일희일비할 필요 없다. 일희일비한다고 해결되는 일도 아니다. 정부 말만 믿어서도 안 되지만, 정부 얘기를 전혀 믿지 않아도 안 된다. 국민이 선출한 대통령이 일부러 국민을 불안케 할 이유는 없다. 다만, 주택시장에 대한 정부의 예측이 정확하지 못했거나, 낙관했을 수 있다. 또한 주택은 자본주의 시장 논리로 움직이기 때문에 전적으로 정부에 의해서 좌지우지할 수 없는 영역이 있다.

미래에 대한 예측은 정부와 전문가를 비롯한 많은 연구기관이 하지만, 정확하고 올바르게 판단 하기는 힘들 수 있다. 결국은 국민 본인의 능력을 키워가야 한다. 단기적으로 부동산 시장의 움직임을 예의주시하는 것도 필요하지만, 조바심을 잠시 접어 두고 큰 틀에서 주택가격의 흐름을 파악하는 것이 더욱 중요하다. 이 책은 부동산 시장의 흐름을 전체적으로 조망할 수 있는 큰 그림을 보는 시야를 넓혀 주는 데 도움을 주고자 한다. 최근 부동산 이슈를 분석했지만 한편으로는 노태우 정부에서 문재인 정부까지 지난 30년간 주택시장 흐름과 정부 청책을 살펴보았다. 지난 30년간 부동산의 추세를 알면 앞으로 다가올 미래의 부동산 트렌드를 추정할 수 있을 것이다. 이 책의 초고를 작성하면서 법무법인 변호사들과 부동산 개발업에 종사하시는 분들, 그리고 대학원생들에게 미리 강의 했다. 그분들의 반응은 상상외로 좋았다. 대한민국 부동산 시장 전체의 큰 흐름을 조망할 수 있고, 최근 이슈가 되는 부동산 문제가 무엇인지를 알 기회가 돼서 좋았다는 평이었다.

대부분 사람은 부동산 시장의 가격등락을 언론을 통해서 접한다. 강남 어느 아파트가 얼마 금액에 거래돼 결과적으로 최근 들어 집값이 얼마 폭으로 상승하고, 이 여파로 마용성(마포 용산 성동) 아파트도 얼마 폭으로 급등했다는 식이다. 언론을 탓할 수만도 없다. 늘 새로운 뉴스거리를 찾아 기사화해야 하는 언론의 속성을 우리가 이해해야 한다. 언론에 보도되는 내용으로 지난 30년 동안 부동산 시장의 돈 흐름을 조망하고 부동산 가격의 상승과 하락의 원인이 무엇이었는지를 알기는 어렵다. 이 책은 지난 30년동안 부동산 시장의 추세를 분석하여 대한민국 부동산에 대한 큰 그림을 조망할 수 있는데 작은 보탬이 되고자 한다. 아무쪼록 독자들이 이 책을 통해서 부동산에 대한 이해의 폭을 조금이라도 넓혀서, 주거 불안에서 벗어나 행복한 삶을 누렸으면 하는 바람이다.


## 글의 전개

필자는 32년간 서울시 공직생활을 하면서 직간접적으로 주택정책에 참여했던 경험을 바탕으로 작금의 불안한 주택시장에 있어서 논란이 되는 주요 쟁점들을 정리하여 바람직한 부동산 시장의 미래를 위한 대안을 제시했다 이러한 시도가 독자들이 주택시장에 대해 올바른 판단을 할 수 있도록 부족하나마 도움이 되었으면 한다.

## 1장 부동산은 인간 역사에 늘 문제가 많은 논쟁거리

인간 생존조건인 집이 인간 역사 발전에서 차지하는 중요성 정도를 살펴보고 부동산의 가치는 인간 공동 노력의 축적으로 이루어지는 역사발전의 시대적 산물임을 제시하고, 토지 소유권에 대한 논쟁을 정리했다.

## 2장 예상치 못한 이상 조짐, 집값이 너무 올라

주택가격이 상승 현황을 파악하고, 가격상승 원인인 경제 및 소득 성장, 금리와 유동자금, 주택공급 등을 분석했다.

## 3장 부동산 폭등은 모두에게 고통

하우스푸어와 영끌이, 양극화를 심화시키는 부동산, 부동산 관련 세제, 여의도 용산 통개발 등 부동산 관련 주요 쟁점이 되는 이슈들을 정리했다.

## 4장 정부의 비상대책! 그렇지만, 결과는?

역대 부동산 정책을 평가하고, 부동산 시장에서 정부 역할을 정리하며, 부동산 이슈와 늘 함께 얽혀있는 정치, 선거, 그리고 언론 등에 대해 살펴봤다.

## 5장 대한민국 부동산 어디로 가나?

지난 30여년간 주택정책 경험을 바탕으로 대한민국 부동산의 미래. 부동산 시장의 미래를 예측하고, 주택의 다양한 시장의 속성을 분석하며, 바람직한 부동산 시장의 미래를 위해 해야 할 과제들을 제시한다.

이 책이 완성되어 출판되기까지 많은 사람의 도움을 받았다. 대한민국에서 부동산 이슈는 정치 종교 다음으로 민감한 사안으로 각자 처지에 따라 의견이 다양하다. 그런데도 주저 없이 추천사를 써주시며 성원해주신 엠디엠그룹 문주현 회장님, 성균관대 김도년 교수님, 연세대 김갑성 교수님, 서울대 김경민 교수님께 감사를 표한다. 그동안에 부동산 시장에 대해 많은 토론을 나누며 구체적인 자료와 근거를 토대로 시장에서 작동 가능한 정책들을 함께 발굴했던 정종대 박사님께 고마움을 표한다.

책 집필을 응원하며 기꺼이 출판을 도맡아주신 '도서출판 행복에너지' 권선복 대표님과 시안을 꼼꼼히 챙겨 좋은 디자인을 만들어준 박현민 팀장님, 그리고 신경 써서 최종 원고 수정을 마무리해주신 양병무 고문님 감사의 마음을 전한다. 그리고 누구보다도 필자에게 책 제작에 대한 기획, 편집, 디자인에 대해 새로이 눈을 뜨게 해준 신명희 박사님께 진심 어린 마음을 담아 감사를 표한다. 두 달 전 우연히 신명희 박사님과 안부 전화하는 중에 필자가 최근에 글을 쓰니까, 혹여 시간이 되면 좀 읽어보고 의견을 달라며, 초고를 보내주었다. 그런데 며칠 후에 오탈자 교정과 어색한 문장 수정은 물론이고, 원고 전체를 책 형태로 편집하여 필자에게 보내주었다. 메일을 통해 책 형태의 초고를 본 순간 '아기로 태어나기 바로 직전 태아'를 본 것 같은 느낌! 바로 그것이었다. 정말 감동이었다. 끝으로 늘 뒤에서 말없이 남편을 지지해주는 아내 최상주와 아빠 집필에 참신하고 재치 있는 의견을 피력해준 딸 수빈, 수연에게는 사랑을 전한다.

# 추천사

## 부동산 시장, 파도를 보지 말고 바람을 보라!

문주현 _ 엠디엠그룹 회장, 前 한국부동산개발협회 회장

디벨로퍼로서 내 이름 석자만을 걸고 부동산 시장에 뛰어든 지 벌써 30년이 지났다. 그동안 나는 업계는 물론 공무원과 정치인에 이르기까지 많은 사람들을 만났다. 그 수많은 인연들 가운에 진희선 부시장은 부동산 시장의 큰 흐름을 함께 이야기할 수 있는 몇 안 되는 전문가라 할 수 있다. 오랜 행정경험과 폭넓은 전문지식에서 베어나오는 저자의 탁월한 식견은 업계에 오랫동안 몸을 담고 있는 나로서도 겸허히 귀를 귀울이게 만든다.

30여년의 공직자로서의 모습에서 이제 학교에서 그동안의 행정경험과 지식을 바탕으로 강의와 저술활동을 하고 있는 교수로서의 그의 모습 또한 낯설지가 않다. 몇 번의 강의를 통해 대한민국 부동산 30년의 집값의 출렁거림과 앞으로의 부동산 변화를 준비해야 하는 그의 인사이트를 이미 접했기 때문일 것이다. 그

리고 이 책은 바로 그러한 저자의 관점이 그대로 담겨있는 책이다.

주택공급과 부동산 시장의 안정을 위해 30여년을 공직에서 일해 온 저자가 부동산 정책과 시장에 대한 이야기를 하는 것이 쉽지 않았을 것이다. 조심스럽게 꺼내 놓은 모든 이야기들에는 30년 동안 숙고해온 그의 생각이 고스란히 담겨있다. 그리고 그 생각은 지금 당장 집을 사야 할 것인지를 고민하는 문제를 넘어, 앞으로 대한민국의 부동산 미래가 어떤 방향으로 가야 할지를 이야기하고 있다. 저자는 지난 30년 부동산의 변화 속에서 교훈이 있다고 말하고 있다. 시장의 변화에서 얻는 중요한 교훈 중에 변화의 양상인 파도를 보지 말고, 그 원인인 바람을 보라는 말이 있다. 이 책은 바로 그러한 관점에서 도시공학을 공부하는 사람들은 물론, 부동산 개발 관련 업계 종사자에 이르기까지, 부동산에 관심이 있는 사람이라면 누구라도 한번은 꼭 관심을 갖고 봐야 할 책이다.

나는 인생도 사업도 항상 도전의 연속이라고 생각한다. 물론 도전을 위해서는 과거의 경험을 바탕으로 철저한 준비가 필요하며 뼈를 깎는 노력과 지치지 않는 열정이 필요하다. 그리고 그 과정에서 얻은 교훈과 경험을 헛되이 낭비하지 않아야 한다. 그것이 곧 위기를 기회로 만드는 비결이다.

모두의 불만이 되어 버린 대한민국 부동산, 이 책을 통해 진희선 교수의 관점을 빌어 독자들이 지금의 위기를 넘어 새로운 기회를 찾을 수 있길 기대한다.

# '영혼 있는' 전문 공무원의 굳은살로 만들어진 한편의 역사서

김도년 _ 성균관대학교 건축학과 교수, 국가스마트도시위원회 위원장

이 책은 토지와 주택이라는 어렵고 복잡한 문제를 도시의 역사 안에서 조명하고 있다는 점에서 의미가 크다. 도시의 발전과 부동산의 상호작용을 쉽게 풀어낸 일련의 서술이 특히 인상적이다. 사람들의 행복을 결정하는 가장 기초적이고 중요한 요인 중 하나인 집, 주택은 안타깝게도 언제부터인지 우리 모두의 걱정거리인 부동산 문제가 되었다. 부동산 문제를 해결하기 위해 많은 노력과 오랜 시간이 소요되었지만 여전히 사회적 갈등을 야기하고 있다. 많은 사람들의 관심과 문제 해결에 참여하기 위해서는 부동산에 대한 올바른 이해가 바탕이 되어야 한다. 알기 쉽고 편하게 읽혀지는 이 책은 부동산에 대한 이해를 돕고 문제 해결 방향에 대한 공감을 일으키는데 크게 일조할 것으로 보인다.

성공과 실패의 체험을 통한 성찰이 우리가 기억하는 굵직한 사건들과 함께 연계되어 생생한 현실감을 제공한다. 상반되는 정치·사회·경제적 환경 아래 주택 공급의 확대와 억제, 세제와 금융, 법제도의 규제와 완화 등 수많은 변화 속에서, 지난 30여 년간 주택과 부동산을 대한민국 서울특별시에서 하루도 빠짐없이 현안 과제로 다루어왔던 '영혼 있는' 전문 공무원의 굳은 살로 만들어진 한편의 역사서다. 또한 부동산과 주택을 도시와 건축 차원에서 연구해온 학자로서 쌓은 지혜와 역량까지 담은 한편의 훌륭한 다큐멘터리라는 생각도 든다.

지난 세기 압축 성장 시대의 양적 확대부터 뉴노멀 시대의 질적 수요에 대한 우리나라만의 격동적인 부동산 특징을 일목요연하게 정리한 점에 전문가로서 역량이 드러난다. 특히 주택가격에 영향을 미치는 다양한 요인들을 구체적으로 제시하고, 예측하기 어렵고 민감한 부동산의 미래를 다양한 관점에서 객관적으로 바라봄으로써 독자로 하여금 그 미래를 스스로 가늠해 볼 수 있게 했다는 점이 주목된다.

이 책은 부동산의 위기가 우리나라의 미래를 위협한다는 시각 속에서도 우리가 잊지 않아야 할 가치를 놓치지 않는다. '비싼 대가를 치르고 맞이한 위기를 헛되이 낭비하지 말자'는 저자의 말처럼, 다음 세대를 위한 우리의 책무와 고민, 그리고 미래를 위한 기회를 찾아가는 방법은 새로운 화두로 삼을만하다. 부동산 문제는 우리가 도시의 공간자원의 가치를 잘 이해하고 활용하고 있는가에 대한 문제다. 기후변화, 최근 COVID19 등 거대한 외부환경 변화에 현명한 대응이 필요한 시기다. 부동산은 현재의 경제적 활용을 넘어 도시발전의 자원으로써 미래 세대의 행복한 삶을 만드는 데 장애요인이 되지 않도록 해야 한다.

이 책을 통해 지금까지의 부동산 논의가 경제적·사회적·환경적 가치가 녹아 있는 공간의 가치에 대한 공감과 현명한 활용으로 확대되는 새로운 '부동산 문화' 발신처의 역할을 해주길 희망한다. 지난 30년간 공무원으로서 저자의 성장 과정을 함께해오고 지켜본 신뢰와 그 신뢰 이상의 전문가로써의 성숙을 보게 되어 기쁘다.

# 30여 년 간 현장에서 부동산 정책을 진두지휘 했던
# 사령관의 진솔한 이야기

김갑성_연세대학교 도시공학과 교수, 펜실베니아 지역경제학 박사

의$_衣$·식$_食$·주$_住$를 사람의 생존을 위한 기본 요건이라고 한다. 우리나라는 경제 성장을 이루면서 의$_衣$와 식$_食$의 문제는 어느 정도 해결을 했다. 하지만 주$_住$의 문제는 우리나라뿐 아니라 선진국에서도 완전하게 해결하지 못하고 있다. 최근 부동산 가격의 급등으로 인한 사회적 문제가 매우 심각하다. 청년들이 희망을 잃을 정도로 주택의 자가 보유는 요원하게만 보이고, 1주택만 소유한 노년층도 늘어난 세금 부담에 불만이 가득하다. 누구를 위한 정책인지 모를 수많은 정책이 난무하는 가운데 부동산 시장은 큰 혼란에 처해있다. 소위 주거 사다리가 없어진 가운데 영끌 논란, 똘똘한 집 한 채, 전세대란 등 시장 기능이 작동하지 않는 누구도 만족하지 못하는 주택시장이 되었다. 누구의 잘못을 규명하기 보다는 향후 미래 부동산 시장을 바라보는 시각과 국민적 공감대 형성이 어느 때보다 요구되는 시점이다.

저자 진희선은 건축공학과 출신의 도시계획 박사이고, 서울특별시에서 공무원 생활을 32년 이상 하신 분이다. 최근 몇 년간은 박원순표 도시재생 사업을 진두지휘하면서 현장을 그 누구보다 잘 알고, 이론을 겸비한 전문가 중의 전문가이시다. 어지러운 부동산 시장에 대한 그의 경험과 혜안은 혼란한 부동산 시장의 문제를 진단하고, 미래 방향을 수립하는 시금석이 될 것이다. 많은 부동산

관련 책들이 시장 메커니즘 보다는 정책의 당위성을 이야기하거나, 투자 대상으로 부동산을 분석하는 것과 비교하여 주택가격에 영향을 주는 거시적, 미시적 관점을 균형 있게 설명한다. 여러 정부에서 시도한 부동산 정책을 사심 없이 평가하고 그 당시의 시대상과 연결하여 현장감을 더하였다. 특히 토지의 공적 개념을 강조한 점은 토지와 주택의 차이를 이해하고, 토지의 공적 관리를 강화해야 주택문제를 근본적으로 해결할 수 있다는 실마리를 제공한다.

 1년 전 도시공학과의 특임교수로 모시면서 했던 대화가 떠오른다. "그동안의 시정 경험을 담아 주택관련 책을 집필하고 싶다"고 하셨다. 거의 1년이 되는 시점에 역작을 내놓으신 선배님께 경의를 표한다. 이 책을 읽는 독자들이 우리나라의 주택 시장을 이해하고, 주택을 투자의 대상으로 보기 보다는 사용의 관점에서 바라보는 사고의 전환이 이루어지기를 소망해본다.

# 30년 공직자의 부동산 진언서眞言書

김경민 _ 서울대학교 환경대학원 교수, 하버드 도시계획·부동산 박사

아래의 질문 던진다.

"대한민국 부동산에서 절대적으로 가장 큰 비중을 차지하는 지역은?"

위의 우문에 대한 답은 모두가 예상하듯이 '서울'이다.

대한민국의 모든 도시들이 서울의 가격 트렌드를 따라가지는 않는다고 하더라도, 서울 주택 가격이 참조대상이 됨을 부인할 수 없다. 그리고 수도권의 집값은 절대적으로 서울의 영향권에 있다. 서울시장이라는 자리는 선거를 통해 뽑히는 선출직이다. 그렇기에 서울시 부시장이라는 직책은 수도 서울을 총괄하는 행정가들이 오를 수 있는 정점이다. 저자 진희선 교수는 서울시 부시장이라는 위치에서 서울시의 주거문제를 고민하고 정책을 수립 집행한 전문가다. 따라서 그의 서울시 부동산 시장에 대한 분석과 통찰은 매우 남다르다.

저자는 지금은 잊힌 단어가 된 '하우스푸어'를 상기시키면서 글을 시작한다. 지금이야 생소하겠지만, 불과 10년전만 하더라도 '집이 있는 거지'라는 뜻의 하우스푸어는 핫 이슈였다. 집값이 정체되어 있고 집이라는 자산에 돈이 묶여 있기에, 가처분소득이 적어졌고 다른 경제활동에 제약이 있다는 것이다. 부동산은 현재처럼 반드시 가져야 할 재화가 아니었고 천덕꾸러기였다. 따라서 저자는 '영끌'로 대변되는 현 시점의 문제도 중요하나, 시각을 더 넓혀서 과거에는 부동산이 어떻게 기억이 되었고 가격의 흐름은 어떠하였는지를 살펴보고 있다. 또

한, 다양한 데이터를 활용한 부동산 시장 상승 요인에 대한 분석은 정책 설계자와 집행자의 경륜을 느끼게 한다. 저금리로 인한 유동성이 부동산시장에 미친 영향에 대한 지적 그리고 일반인의 인식과는 달리 2018년 이후 서울시 아파트 공급 물량이 결코 작지 않았다는 부분은 데이터로 바라본 현실 분석의 날카로움을 더 한다. 그리고 40년 전 함평 농지가격과 강남 아파트 가격에 대한 비교 그리고 토지공개념에 대한 논의가 박정희시대에서 기인한다는 설명은 이 책이 주는 소소하지만 재미있는 디테일이다.

이 책은 글로벌한 시각을 견지한 책이다. 부동산 세제 변화 필요성을 비롯한 다양한 정책 설명의 경우, 해외 사례와 비교하면서 우리의 현황을 곱씹고 있다. 우리에게 어떤 정책적 혁신이 왜 필요한지를 일반 독자들이 이해하기 쉽게 친절히 설명하고 있다. 역대 정권의 부동산 정책을 바라본 제4장은 우리나라 부동산 정책의 역사를 균형잡힌 시각에서 설명한 부분이다. 정책 설계와 집행의 적시성이 왜 중요한지, 그리고 잘못 설계된 정책의 부작용은 무엇인지, 정책 집행에 있어서의 리더십이 어떤 결과를 만들어내는지에 대한 설명은 정통행정가의 날카로운 식견을 보여준다. 부동산 폭등으로 많은 사람들이 힘들어하는 이 때, 위정자와 행정가들이 반드시 되새겨야 할 지점이다.

부동산은 사이클이 있는 시장이다. 한 방향으로 움직이는 − 영원한 대세 상승과 영원한 대세 폭락은 없다. 가격이 지나치게 상승하였다면, 그 내리막은 깊을지 모른다. 그래서 책 말미의 한 문장은 큰 울림을 준다.

"비싼 대가를 치르고 맞이한 위기를 헛되이 낭비하지 말자."

2022년에는 대선과 지방선거가 있다. 정책집행자들이 반드시 되새겨야 할 대목이다.

# 목차

**4장 정부의 비상 대책! 그렇지만, 결과는?**

 **5장 대한민국 부동산 어디로 가나?**

# 1 부동산은 인간역사에 늘 문제가 많은 논쟁거리

사진출처 : 서울연구데이터서비스(http://data.si.re.kr)

# 인간의 생존 조건, 집

## 문자 출현

수많은 동물 중 하나의 종에 불과했던 호모사피엔스가 7만~3만 년 전에 새로운 사고체계로 의사소통이 활발해지면서 '인지혁명'을 이루더니, 1만 년 전에는 '농업혁명'을 성취하면서 인간은 자연생태계의 최상위권에 올라선다. 농업혁명을 통해 사냥하던 야생동물을 가축으로 길들이고, 채집하던 야생식물을 경작하게 된다. 다른 동물과 경쟁하면서 먹이를 사냥하고 채집하던 인간은 이제 축산과 경작이라는 농업혁명을 이루어 생산량을 대폭 늘리게 된다. 기원전 4000년경에 인간은 추상적 사고 능력을 갖추면서 사물과 사건, 그리고 생각들을 기호로 기호화하기 시작한다. 바로 '문자의 출현'이다.

메소포타미아 문명과 이집트 문명에서 각각 출현한 문자는 지중해 상업활동을 하는 페니키아인들에 의해 교류되면서 서로 결합하고 융합되어 그리스 문자 형성에 지대한 영향을 주었다. 그리스 문자는 라틴문자에 영향을 주고, 라틴문자는 로마문자의 원형이 된다. 그런데 문자 구성에 있어서 오늘날 로마문자 A B C D E 순서를 살펴보면 상당한 의미를 발견한다.

〈문자 형성 과정〉

| 문자의<br>의 미 | 이집트<br>문자 | 페니키아<br>문자 | 그리스<br>문자 | 라틴<br>문자 | 로마<br>문자 |
|---|---|---|---|---|---|
| 황소의<br>머 리 | 🐂 | 𐤀 (a)<br>Aleph | ΛΑ(a)<br>Alph | A | A |
| 집 | ⬭ | ⟨b⟩<br>Beth | Β (b)<br>Beta | B | B |
| 모서리 | ⌐ | ⋀ (8)<br>Gimel | Γ⟨⟨8⟩<br>Gama | C/G | C/G |
| 창 | ◁ | ⊿d<br>Daleta | ⊿D(d)<br>Delta | D | D |
| 기뻐하다 | 🕴 | ⋻h<br>He | ⋻E⟨ě⟩<br>Epsilon | E | E |

A는 황소의 머리를 상징하는 상형문자가 몇 차례 추상화 과정을 거쳐 오늘날 로마문자 A가 되었다. 당시 인간의 생존에 가장 중요한 의미가 있는 문자가 첫 글자로 등장했을 것이라고 미루어 짐작할 수 있다. **황소는 인간의 가장 중요한 생존조건인 식**食에 해당한다. 황소 한 마리를 사냥하면 2~30명이 모여 사는 원시 부락민의 하루 식량 정도가 될 것이다. 신에게 제사를 지내는 제의 음식으로 황소머리만한 것이 없을 것이다. 공동체의 중요한 먹거리일 뿐만 아니라 신의 제의에 쓰는 황소머리는 원시사회에서 가장 중요한 물건이었을 것이다.

두 번째 글자 **B는 집을 상징**한다. 인간의 생존조건인 주住에 해당한다. 배부르게 먹고 나면 안전하고 편안하게 쉴 수 있는 공간이 필요하다. 집은 추위와 더위로부터 인간을 보호하고 맹수 등 다른 동물의 공격으로부터 안전하게 방어할 수 있는 쉘터다. 집은 씨족이나 부족 단위로 군집 형태로 지어서 적의 공격으로부터 방어하기 쉽게 안전판 역할을 한다. 그럴 뿐만 아니라 집은 원시 공동체의 가장 기초단위인 가족을 구성하고 만들어 가는 장소이기도 하다.

## 인간은 음식, 집, 안전이 갖추어지면 행복하다

세 번째 글자는 **모서리를 상징하는 C**이다. 모서리에 무엇인가 갑자기 나타나면 누구나 놀란다. 원시시대에 살았던 인간은 어슴푸레한 어두운 숲속 모퉁이에 무언가가 나타나면, 그것이 나를 해치는 적인지 아닌지를 본능적으로 재빨리 판단해야 한다. 신속한 판단은 생존할 확률을 높일 것이다. 늘 먹이를 찾아 두리번거리지만, 한편으로는 먹이가 되지 않도록 늘 경계해야 한다. 시야가 트인 개방된 공간에서는 멀리 있는 물체도 먹잇감인지, 나를 먹이로 달려드는 맹수인지를 확연히 구분할 수가 있을 것이다. 그렇지만 모퉁이에서 갑자기 무엇인가 나타났을 때의 재빠른 판단은 생사의 갈림길을 결정하는 것이다. 그래서 원시시대 인간은 먹을 것과 쉴 곳 다음으로 생존에 중요하다고 생각한 것이 모서리였을 것이다.

네 번째 글자는 **창을 나타내는 D**다. 창은 사냥에서 동물을 잡기 위해서는 필수적인 장비다. 힘으로는 인간은 황소를 도저히 이길 수 없고, 힘은 약하지만, 인간보다 빨리 달리는 사슴과 토끼조차도 잡을 수가 없다. 사냥을 위한 필수 장비이기도 하지만, 창은 인간을 공격하는 맹수들로부터 자신을 보호하기 위해서도 필요하다. 원시 밀림 지역에서 모서리 수풀 사이에 갑자기 등장하는 물체가 같은 집단 무리 중 일부라면 다행이겠으나, 사냥감이나 맹수이면 창을 던져야 한다. 적중하면 그만큼 생존율이 높아지고 그렇지 못하면 생존율은 낮아진다. 가끔 발생하는 다른 부족과의 전쟁에서도 창은 필수적인 무기였으니, 인간생존의 네 번째 서열로 매겨졌을 것이다.

다섯 번째는 **기쁨을 나타내는** E이다. 황소를 잡아, 머리는 제례 상에 올려 신께 부족의 평안을 기도하고, 나머지 살코기는 배불리 먹으며, 집이라는 쉴 공간을 마련하는 것이 인간생존의 가장 필수적인 행위였을 것이다. 늘 모서리에 갑작스럽게 등장하는 물체의 형상을 알아채고, 창을 던져 먹거리를 마련하거나 자신을 방어할 수 있다면, 그것으로 인간은 삶에 만족하고 기뻐하지 않았을까! 결국 인간은 먹을 것이 해결되고 편안한 쉴 공간이 마련되며 적으로부터 보호되어 안녕이 보장되면 행복한 것이다.


## 맬서스의 오판

맬서스가 살던 18세기 중반에서 19세기 초반, 영국은 인구가 크게 증가하여 식량이 부족하고 식량을 수입해야만 늘어난 인구를 먹여 살릴 수 있었다. 더군다나 산업혁명의 본격화로 도시화가 빠르게 진행되면서 도시 빈민들이 많이 늘어나 영국의 커다란 사회문제로 떠올랐다. 이런 사회문제의 원인과 대책을 둘러싸고 당시 지식인들 사이에 격론이 벌어진다. 맬서스의 인구론 핵심 주장은 세 가지로 요약된다. 첫째, 인구는 생계 수단의 제약을 받는다. 둘째, 생계 수단이 허용될 때는 인구는 기하급수적으로 증가하는 반면, 식량은 산술급수적으로 증가한다. 셋째, 인구증가를 사전에 적절히 억제하지 않는 한, 인류의 빈곤은 피할수 없다.

그러나 산업혁명 이래 서구 자본주의 사회는 맬서스의 예측과는 정반대의 길

### 🏠 토머스 로버트 맬서스(Thomas Robert Malthus, 1766~1834)

영국의 성직자이며, 인구통계학자이자 정치경제학자이다. 그의 가족은 부유했으며 아버지 대니얼은 데이비드 흄과 개인적인 친분이 있었으며 장 자크 루소와도 알고 지냈다. 맬서스는 1784년 워링턴에 있는 케임브리지 대학교의 지저스 칼리지로 진학했다. 대학에서 그는 라틴어, 그리스어, 영어 독법 등 다양한 분야를 공부하였으나 주된 연구분야는 수학이었다. 그는 1791년 학위를 수여 받았고 2년 뒤 전임교수가 되었으며, 1797년 성공회의 성직자로 서품되었다. 앨버리에서 부제가 되었으며, 재임 중에 《인구론》을 발표했다. 고전 경제학의 대표적인 학자 가운데 한 명으로 영국 왕립학회 회원이었다. 《인구론》이라는 저서를 통해 인구학에 대한 이론을 전개했다.

을 걸어왔다. 식량 생산이나 인구 모두 기하급수적으로 증가하였으며, 1인당 소득도 급속도로 늘어났다. 맬서스는 과학기술의 발달로 제초제, 값싼 화학비료, 수생작물의 보급 등으로 농업생산량이 극적으로 증가하고, 피임법의 발달 등을 통해 인구증가 현상이 억제되는 것을 예측하지 못했다. 당시 고전 경제학자들은 인류의 기술진보가 눈부시도록 빠르게 이루어지리라 예측하지 못하고 경제성장의 동력이 되는 **기술 진보를 경시한 결과**이다.


## 이제 인간에게 가장 필요한 것은 집


그렇지만, 맬서스의 인구 이론은 당대뿐 아니라 후세에 이르기까지 다양한 분야에 매우 강한 영향을 주었다. 특히 찰스 다윈, 알프레드 월리스 등의 진화론 학자들에게 많은 영향을 주었다. 가장 커다란 영향을 미친 것은 다윈의 진화론이 아니었을까? 찰스 다윈은 '인구론'을 읽은 후에야 진화의 기제가 적자생존, 즉 자연도태라는 것을 깨닫게 되었다고 술회했다.

6,000년 전 문자 출현에서 보듯이 인간생존에 가장 중요한 것은 식食, 먹거리였다. 그런데 오늘날은 기술 진보에 따른 농업혁명으로 먹거리가 해결된 것이다. 아프리카 일부 국가들처럼 내란이나 민족분쟁 문제로 기아飢餓에 허덕이는 국민을 제외하고는 식량 부족을 겪고 있는 사회는 별로 없는 것 같다. 우리나라도 1970년대까지 보릿고개를 힘겹게 넘겼던 기아에서 해방되어 이제는 거꾸로 국민 비만을 걱정하고 있다.

인간생존의 첫 번째인 먹거리가 해결되었으니, 이제 두 번째인 집 문제가 사회의 가장 큰 현안으로 대두됐다. 집 문제도 식량처럼 산업발전과 기술진보로 해결할 수 없는 것인가? 그렇게만 된다면 오늘날 이렇게 집값 때문에 온 나라가 힘들고 고달프지 않을 텐데!

인간 생활의 필수적인 3요소로 의식주를 꼽는데, 인간 발전역사인 문자 출현에서 보듯이 의<sub>依</sub>는 인간생존의 핵심 문자에는 등장하지 않는다. 아마도 옷은 추위 등 기후로부터 체온을 유지하고, 벌레 등 곤충으로부터 몸을 보호하는 역할을 하였을 것으로 보인다. 나무껍질이나 짐승 가죽에서 쉽게 얻을 수 있는 옷은 한번 장만하면 오랫동안 입을 수 있어서 인간생존의 핵심 요소에서 뒤로 밀렸을 거로 생각한다.


## 도시화 현상으로 도시 주택문제가 인류의 큰 현안 과제로 등장

오늘날 의복은 단지 추위로부터 몸을 보호하는 용도가 아니라, 이제 산업기술의 발전으로 유행에 따라 패션을 달리 입는 것으로 인식되고 있다. 인간생존의 최소한의 필수요소인 '의식주' 중에서 인류문명의 진보와 경제발전에도 불구하고 여전히 해결되지 못한 것은 주거문제다. 굶주림과 헐벗음에서는 벗어났으나, 아직도 편히 쉬고 누울 수 있는 안락한 거주공간은 해결하지 못하고 미제로 남아 있는 것이다.

왜 인류는 인간생존의 기본요소인 3대 요건 중에서 주거 문제를 아직도 해결하지 못한 것인가? 토지는 산업화와 기술혁명으로는 극복할 수 없는 유한 자원이다. 오히려 산업화와 규모 경제의 효율성으로 도시화 현상이 가속화되면서 **도시의 토지가격이 더욱 급등**하게 되는 결과를 가져왔다. 도시의 좁은 토지를 어떻게 하면 체계적이면서 효율적으로 사용하여 주거문제를 해결하느냐는 앞으로 인류에게 맡겨진 큰 과제이다.

세계적으로 도시인구의 23%가 빈민가에 거주한다.[*] 이처럼 주택문제는 우리만의 문제가 아닌 전 지구적인 문제다. 주택문제는 도시에서 많이 발생하기 때문에, 세계 도시화율(50% 수준)보다 월등히 높은 국가(대한민국 90%)에서는 주택문제가 더욱 첨예하게 나타날 수 있다. 더욱이 전 국토의 0.6%밖에 차지하지 않는 서울에서 전 인구의 1/5이 살아야 하고, 수도권에서 사는 인구가 전 국민의 절반을 넘어서 현실에서 더욱 절실할 수밖에 없다.

---

[*]2015년 기준 UN HABITAT 자료

사진출처 : 서울연구데이터서비스(http://data.si.re.kr)

38

# 역사발전의 시대적 산물, 부동산

## 부동산은 토지와 그 위에 정착된 주택

부동산은 토지와 그 정착물을 의미한다. 토지는 있는 위치와 지형 그리고 도시계획규제가 정하는 개발 가능한 밀도와 용도에 따라 가치가 천차만별이다. 반면, 그 위에 정착하는 구조물의 가치는 구조물을 만드는 재료나 구조에 따라 그 정착물이 건축되는 위치에 상관없이 대동소이하다.

30평짜리 아파트를 서울에 짓거나 농촌 마을에 짓거나 재료와 건물 형태가 같다면 건축비용은 거의 비슷한 것이다. 물론 지역에 따라 재료 운반비나 인력시장 여건에 따라 차이가 있을 수 있지만 그리 크지 않다. 건축비가 대동소이하다면 결국 주택가격 차이는 토지의 입지 여건에 따라 발생한다. 도시인가 농촌인가, 수도권인가 지방인가, 같은 서울에서도 어디에 위치하는가에 따라 주택가격 차이가 발생하는 것이다. 따라서 부동산 가격 상승의 문제는 토지의 입지와 도시계획규제에 따라 달라지는 토지가격 상승의 문제다. 토지 위에 건축된 주택 구조물 가격의 문제가 아니란 얘기다.

## 주택가격의 차이는 토지가격의 차이에서 발생

예를 들면, 강남에 10,000평에 아파트를 용적률 250%로 지으면 25,000평 아파트를 지을 수 있다. 25평 아파트 1,000세대다. 그런데 시세가 25억 원이라고 하면 평당 1억이 된다. 건축하는데 드는 비용이 설계비, 공사비 세금 등 제잡비를 합쳐 평당 1,000만 원이라고 하면, 나머지 9,000만 원은 토지비용이 된다. 평당 1억 원은 건축비 1,000만 원 + 토지비 9,000만 원이 되는 것이다. 토지비 9,000만 원은 250% 용적률을 역으로 환산하면 평당 2억 2천 5백만 원이 된다.[*] 용적률이 250%인 토지는 토지 1평은 아파트 2.5평을 지을 수 있다. 같은 조건으로 지방에서 25평이 3억 하는 아파트가 있다고 하면, 2억 5천만 원이 건축비이고 5,000만 원이 토지비로 아파트 1평 중 토지비용은 200만 원이다. 평당 200만 원을 용적률 250%로 환산하면 토지비는 평당 500만 원이 된다.

결국 **강남 25평 아파트가 25억원 하는 이유는 강남 토지비용이 평당 2억 2천**

---

[*]용적률이 250%인 토지는 토지 1평은 아파트 2.5평을 지을 수 있다.

**5백만원이고, 지방 아파트가 3억원이라는 이유는 그곳의 토지비용이 평당 500만 원 하기 때문이다.** 그런데 지방에는 2억원도 안 되는 25평 아파트가 수두룩하다. 예전에 평당 건축비 단가가 500만원도 안 되었을 때 지어진 데다가 토지비용이 서울보다 워낙 싸기 때문에 그렇다. 이렇게 주택가격에 영향을 미치는 결정적 요인은 토지가격이다. 주택가격, 주택정책을 논할 때 총괄적으로 부동산가격이나 부동산 정책이라고 말하는 것은 주택가격 상승의 핵심이 토지이기 때문에 토지와 그 위에 정착된 주택을 총괄해서 지칭하는 것이다.

## 토지 속성

토지는 왜 이렇게 위치에 따라 가격 차이가 천차만별일까? 그것은 토지의 고정성과 영속성이라는 속성 때문이다. 토지는 공산품처럼 인간이 생산할 수 없

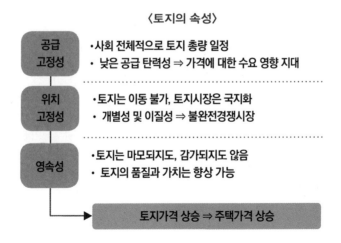

〈토지의 속성〉

공급 고정성
• 사회 전체적으로 토지 총량 일정
• 낮은 공급 탄력성 ⇒ 가격에 대한 수요 영향 지대

위치 고정성
• 토지는 이동 불가, 토지시장은 국지화
• 개별성 및 이질성 ⇒ 불완전경쟁시장

영속성
• 토지는 마모되지도, 감가되지도 않음
• 토지의 품질과 가치는 향상 가능

토지가격 상승 ⇒ 주택가격 상승

다. 자연이 인간에게 선물한 한정된 토지 위에 우리는 살아야 한다. 토지는 다른 물건처럼 이동할 수 없어서 부동산$_{不動産}$이다. 토지는 아무리 써도 마모되지 않고 없어지지 않는 영속성이 있다. 그렇기에 한 번 보유하면 대를 이어 유산으로 남길 수 있다.


## 농지의 배분과 국가 통치 역사

근대 이전의 농업사회에서는 토지의 가치는 토지가 생산하는 농산물의 질과 양에 의해서 결정되었다. 농사가 천하지대본$_{天下之大本}$이던 시절, 문전옥답$_{門前沃畓}$은 모든 사람이 갈망하던 꿈이었다. 오늘날 임대료에 해당하는 소작료 논쟁은 늘 민란의 주원인이었고, 농지 배분과 소작료 책정을 어떻게 할 것인가는 국가 통치의 핵심의제였다.

조선을 건국하면서 고려시대 권문세가들의 토지문서를 모아 궁궐 앞마당에서 불태우는데 꼬박 3일 밤낮이 소요되었다고 하지 않는가? 정도전을 비롯한 건국 세력들은 고려 왕조를 뒤엎고 새로운 조선을 개국하는 명분으로 토지개혁을 내세웠다. 바늘 하나 꼽을 데가 없을 정도로 고려의 권문세가들이 전 국토를 사유화하고 소작료로 백성들의 고혈을 빨아먹고 있는 처참한 현실을 타파하겠다는 것이었다. 그러기 위해 경자유전 원칙$_{耕者有田-原則}$에 의해서 권문세가들의 토지를 백성들에게 나누어 주겠다고 천명한 것이다. 경자유전! 기존 왕조를 뒤엎고 새로운 세상을 만들겠다는 명분으로 온 백성의 마음을 사로잡기에 이만한 것이 따로 없을 것이다.

조선이 건국되고, 시간이 흘러감에 따라 건국의 이념은 사라지고 조선 말기에는 세도정치가 판치면서 삼정이 문란해지고 농지는 모두 권문세가 손아귀에 들어간다. 농민들은 토지를 빼앗기고 소작농으로 전락하거나 걸인이 되어 유랑민으로 떠돌게 된다. 동학혁명은 권문세가의 수탈과 탐관오리들의 가렴주구를 못 견딘 농민들이 봉기한 것이라 할 수 있다. 결국은 고부 군수 조병갑의 악정이 발화점이 되어 신분제의 억압과 농지를 매개로 경제구조의 모순을 타파하고자 농민전쟁을 시작한 것이라 할 수 있다. 일제 강점기에는 전국 토지측량을 구실 삼아 왕정이 소유한 토지와 마을의 공유지나 종중 토지를 몰수하여 일제 식민지 수탈 경제구조 토대를 만든다.

해방 이후 남북에 각각의 정부가 수립되면서도 기존의 토지 배분을 어떻게 할 것인가는 각 정부의 통치이념과 밀접하게 맞닿아있다. 공산주의 이념을 채택한 북한에서는 지주들로부터 토지를 무상 몰수하여 집단 농장 체제로 전환했다. 남한에서는 지주에게 일정 금액을 주고 유상 몰수하여 실경작자에게 대금을 장기분할 납입토록 하고 유상 배분했다. 1948년 정부 수립 후 농지개혁법이 제정·시행되면서 경자유전 원칙 아래에 농지는 농민에게 분배되며, 그 분배의 방법, 소유의 한도, 소유권의 내용과 한계를 정했다. 헌법 제121조는 '경자유전 원칙'에 따라 농지의 소유 자격을 원칙적으로 농업인과 농업법인으로 제한하고 있다. **농업시대 토지의 가치는 농산물 소출량과 질에 의해 결정**되었으며, 토지 소유와 배분은 국가의 통치이념과 권력구조에 따라 다르게 이루어졌다.

# 토지가치는 역사발전의 시대적 산물

농업시대에서 농지의 소출량과 질에 따라 정해지던 토지가치는, 산업화 시대를 거치고, 도시화가 진행되면서 그 양상이 전혀 달라진다. 산업화 시대에는 경제구조가 제조업 중심으로 바뀌면서 공산품을 많이 생산하는 공장이 중요해지면서 농지의 가치는 상대적으로 약화한다. 그러나 우리나라는 80년대까지만 해도 농지가 높이 평가되었다. 1982년 5월 21일 '동아일보' 아파트 분양 광고를 보면, 강남구 삼익맨션 35평짜리가 3,600만 원이다. 당시 필자의 고향인 함평 문전옥답門前沃畓 농지가 평당 1만 원은 넘었던 것으로 기억한다. 농지 3,000평 정도(15마지기) 팔면 강남의 노른자위 중형 아파트를 살 수 있는 것이다. 지금은 어떨까? 강남 30평대 어지간한 아파트는 25~30억 가격대로 치솟아 있다. 함평 농지는 평당 3~5만 원이니까, 10만 평을 팔아야 30억 원을 마련할 수 있다.

지난 40년 동안 우리나라에서는 무슨 일이 일어난 걸까? 왜 농촌에서 농사를 짓는 착한 농부는 40여 년간 묵묵히 열심히 일한 대가로 자산 가치가 1/30로 쪼그라든 것인가? 어쩌다가 40여 년 동안 강남에 자기 집을 갖고 사는 사람은 특별한 노력도 하지도 않았는데 자산이 수십 배 증가한 결과가 발생했는가? 시골의 농부나 강남에 사는 사람이나 본인들은 재산 증식을 위한 특별한 행위를 하지도 않았는데 전혀 다른 결과를 가져온 까닭은 한국경제 성장과정에서 산업구조 변화와 도시화 현상 때문이다. 지난 40여 년간 한국경제 발전은 산업구조를 획기적으로 변화시킨다. 1차 산업인 농업 비중은 급속히 낮아지지만, 2차 산업의 제조업이나 3차 산업인 서비스업, 금융업 등이 괄목한만 성장을 이룬다.

1962년 대한민국 인구 2,300만명 중 농업에 종사하는 사람이 1,900만 명인 83%를 차지했지만, 2019년에는 전체 인구 중 5%도 안 된다. 1970년대 국내총생산(GDP) 중 50%가 넘던 농업의 비중은 계속 하락하여 2018년 기준 2.3%에 불과하다. 1960년대에 20%대 수준이었던 도시화율은 산업구조 변화에 따른 이농현상으로 2005년에 90%를 넘어서게 된다.

〈주요 산업의 GDP 비중 변화〉

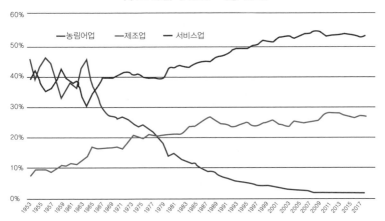

이렇게 산업구조 변화와 도시화 현상으로 일자리와 재화가 농촌에서 도시로 몰리면서 농촌 땅값은 거의 정체된 반면, 도시 땅값은 천정부지로 상승한다. 특히 삼성 현대 등 대기업 본사가 강남으로 이전하고 서비스업과 금융 IT 기업들이 테헤란로 일대로 몰려들면서 강남은 명실공히 대한민국의 중심지로 성장하게 된다. 토지의 가치는 그 해당 토지가 얼마나 많은 재화를 생산하는 데 이바지하느냐에 따라 달라진다. 농업사회에서 토지의 가치는 농산물 소출량에 의해

결정되지만, IT 금융 서비스 산업이 경제를 주도하는 현대 사회에서는 강남과 같이 관련 기업들이 많이 몰려 있는 토지들의 가치가 높을 수밖에 없는 것이다.

## 부동산 가치 상승은 공동체 노력의 결과

오늘날 대한민국이 세계에서 경제 대국 10위권에 진입하고 서울이 세계도시로서 성장한 것은 지난 50여 년 동안 온 국민이 피땀 흘려 열심히 노력한 결과이다. 그러한 경제성장 과정에서 농촌은 상대적으로 낙후하게 되고 도시가 발전하는 것은 산업구조 변화에 따른 불가피한 것이라 할 수 있다. 또한 인구와 산업의 집중으로 서울을 중심으로 수도권의 부동산 가격이 지방보다 월등히 상승한 것이다. 결국 **부동산의 가치는 개인의 노력에 의한 것이 아니라, 오랫동안 공동체의 피땀 흘린 노력의 결과**로 이루어진 역사발전의 시대적 산물이다. 서울의 도심지와 강남의 부동산이 비싼 것은 이곳의 부동산 가치가 높기 때문이고, 부동산 가치가 높은 것은 국민의 피땀이 어린 노력의 결과이다. 이처럼 가격이 낮을 때 구매했던 부동산이 가격이 오르는 것은 공동체의 노력이 그 안에 녹아있기 때문이다.

따라서 부동산 가격이 상승하면, 단지 그 부동산을 소유했다는 그것만으로 그 상승 이익 전부를 누린다는 것은 문제가 있다. 그 상승 이익의 상당 부분은 그 부동산의 가치 상승에 공여한 공동체에 돌려줘야 한다. 따라서 부동산의 구입 보유 처분 개발로 인해 발생하는 이익은 불로소득으로 일정부분 공공이 환수해야 한다는 주장이 상당한 설득력을 얻고 있다.

# 토지 소유권 논쟁

토지는 인간의 생존에 필수적인 요소이자 기반이다. 토지는 인간이 수렵과 채집 생활에서 농경사회로 전환하면서 농지로서 중요한 가치를 지니게 된다. 더구나 산업구조 변화와 도시화 현상으로 토지의 가치는 날로 증대되고 있다. 세계 도시화율이 60%에 육박, 지구상의 인구는 한정된 토지 위에 고밀도로 생활을 영위하면서 도시 토지는 희소가치가 높아지고 있다. 특히 도시화율 90%를 넘고 서울을 중심으로 수도권 인구집중이 날로 늘어나고 있는 우리 현실에서는 서울 부동산 가격 폭등으로 인한 많은 문제점을 안고 있다.

## 갈등과 분쟁의 역사는 토지 소유에 관한 것

인류역사상 국가 또는 개인 간 갈등과 분쟁은 대부분 조금이라도 토지를 더 가지려는 토지 소유 문제에서 비롯되었다. 이러한 갈등과 분쟁은 시대와 장소를 가리지 않고 발생했으며 지금도 진행 중이다. 대한민국의 부동산 문제도 근본적인 원인을 살펴보면 토지를 둘러싼 분쟁과 갈등에서 시작된 것이라 할 수 있다. 그런데 토지는 개인의 노력이 아니라 신이 인간에게 선사한 자연의 산물이기 때문에 토지를 **특정인이 사유화해서 토지로부터 생산되는 가치를 독점해서는 안된다**는 주장이 대두되었다.

토지는 다른 생산요소와 달리 유한적이며, 위치와 면적이 고정되어 있다는 특성 때문에, 개인이 소유하기보다는 모두가 공동으로 소유하거나, 국가 또는 왕이 소유하여야 한다는 토지공개념 철학이 발전했다. 소수인의 토지 독점은 다수의 생산인구가 토지로부터 생산되는 물산에서 배제되기 때문에 사회적 소외와 갈등을 유발하는 치명적인 결과를 가져오고 결국은 잦은 민란으로 이어졌다. 실패하면 난이요 성공하면 혁명이라는 각종 내란도 근본 밑자락을 살펴보면 토지 소유와 토지에서 소출되는 생산물 배분에 관한 갈등에서 출발한다.

역사적으로 출현한 숱한 역적과 영웅들도 결국은 토지를 둘러싼 전쟁 속에서 명멸한다. 인류는 토지를 근간으로 하는 사유재산의 축적을 통해 발전했지만, 한편으로는 토지를 쟁취하기 위한 투쟁으로 그 많은 피를 흘렸던 것이다. 토지 소유를 둘러싼 이러한 문제를 해결하고자 동서양을 막론하고 오래전부터 토지

제도에 관한 다양한 논의들이 이루어졌다.

그중에서 **경자유전**의 토지 철학은 농사짓는 자가 토지를 소유하자는 개념이다. 특정 귀족 계층이 토지를 소유하고 다수의 경작인으로부터 소출량 대부분을 소작료로 착취하는 중세사회에서 경제모순을 해결하고자 제시된 것이다. 해방 후 남한의 토지개혁은 경자유전의 원칙에 따라 시행되었다.

**토지공개념은 공공의 이익을 위해 토지 사유를 어떻게 제한할 것인지가 논의의 중심이다.** 토지공개념은 토지를 공산품과 같은 기준으로 다룰 것이 아니라 토지의 사적재화로서의 성격과 함께 공적 재화로서의 성격도 함께 고려해야 한다는 것이다. **토지의 사적소유와 공적 개념의 조화**를 꾀하자는 토지 철학이다. 토지는 개인이 소유할 수도 있지만, 근본적으로는 자연의 형태로 국토 일부를 구성하는 것으로, 공익적 관점에서 토지의 배분, 이용 그리고 거래가 이루어져야 한다는 것이다.


## 헨리 조지의 조지주의

토지는 사람이 생산하지 않은 천부적인 자원이자 모든 사람의 삶의 터전이므로 사회적 공공성이 높게 요구되는 재화이므로 소유자의 절대적 소유권을 배제하고 일정 정도 이용이나 처분에 제한을 두자는 것이다. 토지공개념 논의는 미국의 정치경제학자인 헨리 조지가 1879년 저술한 ≪진보와 빈곤≫에서 찾을 수 있다. 그는 "토지를 몰수할 필요는 없지만, 이윤은 몰수할 필요가 있다"라고 하면서 토지공개념을 보다 명확히 정의했다. 토지의 사적소유를 인정하여 토지를 전부 몰수하여 국유화할 필요는 없지만, 토지의 사용과 처분에 따른 이익은 국가가 환수해야 한다는 취지다.

헨리 조지는 그의 책에서 "우리는 토지를 공공의 재산으로 만들어야 한다"며 토지로부터의 경제적 지대는 개인이 갖기보다는 사회 전체가 나누어 가져야 한다고 주장했다. 우선 토지를 공공화한 후 토지를 사용하고자 하는 사람들에게 빌려주는 방식으로 할 수도 있지만, 이미 토지의 사적소유가 정착된 마당에, 조지는 '토지가치세'라는 세금을 부과하자고 주장했다. 토지 공공화는 토지 사적 소유권이 이미 개인에게 보장된 국가에서 심한 저항과 갈등을 유발할 수 있기 때문이었다. 거액의 토지가치세를 부과하면 토지 재산권의 가치가 크게 하락할 것이다. 그렇게 되면 토지 소유가 자산의 가치로서 별 의미가 없어질 것이다.

조지 철학 지지자들은 토지지대를 포함한 경제적 지대의 예로는 자연자원, 방송 스펙트럼, 지하자원 개발, 오염물질 배출권 거래, 어획제한, 항로, 화폐발행 이득, 우주 궤도 등 자연에 대한 독점으로 발생하는 수익은 개인이 아닌 공공의 수익으로 돌아가야 한다고 강조한다. **개인의 노력과 노동으로 생산되는 사적 소득에 대한 조세는 모두 폐지하고 인간의 노력 여부와 상관없이 자연의 자산으로 발생하는 이익에 대해서는 모두 세금을 부과**하자는 것이다.

# 지공주의~地公主意~

헨리 조지의 조지주의 토지 철학을 이어받아 한국에서 지공주의~地公主意~로 토지공개념을 정립한 사람이 경북대 김윤상 명예교수다. 그는 최근 언론과의 인터뷰[*] 기사제목 달기에서 "토지는 불평등을 낳는 특권의 핵심으로, 토지의 불로소득을 막는 최선의 방법은 토지보유세다. 일부에서 오해하는 것과는 달리 토지보유세가 시장친화적인 조세라는 사실은 애덤 스미스 이래의 통설이고 경제학 교과서에서 인정하는 진리다"라고 하면서 토지보유세를 강화해야 한다고 주장한다.

---

[*]보유세는 시장친화적 불로소득 환수 제도, 2020.12.19. 조세일보

〈자본주의·사회주의와 지공주의의 관계 및 과세〉

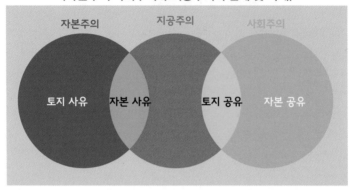

〈자본주의·지공주의 과세 비교〉

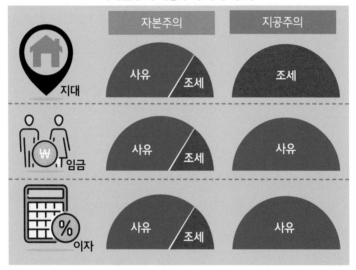

그는 보유세를 강화하는 것이 토지의 초과이익을 억제해 부동산 불평등을 해소하는 방법이라고 얘기한다. 그는 또 **"토지는 공동체의 재산이며, 토지 가치의 상승은 사회 전체의 노력**에 의한 것이기 때문에 토지로 인한 불로소득은 공동체의 것이 돼야 한다는 게 토지공개념의 핵심"이라고 강조했다.

그는 "인간이 생산하지 않은 자연은 우리 모두의 것이라는 철학이다. 자본주의는 토지와 자본을 모두 사유로 인정하고, 사회주의는 모두 공유하는 것을 의미하지만, 지공주의는 인간이 생산한 자본은 사유로 하되 천부된 토지는 공유하자"며 '지공주의' 개념을 분명히 했다. 우리나라처럼 이미 토지사유제가 이루어진 사회에서는 토지의 사적소유는 그대로 두고 토지가치만 징수하면 된다는 것이다.

농경시대 경자유전의 원칙이 중요하듯이 오늘날과 같이 주거불안이 상존하는 시대에는 주자유택(住者有宅, 집은 거주하는 사람이 소유한다) 원칙이 있어야 한다고 주장한다. 사실 오늘날 가장 집값이 비싼 강남은 지난 50여 년간 한국 사회가 공동으로 노력한 시대적 산물이라는 점에서 일부 특정인이 부동산을 소유하고 거래하면서 이득을 편취하는 것은 부당하다고 할 수 있다. 자연이 인간에게 선물한 토지를 매개로 발생하는 불로소득은 적절한 선에서 공공이 환수할 필요가 있다. 그렇지 않고는 토지로부터 얻는 불로소득의 사적 귀속으로 인하여 빈부격차는 가속화될 것이고, 이로 인한 사회적 갈등은 심화할 것이다.

# 인간은 대지 일부분이다(시애틀 추장의 편지)

1854년 미국 대통령 피어스에 의해 파견된 백인 대표들이 스쿼미쉬 인디언들에게 인디언이 거주하는 땅을 팔 것을 제안한 것에 대해, 인디언 추장 시애틀이 답변한 편지를 읽어보면, 인디언의 토지에 관한 생각을 명확히 알 수 있다. 이 편지로 인해 이 지역의 이름이 시애틀로 명명되었다고 한다.

추장 시애틀은 이 편지에서 이렇게 말한다. "어떻게 당신들은 하늘과 땅을 사고팔 수 있는 것인가? 그 생각은 우리에게 참으로 이상한 일이 아닐 수가 없다. 만약 우리가 공기의 상쾌함과 반짝이는 물을 소유하고 있지 않다면, 당신들은 그들을 어떻게 살 수 있단 말인가? (중략) 우리는 이 땅이 사람에게 속해 있는 게 아니라, 사람이 이 땅에 속해 있다는 것을 알고 있다."

수천 년 동안 자연의 일부로 살아온 인디언 부족은 자연을 숭배하고 대지를 경외하며 살아왔다. 대지의 일부분인 인간이 어떻게 대지를 사고팔 수 있으며, 특정인이 토지를 소유할 수 있느냐는 것이다. 이것은 자연과 인간과의 관계를 어떻게 설정할 것인가 하는 철학적인 질문이다. 인간이 만들지 않고, 신이 선사한 대지를 어떻게 인간이 자기 맘대로 소유하고 그것을 활용하여 돈을 벌 수 있느냐? 자연 안에서 30만 년을 살아온 호모 사피엔스는 이제 자신이 자연 일부분임을 부정하며, 자연을 정복하고 소유하면서 그것을 활용하여 이익을 얻으려 하는 것이다. 필자는 오래전에 이 시애틀 추장의 편지를 읽고 가슴 찡한 감동에 온몸에 전율을 느꼈다. 호모 사피엔스 출현 이후 자연의 일부로, 대지의 일부분으로 살아온 인간은 이제 자연의 일부임을 부정하고, 탐욕에 눈이 멀어 신이 선사한 대지를 이용하여 치부하고 갈등하며 파멸로 가고 있는 것은 아닌지?

워싱턴의 대추장이 우리의 땅을 사고 싶다는 편지를 보내왔다. 하지만, 어떻게 당신들은 하늘과 땅을 사고 팔수 있는 것인가? 그 생각은 우리들에게 참으로 이상한 일이 아닐 수가 없다. 만약 우리가 공기의 상쾌함과 반짝이는 물을 소유하고 있지 않다면, 당신들은 그들을 어떻게 살수 있단 말인가?

지구상에 모든 것들은 우리들에게는 신성한 것들이다. 반짝이는 모든 소나무와 모래 해안, 깊은 숲속의 안개, 초원, 그리고 노래하는 모든 벌레들 말이다. 이 모든 것들이 우리들의 추억과 경험 속에서는 신성한 것들이 된다.

우리는 우리의 정맥을 타고 피가 흐르듯이, 나무를 타고 수액이 흐르는 것을 알고 있다. 우리는 지구상의 일부분이며, 우리의 일부분인 것이다. 향기로운 꽃들은 우리의 자매들이다. 곰과 사슴, 큰 독수리들은 우리의 형제들인 것이다. 록키산맥과 초원의 이슬, 조랑말의 체온, 그리고 사람들은 모두가 하나의 가족인 것이다.

개울과 강을 흐르는 눈부신 물은 단순히 물이 아니라, 우리 조상들의 피와도 같다. 만약 우리가 우리의 땅을 판다면, 당신은 이러한 신성한 것들을 기억해야만 한다. 각 호수의 깨끗한 물에서의 빛나는 빛들은 우리들의 삶에서 벌어질 일들과 기억들을 말해준다. 물의 속삭임은 우리의 아버지의 아버지의 목소리이거늘.

강들은 우리의 형제들이다. 그들은 우리의 갈증을 해소시켜준다. 그들은 우리의 배들을 운반시켜 주고, 우리의 아이들에게 물을 제공해 준다. 그래서 당신은 당신들의 형제들에게 주었던 친절을 강에게도 베풀어야만 한다.

만약 우리가 우리의 땅을 판다면, 이 공기가 우리에게 소중하다는 것을, 공기가 우리의 삶을 도와 그것의 영혼을 나눠준다는 것을 기억해라. 바람은 우리의 조상들이 처음으로 내쉰 숨결이자, 마지막 한숨이다. 바람은 또한 우리의 아이들에게 삶의 영혼을 알려준다. 그래서 만약 우리가 우리의 땅을 판다면, 당신은 초원들의 꽃들에 의해 향기로운 바람의 속삭임을 느낄 수 있는 곳으로 간직하고, 신성하게 여겨야만 한다.

당신은 당신의 아이들에게, 우리가 우리의 아이들에게 가르쳤던 것을 가르칠 것인가? 지구가 우리의 어머니라는 사실을? 이 땅에 나쁜 일이 생기면, 이 땅의 자식들에게도 나쁜 일이 생긴다.

우리는 이 땅이 사람에게 속해 있는 게 아니라, 사람이 이 땅에 속해 있다는 것을 알고 있다. 모든 것들이 우리 안에 있는 피처럼 다 연결되어 있다. 사람이 삶의 그물을 짜는 것이 아니라, 단지 그 안에 있을 뿐이다. 그가 그 그물 안에서 무엇을 하든, 그 스스로에게 하는 짓일 뿐이다.

한 가지 우리가 알고 있는 것은 우리의 신은 당신들의 신이기도 하다는 것이다. 이 땅은 신에게 소중한 것이며, 이 땅을 상하게 하는 일은 그것의 창조주에게 모욕을 주는 것과 같다.

당신의 운명은 우리에게 이해할 수 없는 것이리라. 버팔로가 모두 도살당했을 때 무슨 일이 벌어질 것인가? 야생마들이 길들여지면? 숲의 은밀한 곳이 많은 이들의 냄새로 가득차고, 푸르른 언덕의 광경이 전선으로 얼룩져버리면, 무슨 일이 벌어질 것인가? 덤불숲은 어디로 가지? 사라지는 것이다. 독수리들은? 역시 사라질 것이다. 그리고 빨리 달리는 조랑말에게 작별인사를 하고선 사냥을 할 것인가? 삶의 끝이자, 생존의 시작이다.

마지막 홍인들이 이 야생과 함께 사라졌고, 그의 기억은 오직 초원을 가로지르는 구름의 그림자가 되었으며, 이러한 해안과 숲들은 여전히 여기에 있을 거라 생각하고 있는가? 우리들이 남긴 영혼이 있을 꺼라 생각하는가?

새 생명이 어머니의 심장고동소리를 사랑하듯, 우리도 이 땅을 사랑한다. 그래서 만약 우리가 우리의 땅을 판다면, 우리가 그것을 사랑했던 것만큼 사랑해라. 우리가 그것에 신경을 썼던 만큼, 그것에 신경을 써야 한다. 당신이 이 땅을 얻을 때, 그 땅의 기억을 당신의 머릿속에 간직해야 한다. 모든 아이들을 위해 이 땅을 보호하고, 신이 우리를 사랑한 만큼 이 땅을 사랑하라.

우리가 이 대지의 일부분인 만큼, 당신 또한 이 대지의 일부분이니, 이 대지는 우리에게 소중한 것이다. 또한 당신에게도 소중한 것이다.

한 가지 우리가 알고 있는 게 있다면, 오직 하나의 신만이 존재할 뿐이며, 심지어 그가 홍인이든, 백인이든, 우리는 모두 형제라는 것이다.

※ 자료: https://ynk79.tistory.com/67 [Scrap from the World]

## 토지공개념 도입

우리나라에서 토지공개념이 처음으로 제기된 것은 1970년대 개발 붐이 일어나기 시작한 박정희 정부 때이다. 1977년 신형식 건설부 장관은 "우리나라처럼 땅덩어리가 좁은 나라에서는 토지의 절대적 사유화란 존재하기 어렵다"며 "토지공개념에 입각한 정책이 필요하다"고 발언했다. 인구의 서울집중과 더불어 강남 개발이 진행되면서 이때부터 한국 사회는 부동산 투기와 불로소득 문제가 심각해졌다.

그러다가 토지공개념을 부동산정책으로 도입한 것은 노태우 정부다. 1980년대 후반 86아시안게임과 88올림픽, 그리고 3저(저달러, 저유가, 저금리) 호황으로 시중에 흘러넘치는 돈이 부동산에 몰려들기 시작했다. 바야흐로 부동산 투기 열풍이 시작된 것이다. 당시 노태우 정부는 부동산 종합대책을 발표하면서 토지제도를 개혁하기 위한 **'토지공개념 연구위원회'**를 신설했다. 연구위원회는 1989년 4월 '토지공개념 도입을 위한 국민토론회'를 열고 **토지공개념 3법을 제안**한다.

정부는 부동산 투기 열풍을 차단하고, 부동산으로 인한 불로소득을 막기 위해 연구위원회의 제안을 받아들여 부동산 3법을 1989년에 제정했다. 바로 **'택지소유 상한에 관한 법률'**과 **'토지초과이득세'**, 그리고 **'개발이익환수에 관한 법률'**이다. 지가가 지나치게 상승해 소득불균형이 심화하고 개발이익이 개인의 사익으로 변질해 이를 바로잡을 필요가 있다는 이유에서다.

그러나 이 제도들은 10여 년간 작동하다가 좋은 결실을 보지 못하고 모두 폐지된다. 택지소유상한에 관한 법률은 1989년 위헌 결정을 받았고, 토지초과이득세는 1994년 헌법불합치 판정을 받아 1998년 공식 폐지됐다. 개발이익환수법은 합헌 결정을 받았지만, 외환위기 때 기업에 부담을 준다는 이유로 폐지됐다.

## 토지공개념 3법의 입법 취지는 정당, 일부 수단이 문제

부동산 3법은 헌법불합치 혹은 위헌 결정을 받기도 했지만, 헌재의 결정문을 자세히 뜯어보면, 공익을 위해 토지 소유와 이용을 제한하는 취지는 긍정적이었다는 것을 알 수 있다. 헌법재판소는 일부 수단을 문제로 들었을 뿐 입법 취지에 대해서는 합헌으로 판단했다. 택지 소유상한법과 관련해 헌재는 "입법 목적은 정당하다"라면서도 "누구라도 200평을 초과하는 택지를 취득할 수 없게 한 것은 헌법상의 재산권을 과도하게 침해한다"라고 일률적으로 소유상한을 제한한 부분을 문제 삼았다. 토지초과이득세법은 기준지가 상정 방법을 대통령령에 위임해 '포괄적 위임입법 금지 원칙'에 위반된다는 이유로 헌법불합치 결정이 났다.

이 **두 법은 모두 "입법 목적은 정당하다"라고 판결**했다. 다만, 법을 제정하면서 법 내용을 **정밀하게 설계하지 못해 헌법불합치 혹은 위헌판결을 내린 것**이다. 결국 '토지공개념' 자체가 문제가 아니라 역대 정부가 이를 실현할 의지가 부족했다고 볼 수 있다. 의지만 있었으면, 입법 취지는 정당하다고 했으니, 헌재가 문제로 지적한 규정을 수정 보완하면 될 일이다. 그런데 그대로 방치하다가 폐지하고 만다. 패착이다.

그러다가 부동산 가격이 들썩거리면 단골메뉴로 토지공개념이 등장한다. 그런데 토지공개념 얘기만 나오면 일부 언론이나 전문가들은 헌재에서 이미 헌법불합치 혹은 위헌결정 받은 것을 다시 거론한다며 헌법 위반이라고 강력한 반대주장을 펼친다. 그러면 내용을 자세히 알지 못하는 국민은 그들 말을 그대로 믿어 버린다. 토지공개념에 대한 논의 자체도 거부하면서 이미 지난번 헌재에서 위헌결정을 했고, 법률적으로 재추진하려면 헌법을 먼저 개정해야 가능한 것으로 얘기한다. 선무당이 사람 잡는다는 말은 이런데 쓰이는 것인가?

# 대한민국 헌법은 토지공개념을 천명하고 있다

우리나라 헌법은 23조 2항, 121조에서 토지공개념에 대해 명시하고 있다. 이처럼 헌법 조문이나 헌재 결정에 따르면 토지공개념은 사실상 법률 근거가 마련돼 있다. 노태우 정부 때 제정한 토지공개념 관련 법률에 대해 헌법재판소에서 헌법불합치 결정을 했으나, 토지공개념 자체는 명시적으로 인정했다. 다만 수단이 적절하지 못하다는 지적을 했을 뿐이다. 지금이라도 헌재가 지적한 내용을 수정해서 현실에 맞게 토지공개념을 실현할 수 있는 부동산 관련법을 얼마든지 제정할 수 있다. 하지만 현재의 부동산정책이 이러한 헌법 정신을 제대로 구현하지 않고 있어서 '부동산으로 인한 빈부격차'는 더욱 심화하고 있다.

### 헌법상 토지공개념 조항

제23조
② 재산권의 행사는 공공복리에 적합하도록 하여야 한다.
③ 공공필요에 의한 재산권의 수용·사용 또는 제한 및 그에 대한 보상은 법률로써 하되, 정당한 보상을 지급하여야 한다.
제121조
① 국가는 농지에 관하여 경자유전의 원칙이 달성될 수 있도록 노력하여야 하며, 농지의 소작 제도는 금지된다.
② 농업생산성의 제고와 농지의 합리적인 이용을 위하거나 불가피한 사정으로 발생하는 농지의 임대차와 위탁경영은 법률이 정하는 바에 의하여 인정된다.

그런데 택지소유상한에 관한 법률과 토지초과이득세법의 입법 취지를 헌재가 인정하고 있으나, 이제까지 토지공개념의 논란을 잠재우고 정책 실현성을 높이기 위해서는 헌법 조문에 토지공개념을 명확히 적시하는 것이 필요하다. 학자들도 주택과 토지를 재산 증식의 수단으로 여겨 온 현실을 고려하고 위헌 시비를 방지하기 위해 불로소득 환수 등 토지공개념을 헌법에 명기하는 방법이 필요하다고 주장한다.

## 천부인권-천부지권 / 경자유전-주자유택

사람은 태어나면서 누구도 침범할 수 없는 천부인권天賦人權을 가진다. 마찬가지로 자연이 선사한 토지는 누구도 독단적으로 소유하여 토지로 발생하는 이득을 독점화할 수 없는 천부지권天賦地權이 있다고 필자는 생각한다. 시애틀 추장이 말한 것처럼, "하늘의 태양과 달, 공기의 상쾌함과 반짝이는 물, 그리고 깊은 숲속의 안개, 초원, 그리고 날아다니는 새와 노래하는 벌레 등" 신이 선물한 이 아름다운 자연을 누가 독점하고 소유한단 말인가? 천부인권이면 천부지권이다.

*카이사르의 것은 카이사르에게, 하나님의 것은 하나님에게 …*
*천부인권天賦人權이고, 천부지권天賦地權*
*농지는 경작하는 자에게... 주택은 거주하는 자에게 …*
*경자유전耕者有田이고, 주자유택住者有宅이다.*

사람과 토지는 누구에게도 양도할 수 없는 신성한 자기만의 권리를 자연으로부터 선사 받은 것이 아닐까?

# 2 예상치 못한 이상 조짐
# 집값이 너무나 올라

사진출처 : 서울연구데이터서비스(http://data.si.re.kr)

# 주택가격 얼마나 올랐기에

## 주택은 우리의 삶을 담는 소중한 보금자리

주택가격이 언제부터 얼마나 올랐는가? 아침에 신문을 펼쳐 들면 거의 매일 메인 뉴스에 등장하는 머리기사가 오늘도 "어디에 아파트 가격이 얼마나 올랐다"로 시작한다. 포털사이트를 비롯한 인터넷에 온통 부동산 얘기다. 유튜브에서는 각종 부동산 강의와 투자에 관한 동영상과 프로그램이 난무한다. 서점은 어떤가? 가장 알짜배기 자리에 부동산에 관한 책들이 수십 권으로 가판대를 거의 도배하다시피 한다.

지인들과 만나면 가장 많은 화젯거리가 어디에 주택가격이 얼마나 올랐나? 에 관한 것이다. "그때 그 아파트를 사는 것인데 아내가 반대해서, 남편이 반대해서, 돈이 좀 부족해서 사지 않았더니, 몇 억에서 몇 십억이 올랐다. 이제는 내 생전에 그 동네는 쳐다보기도 힘들다." "주택가격이 안정될 것이라는 말만 듣고 얼마 전에 주택을 팔았는데 그 주택이 몇 억이 올랐다. 내 몇 년치 연봉에 해당하는 금액인데, 정말 일할 맛이 안 난다." "그런데 주택가격이 앞으로도 계속 언제까지 오를 것인가?" 젊은이들은 절망한다. "내 생에 월급으로 돈 모아서 집 한 채 산다는 것은 꿈에 불과한 것인가?" 결혼도 집 문제 때문에 미루고 아이들 출생도 주택 때문에 미루었는데... 돈 좀 모아지면 하려고 … 집은 이제는 내가 닿을 수 없는 신기루인가? 평생을 전월세를 전전긍긍하다가 끝나는 것 아닌가? 주택은 우리의 삶을 담는 소중한 보금자리이다. 주택문제가 해결되지 않으면 우리의 삶은 늘 불안할 수밖에 없다.

## 언제부터 얼마나 올랐나?

현재 각종 언론과 인터넷 사이트 유튜브 그리고 출판되고 있는 책들에서 얘기되고 있는 부동산과 주택가격에 관한 것은 크게 몇 가지로 분류해 볼 수 있다. 가장 많은 부분을 차지하는 것이 언제부터 어디에 어떤 주택이 얼마만큼 올랐는가? 그리고 그 원인은 무엇인가? 그래서 어떻게 해야 하는가? 언제부터 국민이나 언론이 주택가격 상승에 관심을 가졌을까? 아마도 문재인 정부가 2017년 5월에 들어서고 얼마 안 있다가 주택가격 상승에 눈을 돌리기 시작했다. 그런데 통계자료를 눈여겨보면 주택가격은 2014년부터 오르기 시작했다. 2008년 미국발 부동산 버블에 따른 서브 모기지론이 부실화되고, 모기지론이 증권으로 유동화되면서 금융위기가 전 세계를 강타했다. 여기에 금융회사들의 도덕적 해이까지 겹쳐 전 세계의 금융권에 타격을 주면서 세계 주요 도시들의 집값이 하락하기 시작했다.

돌이켜 보면 미국발 금융위기가 2008년 초에 우리나라 뉴스의 메인 기사였고, 이 위기가 우리 경제에 어떤 영향을 미칠 것인가를 촉각을 세운다. 당시 전문가들은 미국발 금융위기가 부동산 버블과 금융회사의 도덕적 해이에서 비롯된 것이기에 우리나라 부동산 시장에도 부정적인 영향을 줄 것이라고 예측했다. 그런데 우리나라 주택가격은 IMF를 조기 졸업한 2001년 이후로 상승하기 시작한 그 기세가 꺾일 줄 모르고 금융위기 초기인 2009년까지 계속된다. 오히려 2008년에는 5대 광역시의 집값이 13.2%나 상승하고 2009년에는 지방 집값이 3.3% 상승했다.

## 미국발 금융위기가 태평양을 건너기까지 4년

그 이듬해인 2010년에 가서야 -1.1% 하락하다가, 오히려 2011년에는 미미하지만 전국기준은 0.7% 상승했다. 본격적인 집값 하락은 2012년부터 수도권의 집값이 -6.6%로 떨어지면서 시작된다. 미국은 주택가격은 2007년을 정점으로 2008년부터 마이너스로 하락하기 시작했으나, 그 위세가 태평양을 건너와서 대한민국 부동산 시장이 전반적으로 내림세로 접어든 것은 2012년부터이다. 미국발 금융위기가 대한민국에 본격적인 영향을 미치기까지는 4년이란 세월이 걸렸다.

그런데 서울아파트 가격에 미치는 임팩트는 크다. 2010년 3월부터 잠깐 오름세를 보이며 3년 6개월간 하향 곡선을 그려 가다가 2013년 8월에 바닥을 친다. 그 뒤 3년 2개월이 지난 2016년 10월이 돼서야 금융위기 직전 고점을 회복한다. 금융위기로부터 2년간은 정체기였다가 2010년부터 하락하기 시작하여 6년 8개월간의 긴 침체 터널을 통과한 것이다.

이 기간 동안 평균적인 아파트 가격은 11% 내려갔다가 올라왔지만, 국지적으로는 20~30% 폭락한 단지가 속출했다. 주택가격상승과 하락의 지표가 되는 강남 대치동 은마아파트는 전용 84㎡ 기준으로 12억 원에서 8억 원대까지 떨어져 4억 원의 하락 폭을 보였다. 노원구 상계동의 같은 평수의 주공아파트는 5억 원에서 4억 원대로 떨어졌다. 당시 아파트값 하락은 금융위기 영향도 컸지만, '반값아파트'로 불리는 보금자리 주택을 대거 공급한 효과가 컸다고 할 수 있다. 매년 평균 3만5천 호를 2011년부터 2014년까지 4년 동안 서울 강남 세곡동 내곡동 등에 분양 공급한 것이다. 이것은 그 이전 4년 동안 분양 공급한 물량보다 35% 더 많은 것이다. 보금자리 주택 영향을 받지 않았던 지방의 아파트값은 이 기간에 급등한 것을 보면, 서울에서 보금자리 주택공급의 영향이 얼마나 집값 하락에 영향을 미쳤는지 알 수 있다

2012년 당시 주택담보 대출 금리는 4.63% 상황에서 무리하게 대출받아 집을 산 서민들은 큰 어려움을 많이 겪었다. 집값은 폭락하고 대출 원리금을 갚기에는, 변변치 않은 수입으로 감당하기 어려워, 많은 사람이 하우스푸어로 전락했다. 재건축 재개발 조합원으로 특별분양을 받았음에도 집값 시세는 분양가 이하로 떨어지는 상황이었다. 그러다 보니 미분양 아파트는 할인분양하고, 할인분양

조차도 안 되는 건설현장의 기계장비들은 멈춰서면서 건설사들은 부도 일보 직
전이었다. 재건축 재개발은 사업성이 안 나오니 사업추진 여부를 두고 주민 간
갈등이 심화되었다.


## 2014년부터 집값 다시 상승

그러다가 2014년부터 주택가격 상승률 전국기준 1.1%, 다시 오르기 시작한다.
그러나 이때는 집값 상승이 미미했고 5대 광역시는 아직도 하락기에 머무는 등
주택가격 하락 여진이 그때까지 남아 있었다. 2015년이 되면 주택가격 변동률이
전국기준 4.6%로 본격적인 주택가격 상승기에 접어든다. 이때까지도 국민은 금
융위기 때 하락한 집값이 회복하는 수준이었기 때문에 주택가격 상승을 크게
체감하지 않았을 것이다. 금융위기 직전의 고점으로 회복하기 시작한 2016년에
는 최순실 등의 국정농단 의혹사건이 전 언론매체와 국민의 관심사였다.

국정농단에 대한 헌법재판소의 대통령 탄핵이 2017년 3월에 결정되면서 19대
대통령 선거 분위기로 전환된다. 2015년부터 집값이 금융위기 이전으로 회복되
고 본격적인 집값 상승기가 시작되는 2016년부터 2017년 상반기까지는 대한민
국은 온통 국정농단으로 인한 박근혜 대통령의 탄핵과 새로운 19대 문재인 대
통령 정부 입각에 대한 관심으로 둘러싸여 있었다.

수도권 및 지방 도시 주택가격지수 추이 (2017.11=100)

|  | 2008 | 2009 | 2010 | 2011 | 2012 | 2013 | 2014 | 2015 | 2016 | 2017 | 2018 | 2019 | 2020 |
|---|---|---|---|---|---|---|---|---|---|---|---|---|---|
| 전국 | 9.6% | 2.8% | -1.1% | 0.7% | -4.7% | -1.4% | 1.1% | 4.6% | 2.1% | 3.6% | 6.2% | 1.2% | 2.7% |
| 수도권 | 7.1% | 2.5% | -2.1% | -0.4% | -6.6% | -1.3% | 2.0% | 6.7% | 3.2% | 4.7% | 8.0% | 1.1% | 3.0% |
| 광역시 | 13.2% | 2.9% | -0.1% | 1.7% | -2.0% | -2.3% | -0.3% | 2.2% | 0.8% | 2.0% | 2.9% | 0.2% | 1.5% |
| 지방 | 10.6% | 3.3% | 0.6% | 2.1% | -2.3% | 0.4% | 0.6% | 1.4% | 0.9% | 3.2% | 6.6% | 4.4% | 4.2% |

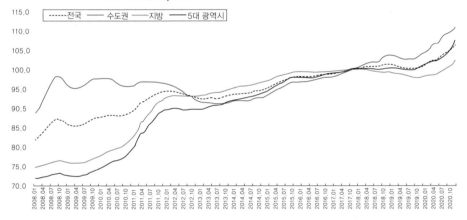

〈한국감정원, 월간주택매매가격지수 전년대비 변동률〉

매매 및 전세가 상승률

| 구 분 | 매 매(강남) | 전 세(강남) |
|---|---|---|
| 한국감정원 | 17.4%(19.4%) | 6.2%(7.2%) |
| KB국민은행 | 37.3%(38.3%) | 14.1%(15.1%) |

# 2017년부터 국민 집값 관심

2017년 5월 문재인 정부가 들어서면서 국민은 이미 상승세를 타기 시작한 집값에 관심의 눈을 돌리기 시작한다. 정부에서도 김현미 국토교통부 장관이 취임, 2017년 6월 17일 주택시장 안정화 종합대책을 발표한다. 이때만 해도 집값이 이렇게까지 폭등하리라고 정부와 전문가를 비롯한 일반 국민도 예측하지 못했으리라. 국민이 집값 상승을 체감하기 시작한 2017년부터 2020년 서울집값 상승률을 보면 KB국민은행 기준으로 매매가는 37.3%, 전세가는 14.1% 올랐다. 이 수치는 서울시 전체 평균 주택가격 상승률을 표시한 것으로 우리가 국지적으로 느끼는 집값 상승 가격하고는 많은 차이를 보인다. 서울의 권역별 지난 3년간 아파트 가격을 보면 강남구 서초구 송파구를 비롯한 동남권과 종로구 중구 용산구인 도심권이 다른 지역보다 상승률이 더 높다. 연립주택이 상대적으로 다른 유형의 주택보다 상승률이 낮은 것을 볼 수 있다.

서울시 권역별 주택유형별 주택가격변동률 추이

| 종합주택 | 동북권 | 서북권 | 서남권 | 동남권 | 도심권 | 아파트 | 동북권 | 서북권 | 서남권 | 동남권 | 도심권 |
|---|---|---|---|---|---|---|---|---|---|---|---|
| 2018 | 5.2% | 6.8% | 5.7% | 7.6% | 8.0% | 2018 | 6.1% | 8.6% | 8.0% | 9.9% | 10.3% |
| 2019 | 1.0% | 1.2% | 1.2% | 1.6% | 1.4% | 2019 | 0.5% | 1.1% | 1.1% | 2.0% | 0.8% |
| 2020 | 3.5% | 2.8% | 2.9% | 1.3% | 2.4% | 2020 | 4.1% | 3.2% | 3.8% | 0.9% | 2.4% |
| 단독 | 동북권 | 서북권 | 서남권 | 동남권 | 도심권 | | 동북권 | 서북권 | 서남권 | 동남권 | 도심권 |
| 2018 | 6.1% | 7.6% | 5.9% | 7.5% | 8.6% | 2018 | 2.5% | 5.2% | 2.1% | 2.6% | 4.0% |
| 2019 | 4.2% | 4.1% | 4.6% | 4.7% | 4.4% | 2019 | 0.2% | 0.5% | 0.1% | 0.2% | 0.0% |
| 2020 | 4.0% | 4.1% | 4.1% | 4.3% | 4.6% | 2020 | 1.9% | 2.1% | 1.0% | 1.4% | 0.9% |

※ 자료 : 한국감정원, 월간주택매매가격지수 전년대비 변동률

# 아파트는 입지가 좋을수록, 단지가 클수록 상승폭이 크다

아파트는 단지가 크면 클수록 상품 가치가 있다. 아파트는 부동산이면서도 일반 건축물과 달리 일상적인 상거래가 가능한 공산품과 같다. 일반 사람들이 가질 수 있는 가장 큰 자산일 것이다. 같은 평형의 아파트는 입지가 좋을수록 비싸다. 단지의 입지가 지하철을 타고 출퇴근하기 편리한 역세권이면 더 좋고 강남 목동 등 학군이 좋을수록 학생 자녀를 가진 학군 수요가 몰리기 때문에 가격이 고가다. 아파트 평형과 입지가 같다면 단지가 클수록 아파트 가격이 비싸다.

규모 경제의 논리에 의해서 단지가 크고 세대수가 많은 아파트 단지가 주민 편익시설이 잘 갖추어져 있어 어지간한 일은 단지 안에서 다 해결할 수 있다. 500세대쯤이면 도서실과 헬스장이 있고 1,000세대가 넘으면 골프연습장과 카페가 더해진다. 2,000세대가 넘으면 수영장까지 갖출 수가 있으니 저렴한 실비로 이러한 편익 시설들을 아파트 단지 안에서 즐길 수가 있다. 그리고 아파트 단지가 클수록 단지 내 부대 건축물이 커져 대규모 상가가 들어오게 되고 학원, 의원, 미용실 등 다양한 주민 편익 시설이 입지하게 된다.

아파트 매매할 때도 유리하다. 다양한 평형이 고루 섞여 있고 같은 평형대 아파트도 많아서 팔고자 하면 언제든지 쉽게 매물로 내놓을 수가 있다. 마치 증권 시장에서 원하는 주식을 손쉽게 사고팔 듯이. 이렇게 여러모로 대단지의 아파트 장점이 있어서 이러한 단지들은 주택가격 상승기에 가장 먼저 신호를 보낸다. 서울의 주요 단지들의 최근 5년간 아파트 가격 상승 폭을 살펴보자.

## 상승 폭이 큰 단지들은 어디인가?

다음은 2016년부터 2020년까지 지난 4년 동안 서울지역을 대표하는 대형 단지들의 아파트 가격 상승 현황을 살펴보았다. 편의상 비교하기 쉽게 30평형대의 아파트 가격을 단지별로 비교했다. 지난 4년 동안 작게는 39%에서 크게 오른 단지는 당초 가격의 2배를 넘어서고 있다. 가장 상승률이 높은 아파트는 강남 삼성동의 H아파트로 2016년부터 2020년까지 4년 동안 122% 가격이 올랐다. 2016년 11억 아파트가 2020년에는 13억 5천만원이 상승한 24억 5천만원이 되어 두 배 이상 집값이 뛰었다. 매년 3억4천만원을 4년간 번 격이다. 운 좋게 이 아파트를 보유했다는 사실만으로 상당한 이익이 생긴 것이다. 물론 당장 손에 쥘 수 있는 돈은 아니다.

다음으로 상대적으로 많이 오른 곳은 역세권이면서도 학군이 좋고 단지도 큰 곳이다. M아파트 단지와 S아파트 단지는 30년이 넘은 곳으로 재건축을 눈앞에 두고 있다. 지난 15년여간 재건축을 추진해 온 E아파트도 11억에서 21억 5천만원으로 2배 가까이 올랐다. 이들 아파트 단지를 소유하고 있는 사람들은 몇 년 사이에 엄청난 이익이 생겨서 좋겠지만, 이곳에 전월세로 살고 있거나 다른 곳에 사는 사람들은 상대적으로 큰 박탈감을 느낄 것이다. 이렇게 아무런 노동도 하지 않고 소득이 생긴 것은 공공이 어느 정도 환수해야 하지 않을까? 그래야 공정한 사회이며 정의로운 사회가 아닌가? 그러나 집 소유자 처지에서는 본인은 아무런 행위도 하지 않았고, 집값이 올랐다고 하지만 본인 손에 당장 돈이 생긴 것도 아닌데 세금을 과하게 부과하는 것은 말이 안 된다고 반발한다. 전문가들도 미실현

서울 주요 단지별 가격 변화 (단위 : 만원)

| 구분 | | '16.12 | '17.12 | '18.12 | '19.12 | '20.12 | '16년이후누계 |
|---|---|---|---|---|---|---|---|
| 서초구 | 반포J1단지 | 265,000 | 268,000 | 350,000 | 360,000 | 370,000 | ▲105,000 |
| | (106.26㎡) | 전년대비 | (▲3,000) | (▲82,000) | (▲10,000) | (▲10,000) | (39.6%) |
| | 반포J아파트 | 154,700 | 192,000 | 230,000 | 283,000 | 290,000 | ▲135,300 |
| | (84.98㎡) | 전년대비 | ▲37,300 | (▲38,000) | (▲53,000) | (▲7,000) | (87.7%) |
| | AP아파트 | 237,000 | 260,000 | 283,000 | 317,000 | 345,000 | ▲108,000 |
| | (84.95㎡) | 전년대비 | ▲23,000 | (▲23,000) | (▲34,000) | (▲28,000) | (45.5%) |
| 강남구 | E아파트 | 110,000 | 150,000 | 160,000 | 200,000 | 215,000 | ▲105,000 |
| | (76.79㎡) | 전년대비 | (▲40,000) | (▲10,000) | (▲40,000) | (▲15,000) | (95.4%) |
| | DL아파트 | 137,000 | 170,000 | 214,000 | 249,000 | 288,000 | ▲151,000 |
| | (85㎡) | 전년대비 | (▲33,000) | (▲44,000) | (▲35,000) | (▲39,000) | (110.2%) |
| | H아파트 | 110,000 | 170,000 | 205,000 | 230,000 | 245,000 | ▲135,000 |
| | (84.24㎡) | 전년대비 | (▲60,000) | (▲35,000) | (▲25,000) | (▲15,000) | (122.7%) |
| | 역삼P아파트 | 119,700 | 145,000 | 187,000 | 224,500 | 244,000 | ▲124,300 |
| | (84.91㎡) | 전년대비 | (▲25,300) | (▲42,000) | (▲37,500) | (▲19,500) | (104%) |
| | 압구정H아파트 | 170,000 | 190,000 | 235,000 | 240,000 | 249,500 | ▲79,500 |
| | (82.5㎡) | 전년대비 | (▲20,000) | (▲45,000) | (▲5,000) | (▲9,500) | (46.7%) |
| 송파구 | 잠실J아파트 | 142,000 | 188,000 | 181,000 | 240,000 | 228,100 | ▲86,100 |
| | (82.61㎡) | 전년대비 | (▲46,000) | (▲7,000) | (▲59,000) | (▲11,900) | (60.5%) |
| | 잠실L아파트 | 112,000 | 160,000 | 163,000 | 210,000 | 235,000 | ▲123,000 |
| | (84.8㎡) | 전년대비 | (▲48,000) | (▲3,000) | (▲47,000) | (▲25000) | (109%) |
| | 잠실P아파트 | 98,000 | 131,000 | 140,000 | 179,000 | 203,000 | ▲105,000 |
| | (84.9㎡) | 전년대비 | (▲33,000) | (▲9,000) | (▲39,000) | (▲24,000) | (107%) |
| 노원구 | S3단지 | 51,000 | 56,500 | 68,000 | 75,000 | 87,000 | ▲36,000 |
| | (84.2㎡) | 전년대비 | (▲5,500) | (▲11,500) | (▲7,000) | (▲12,000) | (70.5%) |
| 양천구 | M아파트 | 102,000 | 128,000 | 143,500 | 172,500 | 185,000 | ▲83,000 |
| | | 전년대비 | (▲26,000) | (▲15,500) | (▲29,000) | (▲12,500) | (81.3%) |

소득에 세금을 부과하는 것은 법리상으로도 문제가 있다고 주장한다.

특히 강남지역에 오랜 기간 거주하면서 별 소득 없이 연금으로 생활하는 은퇴자들 처지에서는 당연히 반발 할 수 있다. 가격이 올랐지만 실현되지 않는 소득에 세금을 부과하느냐 마느냐? 진퇴양난이다. 그러나 다주택 소유자들에 대해서는 집값 상승분에 대해서는 소득실현 유발효과가 있으므로 세금을 집값 상승분에 상응하여 부과해야 한다는 논리는 설득력을 얻고 있다.

현재의 제도로 부동산 보유·처분·개발로 인한 불로소득을 공공으로 환수하는 방법은 부동산 종합소득세, 재산세, 양도소득세, 재건축 초과 이익 분담금 등 세금과 분담금이다. 양도세는 팔지 않으면 발생하지 않고 재건축초과이익 분담금은 재건축하지 않으면 내지 않는다. 부동산 종합소득세와 재산세로 분류되는 보유세는 아파트를 보유한 상태에서도 내야 한다. 부동산의 보유와 처분으로 생긴 불로소득과 세제에 대해서는 별도 논의하기로 한다.


## 어느 지역에 얼마나 올랐을까?

서울과 일부 수도권에서는 2014년부터 집값 상승이 나타나기 시작했으나, 부산 대구 세종을 비롯한 광역도시 주택가격은 2018년까지는 미미한 내림세를 보이는 정체된 안정기였다. 서울을 중심으로 수도권 집값 폭등세가 2019년부터 지방으로 전파되기 시작한다. 부산은 2019년까지는 집값 가격변동률이 마이너스였다가 2020년 하반기부터 상승하기 시작한다. 대구는 2019년 초부터 상승을 시작해서 지금까지 지속해서 상승세를 타고 있다.

파격적인 상승세를 보이는 곳은 세종시다. 그래프와 표에서 보는 바와 같이 2019년 하반기까지는 미미한 상승과 하락을 반복하다가 2020년 상반기부터 폭등하기 시작하여 12월말에는 37%로까지 치솟는다. 세종시가 수도 이전을 둘러싸고 많은 논쟁을 벌이다가 헌법재판소의 '관습상 수도는 서울'로 판결이 난 후에 행정복합도시로 건설되었다. 그러나 행정부처만 세종시에 있고 국정의 파트너 국회는 서울 여의도에 남아 있다 보니까 여러 가지 문제가 발생한다.

행정부와 입법부가 늘 머리를 맞대고 국가정책 논의하며, 법률 제 개정과 국가예산 편성 심의를 하는 등 국정 현안을 챙겨야 하는데 따로 떨어져 있으니 국정 비효율이 이만저만이 아니다. 중앙부처 공무원들은 국회와 정책 조율하느라 서울을 오가며 떠돌이 생활을 할 수밖에 없는 유랑자다. 오죽했으면 1주일에 1급 공무원은 1일을, 2급 공무원은 2일, 3급 공무원은 3일을 세종시에 근무하고 나머지는 서울에서 떠돌이 생활을 하며 근무한다는 자조적인 말이 생기겠는가? 국민 입장에서 현재의 행정부와 입법부가 따로 떨어져 각 부처 장관을 비롯한 고위공무원들이 길거리에서 유랑하면서 수립한 국가정책이 얼마나 제대로 작동될지 냉정히 따져봐야 한다. 이래서야 갈수록 치열해지는 글로벌 경쟁시대에 우리가 제대로 살아남을 수 있을까? 의문이 든다.

다른 것은 몰라도 국회만은 반드시 세종시로 내려가야 한다는 것이 필자 생각이다. 아마도 국민 중에 많은 사람이 여기에 동의하리라 본다. 정책을 수립하고 집행하는 행정부와 법률을 제정하고 예산을 심의하는 국회는 국가의 근간을 이루며 국가를 이끌어 가는 쌍두마차다. 늘 함께 머리를 맞대고 때로는 견제하고 한편으로는 협력하며 대한민국의 정치와 행정을 운용해야 한다. 그런데 서울과 세종시에 따로 떨어져 오가는데 시간과 에너지를 다 쏟고 있다. 국회를 이전해야 한다는 논의는 예전에도 있었지만, 이번 국회에서 여당이 심도 있게 검토하고 우선은 국회 분원만이라도 만드는 데 의견을 모았다. 이러한 국회 이전의 움직임이 포착되자 세종의 주택시장이 가장 뜨겁게 반응한 것이다.

〈주택매매가격지수 변화율 추이 (부산, 세종, 대구)〉

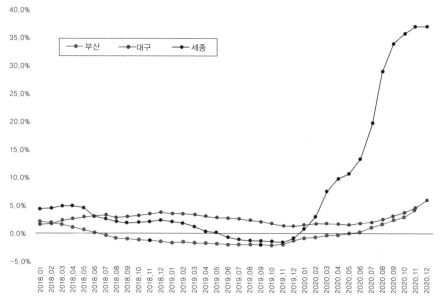

※ 자료 : 한국감정원, 월간주택매매가격지수 전년대비 변동률

## 주택가격 상승, 세계도시에서는?

세계 경제에서 국가 간의 울타리는 이미 의미가 없어졌다. 미국발 금융위기가 대서양은 건너 유럽을 휩쓸고, 태평양을 건너 우리나라에 커다란 영향을 미쳤다. 그 후폭풍으로 집값 폭락을 겪기도 하고 금융부실로 인한 경기 침체로 국민은 힘든 시기를 겪었다. 이제 세계는 인터넷이라는 연결망으로 실시간으로 정보와 현금이 오간다. 코로나 사태만 보아도 불과 채 1년이 안 되어 중국 우한에서 시작된 코로나가 전 세계를 휩쓸면서 우리의 일상을 완전히 바꾸어 놓는다.

최근 4년간 서울을 중심으로 급등하기 시작한 주택가격이 수도권으로 확대되고 지방 광역도시로까지 파급되었는데 세계 주요 도시들의 상황은 어떨까? 2008년 미국발 금융위기의 영향으로 대부분의 세계 주요 도시들은 집값의 폭락을 경험한다. 가장 많이 집값이 폭락한 도시는 금융위기의 진원지인 뉴욕으로 -10% 이상 하락했다. 세계 주요 도시들은 우리의 상황과 유사하게 2009년부터 2012년까지 집값이 폭락하다가 2014년 이후에는 상승하기 시작한다.

2009년부터 2018년까지 런던이 71.4%로 가장 많이 상승했고 파리가 48% 상승했다. 최근 3년간 집값이 가장 많이 오른 도시는 베를린 27.5%다.

다행히도 2019년 이후에는 주요 도시들의 집값 상승세가 꺾이면서 안정화되고 있다. 이 도시들은 세계 금융위기 이후 집값 폭락을 겪고 경기가 회복되면서 금융위기 이전의 고점을 찍고, 초저금리로 인한 풍부한 유동자금을 바탕으로 자국의 부동산 가격 상승을 견인했다.

## 〈세계 주요도시 주택가격 상승 추이〉

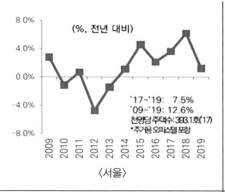

〈서울〉

'17~'19: 7.5%
'09~'19: 12.6%
천명당주택수:393.1호('17)
*주용오피스텔포함

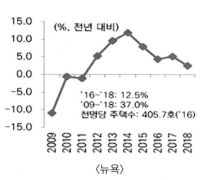

〈뉴욕〉

'16~'18: 12.5%
'09~'18: 37.0%
천명당 주택수: 405.7호('16)

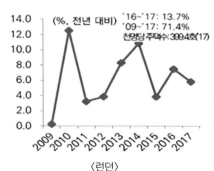

〈런던〉

'16~'17: 13.7%
'09~'17: 71.4%
천명당주택수:399.4호('17)

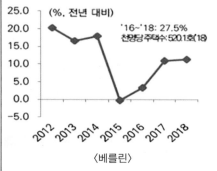

〈베를린〉

'16~'18: 27.5%
천명당주택수:520.1호('18)

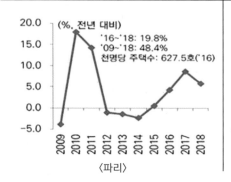

〈파리〉

'16~'18: 19.8%
'09~'18: 48.4%
천명당 주택수: 627.5호('16)

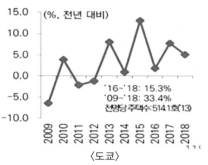

〈도쿄〉

'16~'18: 15.3%
'09~'18: 33.4%
천명당주택수:514.1호('13)

# 다섯 배 차이 나는 주택가격 상승률

주택가격이 얼마나 올랐는가에 대해서부터 의견이 분분하다. 주택가격 상승 통계와 관련해서 2020년 7월에 국회와 경실련에서 국토교통부 장관과 논쟁이 있었다.

2020년 8월 뉴데일리 기사[*]를 보면, 집값 상승분에 대해 경실련이 발표한 것과 당시 김현미 국토부 장관이 발표한 것에 대해 현격한 차이를 보이는 것을 알수 있다.

경실련은 문재인 대통령 취임 후 3년간 서울 주택가격이 평균 34%, 서울 아파트가격이 52% 이상 올랐다고 주장한다. 이에 대해 국토교통부는 〈한국감정원

---

*뉴데일리 2020.8.3.

주택가격 동향 조사〉 통계라며 서울 아파트값 상승률은 14%라고 반박하며, 주택가격 상승분에 대한 진실게임이 논란이 되었다.

국회 대정부 질의 과정에서도 주택가격 상승률에 대한 논쟁이 이미 있었다. 김현미 장관은 2020년 7월 23일 국회에서 문재인 정부 들어 집값이 11% 인상(아파트는 14%)했다고 발언해 야당으로부터 현실을 전혀 모르는 어느 나라 장관인지 모르겠다며 질타를 받았다. 그러나 김장관은 한국감정원이 매주, 그리고 매월 조사해 발표하는 〈전국주택가격동향조사〉를 근거로 들었다. 김 장관은 "국민이 느끼는 체감과 다르더라도 국가가 공인한 통계를 말씀드릴 수밖에 없다"며 당초 의견을 굽히지 않았다.

왜 이렇게 통계마다 다른 수치가 나오는가? 그렇지 않아도 주택가격 폭등 때문에 국민은 불안한데, 통계마저 제각각이니 더욱 혼란스러울 수밖에 없다. 더군다나 시민사회 단체는 주택가격이 52% 올랐다고 하는데, 관계 장관은 국회에서 11% 올랐다고 하니 정부 불신은 더욱 커진다.

## 기관마다 다른 통계는 정부 불신으로 이어져

부동산 시장의 통계를 생산하고 관리하는 기관은 여럿이다. 한국부동산원 통계와 KB부동산의 〈주택가격동향조사(이하 KB시세)〉가 대표적이다. 부동산

114에서도 자체 지표를 생산하고 있다. 한편 한국부동산원에서는 매달 국토부에 신고 된 부동산 실거래가 정보를 이용해서 〈실거래가격지수〉를 작성 발표한다.

이렇게 생산되고 발표되는 통계 중에서 어떤 통계가 더 정확한지를 얘기하는 것은 의미가 없을 수 있다. 기관마다 나름대로 산출방식이 있고, 각각의 통계 생산의 목적과 용도에 적합한 것을 취사선택해서 과학적 기법으로 산출한다. 한국부동산원<sup>*</sup> 통계는 조사원이 실거래가 및 유사 거래를 확인해 산출한다. 그런데 KB시세는 부동산중개업소를 대상으로 실거래가와 호가를 온라인으로 취합해 산출한다. 둘 다 표본조사를 통해 산출하지만, KB시세가 좀 더 현장 중심적이라고 할 수 있다.

그러나 KB시세가 현장에서 실거래가뿐만 아니라 호가도 반영하기 때문에 주택가격 상승기에는 좀 더 높게 나올 수 있고, 하락기에는 좀 더 낮게 나올 수 있다는 게 필자의 경험이다. 주택가격 상승기에는 매도인 우위로 호가가 실거래가보다 높게 부르고, 하락기에는 매수인 우위로 낮출 수밖에 없는 것이 부동산 시장의 현실이다.

부동산 시장 현장에서는 현장의 흐름을 더 빠르게 반영하기 때문에 아무래도 공인중개사들은 KB시세를 선호한다. KB시세는 부동산중개업소를 대상으로 실거래가와 호가를 온라인으로 취합하기 때문에 현장의 체감도를 더 높인다고 할 수 있다. 한국부동산원 통계는 조사원이 실거래가 및 유사 거래를 확인해 산출하기 때문에 현장감이 좀 떨어진다. 일부 전문가들은 한국부동산원 통계는

---

*한국감정원이 2020년 한국부동산원으로 명칭 변경

주로 거시경제 틀에서 부동산가격의 추세를 이해하거나 집값의 국제 비교에 사용되는 것이 적절하다고 얘기한다.

그런데 통계 사용에 있어서 각자의 목적에 따라 통계내용을 다르게 인용한다.

경실련은 서울아파트의 중위값이 52% 올랐다고 했고, 김장관은 서울 주택가격이 11%(아파트 14%) 올랐다고 주장했다. 이 둘의 주장은 다 옳다. 다만 통계내용을 다르게 인용했을 뿐이다. 언론에 발표된 내용을 자세히 읽지 않고는 둘 중 누군가는 거짓말하는 것처럼 보이고, 수치가 너무 크게 차이 나니까 오해하기 십상이다. 더 나아가 주택가격 상승에 대한 책임을 회피하는 발언으로 오해해서 정부 정책에 대한 불신으로 이어질 수 있다.

## 서울 아파트 가격 상승률 4년간 5배 차이

2021년 1월 23일 중앙일보 1면에 톱기사로 게재된 〈아파트값 14% 올랐다던 문정부, 서울대 AI는 "84% 올랐다"〉 제목 하의 내용을 보면, 집값 상승에 대한 통계가 얼마나 제각각인지를 적나라하게 보여준다. 2017년 이후 지난 4년간 서울 아파트 가격 상승을 각 기관이 분석한 수치이다. 부동산원의 매매가격지수는 16.6%, 국민은행 KB 부동산은 29.9%, 부동산원 실거래지수는 64.9%이다.

그런데 서울대 김경민 교수팀이 AI 인공신경망(딥러닝) 기술을 적용한 결과 83.9%로 이보다 훨씬 더 큰 상승폭을 보여준다.

앞서도 언급했지만, 각 기관이 발표하는 가격지수마다 분석 결과에 차이를 보이는 이유는 적용하는 통계 산출 방법이 다르기 때문이다. 지수 변동이 적은 KB부동산 지수와 부동산원 매매가격지수는 표본 주택을 기준으로 가격의 상승과 하락 폭을 비교하여 산정하므로, 가격 지수 변동의 폭이 적다.

반면, 부동산원의 실거래가지수는 실거래가 2회 이상 일어난 동일주택의 가격 변동률과 거래량을 기반으로 산출한다. 현장에서 발생하는 실거래가를 바탕으로 하기 때문에 가격 등락에 더 예민하게 나타난다.

한편, 가격 등락의 가장 큰 변화를 나타내는 서울대 김교수팀의 가격지수는 헤도닉 가격 결정 모형을 사용한다. 아파트의 위치·층수·면적·채광방향 등을 바탕으로 모형을 만들기 때문에, 아파트의 외형 가격뿐만 아니라 실질 가치까지도 평가한다고 한다. 모든 아파트의 실거래를 전수 조사하여 분석하고 질적 변화를 반영해 지수의 정확도를 더욱 높였다고 한다. 김경민 교수는 미국 하버드 대학원에서 도시계획과 부동산을 전공하고 지금은 서울대 공유도시랩을 이끌고 있는 도시주택부동산 전문가다. 필자도 서울대 환경대학원에서 김교수와 도시주택부동산에 대한 강의와 토론을 했던 적이 있는데, 상당한 내공과 통찰력이 있는 분이다. 요즈음은 유튜브에서 부동산에 대한 강의와 토론으로 활발히 활동하고 있는 모습을 자주 본다. 다른 전문가들이 놓치고 있는 부분을 상당히 잘 캐치를 해서 시청자들에게 도움을 주고 있다.

〈아파트 가격 지수 비교〉

—— 서울대   —— KB부동산   —— 부동산원(매매)   —— 부동산원(실거래)

※ 2006년 = 100 기준

자료: 서울대 공유도시랩, 한국부동산원, KB부동산 (중앙일보 그래픽 재작성)

위와 같이 지난 4년간 서울의 아파트 가격 상승에 대해 각 기관이 분석한 수치가 5배 이상 차이가 난다. 국회 질의 과정에서 보았듯이 정부는 수세적 입장에서 가장 적은 주택가격 상승 폭의 수치를 인용하며 답변하고, 시민사회 단체는 가장 높은 수치를 주장하여 사회적 이슈를 만들어 내려고 하며, 야당은 정부 불신을 주장하며 호통 친다. 이렇게 5배나 차이 나는 통계 수치는 나름대로 통계 목적과 과학적 산출 근거가 있겠지만, 국민은 혼란스럽고 정부 정책에 대한 불신만 커진다. 국민 불신을 초래하고 여야 간 정쟁으로 이어지는 통계 문제를 해결할 대안이 있어야 한다. 필자 생각에는 4개의 주택가격 통계가 가지는 각각의 기능과 장점이 있기 때문에 모두 국민에게 투명하게 공개하면서 각 통계의 특성들을 잘 설명하는 것이 필요하다. 표본주택에 대해 가격의 변화를 조사하는 KB부동산 지수와 부동산원 매매가격지수는 장기적인 주택시장의 변화나 국제 주택가격과 비교하는데 사용하면서, 중장기적인 주택정책 수립에 활용하는 것이 적절해 보인다. 반면, 동일주택의 가격 변동률과 거래량의 실거래 데이터를 기반으로 산출하는 부동산원의 실거래가지수는 실제 현장에서 느끼는 주택시장의 변화를 곧바로 반영한 것이기 때문에 단기적인 주택정책에 사용하는 것이 바람직해 보인다.

한편 이번에 서울대 공유도시랩에서 개발한 가격지수는 아파트의 구체적 사양을 잘 반영한 것으로 질적인 차이까지 평가할 수 있는 보다 진전된 통계라 할 수 있다. 그런데 AI 인공신경망(딥러닝) 기술을 기반으로 하는 헤도닉 모형은 그 정확성을 바탕으로 다른 분야 가격 분석 연구에 널리 쓰이고 있지만, 정부에서 아직 받아들이지 않고 있는 것이 현실이다. 우선은 김 교수가 얘기한 대로 현장을 제대로 반영한 가격지수를 기반으로 주택 가격지수와 연동한 금융 파생 상품 등을 만들 수 있고, 부동산 빅데이터를 활용하는 프롭테크 산업에도 도움을 줄 수 있는 방향으로 발전하길 기대한다.

## 주택가격 상승의 실제적 의미

주택매매 거래량을 보면, 서울은 매년 연평균 18만호로, 서울 총 주택호수 374만호 중에서 4.8%가 매매로 거래되고 있다. 얼추잡아 20년이면 서울시 내에 있는 주택이 모두 한 번씩은 거래되는 셈이다. 아파트는 매년 10만호가 거래되어 총 172만호 중 5.5%가 거래되어 다른 주택 유형보다는 회전율이 다소 높다. 본격적인 집값 상승기였던 2017년 이후 서울 주택거래량은 67만호로 총 집 호수의 17.8%이다. 2017년은 주택가격 상승 초기로 이때 거래된 주택은 2016년 이전 가격과 큰 차이가 없었다고 할 수 있으나, 2018년 이후 거래된 59만호는 종전과 가격 차이를 두고 거래됐을 것이다. 얼마 전에 금융권의 임원진과 식사를 하면서 최근 주택가격 상승추세에 관한 얘기를 나누었는데 시사하는 바가 있어 소개한다. 주택가격은 언제나 유동적이고 매년 거래되는 양이 5% 내외로 한정된 상황에서 일부 주택의 가격이 상당히 올랐다고 해서 서울의 주택가격이 전부 올랐다고 할 수 없다는 것이다. 실제 오른 가격은 당초 2017년 이전보다 오른 가격에 거래된 주택의 수를 합해 보면 알 수 있다는 것이다. 그 이전보다 오른 가격의 총합계를 구해보면 생각보다 그리 크지는 않다는 것이다.

그 금융권 임원은 주식을 예로 들면서 매일 매일 시시각각으로 값이 변동하면서 거래되는 주식도 가격이 일시적으로 오르거나 내렸다고 해서 그 주식 전체를 등락한 가격으로 생각지 않는다는 것이다. 일시적으로 주식이 등락하며 거래되었다고 해서 그 기업의 가치가 하루아침에 그렇게 차이 날 수 없다는 것이다. 기업의 매출은 분명한 성과로서 손에 잡히는 가시적인 것이지만, 주식거래는 어디까지나 해당 기업의 미래 가치나 리스크 등이 시세에 반영되어 그때그때 주식가격으로 나타난다는 것이다. 하물며 일 년에 5% 내외로 거래되는 주택의 경우 일시적으로 가격 등락 폭이 컸다고 해서 서울 전체 집값이 그만큼 오르고 내린다는 것은 아니라는 것이다. 2018년 이후 거래된 59만호를 제외한 315만호에 사는 서울 사람들은 실제로 주택가격 등락에 영향이 없는 사람이라는 것이다. 물론 이 중에 임대로 사는 사람은 전월세 값 인상으로 또 다른 영향이 있었을 것이지만.

또 다른 예로 1980년대 후반 일본 버블이 정점을 찍었을 때, 동경 황궁 근처에 있는 땅을 팔면 미국 캘리포니아주를 전부를 살 수 있었다. 동경을 팔면 미국을 살 수 있다는 농담까지 있었다. 그런데 실제 그런 일이 일어날 수 있는가?

일본은 미국의 록펠러 센터와 엠파이어 스테이트 빌딩을 비롯한 상당량의 빌딩을 매입하였다고 하나, 일본 버블경제가 끝나고 나서는 그것으로 그만이었다.

자신이 사는 아파트 가격이 83% 올랐다고 해서 자산이 당장 83% 증가했다는 것이 아니란 것이다. 우리가 부동산 경기에 대해서 실제보다 너무 과민하게 받아들이고 있는 것은 아닌지 자문해 볼 일이다. 물론 그렇다고 우리 경제나 국민소득 수준에 비해 과다하게 상승하고 있는 집값 문제에 대해 방심은 금물이다. 금융권에 오랫동안 근무하고 있는 금융전문가의 주택가격 상승에 대해 색다른 시선이 시사하는 바가 있어 소개하는 것이다.

주택매매 거래량

| 구분 | | 주택매매거래 | | | | | | |
|---|---|---|---|---|---|---|---|---|
| | | '14 | '15 | '16 | '17 | '18 | '19 | '20 |
| 전체 | 서울시 | 148,266 | 221,683 | 212,978 | 187,797 | 171,050 | 131,379 | 177,757 |
| | 수도권 | 462,111 | 611,782 | 568,262 | 503,986 | 470,692 | 398,866 | 642,628 |
| | 전국 | 1,005,173 | 1,193,691 | 1,053,069 | 947,104 | 856,219 | 805,272 | 1,279,305 |
| 아파트 | 서울시 | 91,696 | 131,413 | 122,606 | 107,897 | 96,622 | 71,734 | 93,784 |
| | 수도권 | 324,989 | 407,157 | 659,850 | 312,946 | 297,361 | 249,100 | 441,152 |
| | 전국 | 708,950 | 808,486 | 689,091 | 611,154 | 563,472 | 545,061 | 934,078 |
| 단독/<br>다가구 | 서울시 | 15,272 | 26,245 | 25,122 | 21,549 | 19,336 | 13,456 | 16,552 |
| | 수도권 | 34,820 | 55,005 | 54,521 | 48,532 | 42,902 | 33,031 | 41,780 |
| | 전국 | 133,474 | 167,926 | 154,553 | 141,223 | 121,669 | 104,872 | 134,483 |
| 연립/<br>다세대 | 서울시 | 41,298 | 64,025 | 65,250 | 58,351 | 55,092 | 46,189 | 67,421 |
| | 수도권 | 102,302 | 149,620 | 153,891 | 142,508 | 130,429 | 116,735 | 159,696 |
| | 전국 | 162,749 | 217,279 | 209,425 | 194,727 | 171,078 | 155,339 | 210,744 |

※ 자료 : 한국감정원, 부동산거래현황/ 주 : 신고일(계약 후 30일 이내) 기준임

# 주택가격 상승요인

## 정부 부동산정책에 대한 의견 분분

　문재인 정부에서 2017년 6월 15일 1차로 부동산 안정화 종합대책 발표를 시작으로 25차례에 걸쳐 주택시장 안정화 대책을 발표했다. 그간 정부의 부동산 안정화 정책은 주택수요관리와 더불어 주택공급 정책을 병행했다. 다주택자들에 대한 세제 부담을 높이고 주택담보 대출을 강화하여 주택 수요를 억제하려 했고, 3기 신도시 개발과 유휴토지를 활용하고 기성시가지 재개발을 비롯한 주택공급 확대 정책을 펼쳤다. 그러나 시장 반응은 정부 정책을 비웃기라도 하듯이 지난 4년 내내 주택가격은 상승에 상승을 거듭했다.

일부 경제학자들은 주택가격 상승 원인을 정부의 정책 실패로 꼽는 것으로 나타났다. 2020년 8월 31일 한국경제학회가 소속 회원들을 대상으로 부동산정책에 대한 설문조사 결과에 따르면, "현재 수도권의 주택가격 폭등 현상의 주요 원인이 재건축 억제로 주거선호지역의 공급 확대가 불충분한 상태에서 양도소득세 중과, 임대사업용 장기보유 등으로 매물이 감소한 데 있다"라는 의견에 대해 답변자의 76%가 동의했다.

이 조사에 참여한 경제학자 중에는 일부 특정 지역들을 투기과열지구나 토지거래허가제 등을 지정하는 것은 오히려 국민에게 부동산가격이 오를 것이라는 신호를 보내는 것이 될 수 있다는 의견을 냈다.

그리고 다주택자에 대한 세제를 강화한 것은 핵심 자산을 중심으로 하는 포트폴리오 재편을 유도해, 오히려 선호되는 지역에 대한 수요를 증가시켜 이 지역을 중심으로 가격이 폭등했다고 분석했다. 실제로는 수요가 높은 지역의 부동산은 보유하고, 그렇지 않은 지역에 대한 주택은 매각하는 결과를 가져왔다.

그러나 한편으로는 다른 의견도 있다. 양도소득세 중과, 임대사업자 활성화 조치들은 전혀 영향이 없는 것은 아니겠지만, 이 정책들이 시행되기 전부터 이미 수도권 아파트 가격이 폭등한 만큼 위의 조치들이 가격 폭등의 근본적인 원인일 수는 없다는 의견이다.

위와 같이 전문가들의 부동산가격 상승에 대해서 일부 의견이 갈리기는 하지만 상당수 학자는 정부의 정책 실패가 부동산 가격의 급등을 가져왔다고 생각한다. 그러나 25차례에 걸쳐 발표되고 시행된 정책에도 아파트 가격이 계속 오르는 근본적인 원인은 장기간 지속된 초저금리와 유동에 있다는 데는 의견이 일치한다.


## 주택가격에 영향을 주는 요인 4가지

인구증가와 가구분화

주택가격에 영향을 주는 주요인으로 인구증가와 가구 분화, 경제성장과 소득 향상, 금리와 유동자금, 주택공급 등 크게 4가지로 나눌 수 있다. 첫째 요인인 인구증가와 가구 분화 현황을 살펴보자. 1960년대 이후 베이비부머세대의 인구 증가와 수도권 인구집중으로 인한 주택수요가 폭발적으로 증가했던 경험을 한 바 있다.

80~90년대 핵가족 시대를 넘어 2000년대 중반부터 1~2인 가구가 증가하면서, 가구 분화는 서울은 2019년 기준 6만2천 가구가 늘었고 수도권은 25만4천 가구가 증가했다. 가구 분화가 증가하면서 서울시 1~2인 가구가 전체 가구 수에 차지하는 비중이 지난 5년 사이 5.1% 증가하여, 2019년 기준 60%에 육박하고 있다. 반면 3~4인 가구는 같은 기간 동안 3.7%가 줄어들어 2019년 기준 36.4%로 감소했다.

가구 분화 (2016~2019)　　　　　　　　　　　　　　　　　　　　　(단위: 호)

| 연도 | 2016 | 2017 | 2018 | 2019 |
|------|------|------|------|------|
| 수도권 | 12.9만 | 18만 | 21만 | 25.4만 |
| 서울 | 0.02만 | 3.4만 | 3.3만 | 6.2만 |

　가구 분화는 인구가 증가하지 않으면서도 인구증가와 같은 효과를 가져와 그만큼의 주택수요를 유발한다. 실제 혼밥, 혼술, 혼영... 요즘 혼자만의 생활을 즐기는 나홀로족을 주변에서 쉽게 볼 수 있다. 2019년 서울의 1인 가구 수는 130만 가구로 40년 전보다 16배 증가, 점점 늘어나 전체 가구 수의 33.9%에 이른다. 서울시는 증가한 1~2인 가구에 대비해 2000년도 중반부터 아파트 소형평수 건설을 유도하고, 도시형 생활주택을 통해 이들의 주택수요를 감당해 왔다. 가구 분화로 인한 1~2인 가구의 주택 수요에 적절히 대응하지 못하면 주택가격은 상승할 것이다.

서울시 가구 변화

| 구 분 | 2015 | 2016 | 2017 | 2018 | 2019 | 변화율 |
|------|------|------|------|------|------|--------|
| 1-2 인 | (54.1) | (54.7) | (56.1) | (57.5) | (59.2) | 5.1% 증가 |
| 3-4인 | (40.1) | (39.7) | (38.7) | (37.6) | (36.4) | 3.7% 감소 |

　이번에 서울 집값 상승에 영향을 미친 것은 가구 분화로 인한 것이 아닌 것으로 나타났다. 만약, 가구 분화로 인한 주택수요 증가가 집값 상승을 불러일으켰다면, 원룸이나 고시원의 가격이 상승해야 하는데 그렇지 않았다. 고시원 같은 원룸은 오히려 가격이 하락하고 공실이 많아졌다. 필자의 지인이 운영하는 역세권 고시원은 최근 들어 1/4가량이 공실이라고 한다.

서울의 인구는 1992년을 기점으로 매년 감소 중인데, 인구 감소의 가장 큰 요인은 3~4인 가구를 형성하는 30·40세대 인구가 연평균 11만 5천 명씩 경기도로 빠져나가기 때문이다. 가족을 형성하여 출산하고 애를 키우려면 20~30평대 아파트가 필요한데, 서울에서는 이에 맞는 집을 구하기가 어렵기 때문이다. 출산과 육아에 걸맞은 아파트를 찾아 경기도로 이사를 하면 직장으로 출퇴근이 그만큼 어려워진다. 최근 경제성장과 소득증가로 그동안 작은 아파트나 빌라촌에 살던 30·40세대들이 주거환경이 상대적으로 양호한 아파트로 몰리면서 아파트를 중심으로 가격이 폭등한 것으로 분석된다.

정부와 서울시에서 매년 4~6만호씩 가구 분화가 이루어지는 1~2인 가구를 대상으로 호텔이나 근린생활시설을 방 1~2개짜리 주택으로 개조하는 정책을 중점 추진했다. 그러나 이 정책은 별로 빛을 보지 못하고 오히려 '호텔거지'라고 비아냥을 받았다. 주택 중 부족한 것은 방 1~2개짜리 소형주택이 아니라 방 3~4개짜리 아파트였던 것이다. 정책의 의도는 선했으나, 대상 계층의 정확한 수요를 맞추지 못해, 정부 정책이 신뢰를 얻지 못해 안타까울 뿐이다.


경제성장과 소득증가

주택가격에 영향을 미치는 요인으로 두 번째는 경제성장과 국민소득향상이다. 소득이 높아지면 더 좋은 집에 살고 싶은 것이 인간의 가장 기본적인 욕구다. 소득향상은 더 나은 공간에 대한 수요를 창출하기 때문에 주택의 절대 수량보다는 양질의 주택공급이 중요하다. 지난 20년 동안 1인당 국민총소득 추이를 살펴보면 1999년에 1만 282달러에서 2018년 3만 1349달러로 3배 상승했다는 것을 알 수 있다. 특히 최근 10년간의 변화를 보면 2006년 2만 달러를 넘어섰다가 금융위기를 거치며 잠깐 하락했다가, 2010년에 다시 2만 달러 이상을 회복한다. 그 이후 계속해서 성장하여 최근 들어서는 3만 달러 시대에 진입한다. 지난 10년 동안 2만 달러에서 50% 성장하여 1인당 국민총소득 3만 달러 시대를 구가하고 있다.

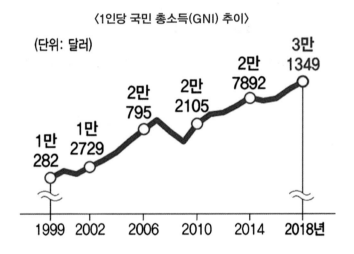

〈1인당 국민 총소득(GNI) 추이〉

지난 8년간 서울시 지역내총생산을 분석해 보면 2010년 313조에서 2018년 412조로 성장률이 35%에 달한다. 그런데 경기도는 지난 8년간 지역내총생산이 63% 성장했고, 인천광역시는 39% 성장했다. 따라서 서울과 경기도, 인천을 포함한 수도권의 지난 8년간 지역내총생산이 평균 50% 성장률을 보였다는 것을 알 수 있다.

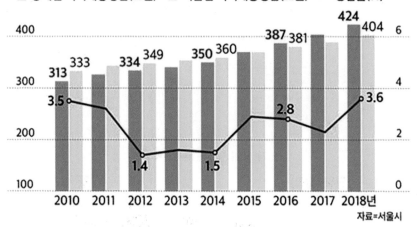

〈서울특별시 지역내총생산(GRDP) 성장률〉

■ 당해년 지역내총생산(조원)　■ 기준년 지역내총생산(조원)　— 증감률(%)

자료=서울시

　지난 10년간 개인 소득을 살펴보면, 1분위의 소득은 40%(44만4천원) 늘었지만, 지출도 30%(42만6천원) 증가해 생활이 별반 나아지지 않았다. 한편 최상위 5분위의 월 소득은 33%(248만9천원) 증가했다. 주택수요에 영향을 미치는 계층은 3~4분위로 이들 소득 성장이 지난 10년 동안 35%를 넘어섰다. 의미 있는 성장이다.

　지난 10년 동안 1인당 국민총소득이 50% 이상 성장하고, 개인 소득이 35% 넘게 증가하며, 지난 8년간 수도권 지역 내 생산성장률이 50%에 달했다. 이러한 경제성장과 소득향상은 더 쾌적하고 넓은 양질의 주택수요 확대로 이어진다. 주택수요는 매년 경제성장과 소득증가에 따라 일정 비율로 늘어나는 것이 아니라 잠재되어 있다가 일정 조건이 갖추어지면 폭발적으로 늘어나는 경향이 있다는 점을 유념해야 한다. 마치 물을 끓일 때 일정온도까지는 계속 온도만 올라가다가,

100도가 되는 어느 순간 기화되는 것처럼.

　이번 주택가격 상승의 주요인 중 하나는 이러한 경제성장과 소득향상에 따른 양질의 주택수요가 증가하면서 발생한 것이라 할 수 있다. 특히 주거환경이 상대적으로 잘 갖추어진 20~30평대 단지형 아파트에 수요가 몰리면서 아파트 가격 폭등이 일어난 것으로 추정된다.

　주택가격에 영향을 미치는 주요인의 세 번째는 금리와 유동자금과 네 번째인 주택공급은 다음에서 상세히 다루자.

# 금리와 유동자금

## 미국발 금융위기의 원인

미국에서 2007년에 발생한 서브프라임 모기지 사태<sub>subprime mortgage crisis</sub>는 미국의 초대형 모기지론 대부업체들이 파산하면서 초래된 금융위기로 국제금융시장에 신용경색을 불러 연쇄적인 세계경제위기를 불러 일으켰다. 우리나라는 그 금융위기 여파로 2010년부터 5년간 부동산 하락과 침체기를 거치고 난 후, 2014년부터 주택가격은 또다시 오르기 시작한다.

미국발 금융위기의 원인이 불량 주택담보대출의 금융시스템에서 비롯된 것이었기 때문에 과다한 주택담보대출 등 취약한 금융시스템을 운영하고 있었던 국가들이 주로 치명적인 타격을 받았다. 대한민국은 노무현 정부에서부터 주택가격 대비 담보대출을 60% 이내로 제한하는 등 주택담보 금융시스템을 보수적으로 운영해왔기 때문에 세계적인 금융위기로부터 덜 타격을 받았고, 예상보다 빨리 극복했다.

여기서 우리는 미국발 금융위기의 원인을 따져 볼 필요가 있다. 리먼 브라더스의 서브프라임 모기지(비우량 주택담보대출)부실로 시작되었다고 알려진 금융위기 사태도 그 근본원인을 살펴보면, 금리와 깊은 상관관계가 있다는 것을 알 수 있기 때문이다.

미국은 2000년대 초반부터 국·내외적으로 어려운 시기를 맞는다. 국내적으로는 IT버블이 붕괴되고, 대외적으로는 911테러, 아프간/이라크 전쟁 등으로 미국 경기는 침체일로의 길을 걷게 된다. 악화된 경제를 회복하기 위해 미국은 초저금리 정책을 시행하면서 경기부양책을 도모한다. 초저금리 정책에 따라 주택담보대출 금리도 인하되고, 연동하여 부동산은 호기를 맞아 가격이 상승하기 시작한다.

한동안 초저금리 정책은 주택담보대출 금리를 낮추고 낮은 금리에 주택거래량은 늘어나면서 주택가격이 상승하는 선순환 구조를 만들었다. 주택가격 상승은 증권화된 비우량 주택담보대출의 높은 수익률을 뒷받침하게 된다. 따라서 서브프라임 모기지론은 신용등급이 높은 상품으로 널리 알려지면서 인기 상품으로 등장한다. 당연히 거래량이 폭증했다. 이때까지만 해도 모든 것이 순조로웠다.

## 미국발 금융위기는 저금리 정책이 잉태한 부동산 버블에서 시작

그러나 미국은 국내 경기가 자리를 잡기 시작하면서 2004년 저금리 정책을 그만둔다. 저금리 정책의 종료에 따른 가장 큰 여파는 초저금리를 기반으로 형성되었던 서브프라임 모기지론이었다. 주택담보대출 금리가 상승함에 따라 저소득층 대출자들은 원리금을 제때 갚지 못하는 사태가 발생한다. 이미 증권으로 유동화되어 거래된 비우량 주택담보대출을 구매한 금융기관들은 대출금 회수 불능사태에 빠지고, 연쇄적으로 이와 관련되는 여러 회사가 부실화되기에 이른다. 초저금리 정책으로 인해 과도하게 부양되었던 부동산 버블이 꺼지기 시작한 것이다. 결과는 참혹했다. 미국의 대형 금융사, 증권회사의 파산이 이어졌다. 이 여파는 미국 국내에 그치는 것이 아니고, 미국과 경제적 네트워크를 형성하고 있는 세계 금융경제에 치명적인 타격을 준다. 결국 미국발 금융위기는 2008년 이후에 세계 경제시장에 악영향을 주면서 국제신용경색을 가져왔고 세계금융위기로까지 번지게 된다.

미국의 서브프라임 모기지론 사태의 근원을 따져보면, 2000년대 초반 미국 경기부양책으로 시작한 초저금리에서 그 원인을 찾을 수 있다. 초저금리가 미국 부동산 버블을 초래하고, 저금리 정책이 마감되자, 버블이 꺼지면서 미국발 금융위기가 세계 경제시장을 덮친 것이다. 부동산 버블의 원인이 초저금리 정책이고, 금융위기는 저금리 정책을 마감한 결과다. 이처럼 부동산경기의 등락은 금리와 절대적인 상관관계를 갖는다.

# 건국 이래 최대의 초저금리 시대

1999년부터 2020년까지 지난 20년간 금리 변동상황을 살펴보면, 2008까지는 기준금리가 3.3~5.3%로 이에 연동하여 주택담보대출금리는 5.39~7.00%를 유지한다. 2008년인 금융위기를 고점으로 기준금리는 하락하기 시작하여 2009년에 2.0% 바닥을 찍고 잠깐 상승하여 2011년에 3.4%를 중간 고점으로 이후 내리 하락하여 2020년 5월 0.5%까지 내려간다. 주택담보대출은 2008년 7.00%를 고점으로 2016년 2.91%로 중간 저점을 찍고 반짝 올라 2018년 3.39%로 오르다가 2020년 8월 2.39%까지 떨어진다. 주택담보대출은 지난 12년간 7.00%에서 2.39%로 4.61%가 떨어져 대한민국 건국 이래 가장 저점의 초저금리 시대를 맞이하고 있다.

IMF 외환위기 사태가 터지면서 시중 회사채 금리는 연 20%를 훌쩍 뛰어넘는다. 예금금리와 시장금리도 13%를 상회한다. 그러나 외환위기를 극복하는 과정에서 경기부양을 위해 금리 인하 정책을 펼친다. 그 결과 1999년 말 경제성장률이 12%를 상회하면서 경기가 회복되기 시작한다. 2000년 10월 연 5.25%였던 한국은행 기준금리가 불과 1년 사이에 4차례나 인하돼 2001년 9월 연 4%까지 떨어진다. 2001년에 외환위기를 완전히 졸업하고 경기가 외환위기 이전으로 회복되면서 저금리 상황에서 풍부한 유동자금은 부동산으로 쏠리기 시작한다.

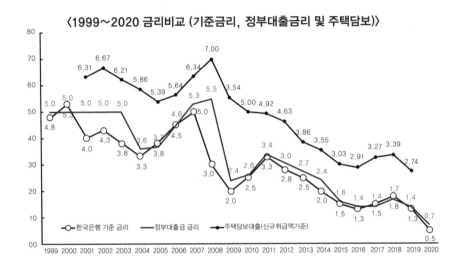

〈1999~2020 금리비교 (기준금리, 정부대출금리 및 주택담보)〉

─O─ 한국은행 기준 금리    ─── 정부대출금 금리    ─●─ 주택담보대출(신규취급액기준)

## 노무현 정부의 저금리 정책 집값 상승에 상당한 영향

　2003년에 들어서는 노무현 정부는 집값이 장기 상승세를 탈 수 있는 최적의
환경이 만들어진 것이다. 김대중 정부의 경기부양책을 물려받은 노무현 정부에
서도 또다시 3차례나 기준금리를 낮추며 2004년 연 3%대 저금리 시대를 열었
다. 노무현 정부 초기 300조 원이었던 시중 부동자금은 2006년 500조 원을 넘
어서고, 강남을 비롯한 인기지역에 대한 주택수요가 몰리면서 주택가격이 치솟
기 시작한 것이다. 이후 세 차례 금리인상을 통해 2007년에 5% 기준금리를 유
지한다.

2008년 금융위기가 불어 닥치면서 침체된 경기를 회복하기 위해 2009년 기준금리를 2%까지 내리지만, 글로벌 금융위기 타격에 2013년까지는 부동산이 내리막길을 걷는다. 금리가 부동산에 미치는 영향이 대단하다고는 하나, 글로벌 금융위기와 경기침체가 지속되는 상황에서 맥을 못 춘다. 2010년대 초반에는 주택담보대출이 4~5%까지 올랐다. 이 시기에는 대출받아 주택을 사고 나서 월급 받아 원금과 이자를 매달 갚느라고 서민들은 허리가 휠 지경이었다. 그런데도 집값은 계속해서 떨어지니 전국적으로 하우스푸어가 100만여 명에 이르렀다.

그러나 기준금리가 2011년 3.3%로 고점을 찍고 이후 거의 10년간 하락하는 상황에서 부동산 가격은 2013년에 바닥을 찍고 2014년부터는 서서히 오르기 시작한다. 이때부터 금융위기 상황에서 벗어나면서 경기가 활기를 띠고 부동산 시장이 회복하기 시작한 것이다. 집값이 한창 오르던 2018년 이후에는 기준금리의 지속적인 인하에 따라 주택담보대출 금리는 2.5% 이하로 떨어진다.


## 저금리와 유동자금

금리가 떨어지면 금융권의 이자수익이 적으므로 금융기관에 맡겨놨던 자금이 세상 밖으로 나와 떠돌게 되어 있다. 이러한 자금이 바로 유동자금이다. 유동자금은 마땅한 투자처를 찾지 못하고 떠돌다가 부동산에 유입되면서 집값 폭등으로 이어졌다는 것이 전문가들의 공통된 의견이다. 저금리 기조가 장기화하면서 예·적금 상품의 경쟁력이 낮아졌고, 단기 부동자금인 현금성 통화가 증가했다. 이로 인해 단기 부동자금의 주택시장 유입이 증가한 상황이다.

향후 더욱 우려되는 것은 2021년부터 3기 신도시 등 대규모 택지지구에서 50조 원 이상이 풀리는 토지보상금이 시중의 유동자금을 더욱 키울 것이란 것이다. 이처럼 풍부해진 유동성 환경은 당분간 쉽게 바뀌지 않을 것 같다. 최근 증시에서 2020년 3월 20일 1,566이었던 코스피 지수가 2021년 1월 초 3,000을 넘어섰다. 불과 10개월 만에 코스피가 두 배 가까이 상승했다. 2010년 말부터 10년간 코스피 2,000선 안팎으로 박스권을 그리다가 이렇게 단기간에 두 배로 뛴 것은 그만큼 유동자금이 풍부하다는 것 말고는 설명하기 어렵다.

초저금리 상황에서 물가상승 대비 마이너스가 되는 예적금은 기피 대상이 될 수밖에 없다. 풍부한 유동자금으로 부동산에서 번 돈이 증시로 흘러가고, 증시에서 튀긴 자금이 다시 부동산으로 유입되는 악순환이 반복되면 한국경제는 엄청난 버블 쓰나미 파도에 휩쓸리고 말 것이다.

국내 부동자금 상황을 살펴보면, 2010년에 1,600조이던 총유동자금이 2020년 3,190조로 불과 10년 사이에 거의 두 배가 늘어났다. 현금 및 요구불예금 등 즉시 현금화가 가능한 금융상품인 단기 부동자금은 2010년에는 518조였던 것이 2015년에는 810조에 이르렀으나, 10년 만인 2020년에는 두 배가 훨씬 넘는 1,274조에 이른다. 2020년 11월 기준인 1,000조 넘는 유동자금이 어디로 향할지 예측하기 어렵다. 수십조에 이르는 코로나 지원금도 유동자금을 더욱 늘리는 효과로 이어질 수 있어 걱정이다. 그런 의미에서 코로나 지원금을 지역화폐 등으로 지급하여 유동자금으로 흘러가지 않도록 해야 한다. 저금리 시대에는 필연적으로 발생하는 풍부한 유동자금이 경제에 순기능으로 투자될 수 있는 여건을 조성하는 것이 가장 절실하다. 자본주의 사회에서 돈이 돈을 따라가는 것은 너무나도 당연한 현상이다. 마치 물이 낮은 곳으로 흐르듯, 물처럼 유동화된 자금은 높은 수익처를 찾아 이곳저곳을 간 보며 흐르기 마련이다. 그러다가 수익 난다 싶으면, 유동자금이 한꺼번에 엄청나게 몰려들기 마련이고, 가격상승이 가격폭등으로 이어진다.

지난 10여 년간 경제상승이나 소득 성장에 비추어 2017년까지는 주택가격이 상대적으로 그만큼 상승하지 않았다. 집값은 금융위기를 겪으며 오히려 하락장을 경험했다. 저금리로 풍부해진 유동자금이 이러한 간극의 틈을 비집고 들어온 것이라고 필자는 생각한다. 유동자금이 소득 성장과 주택가격 사이의 틈새를 메꾸는 데 그치면 좋으련만, 세상일이란 것이 그렇지 않다. 한 번 밀려들어오기 시작한 유동자금은 그 틈새를 메꾸고 나서, 이제 주택가격 폭등을 촉발한다. 지난 10년간 1인당 국민총생산과 수도권 지역내총생산이 50%이고, 소득 성장이 35% 정도이니까 주택가격은 35~50% 상승하는 것은 합리적 추론이라 할수 있다. 그러나 지역에 따라 아파트 가격이 100% 상승한 곳이 수두룩하다. 이러한 지역의 집값은 오른 가격의 50% 정도가 거품일 수 있다.

전문가를 비롯한 시민사회단체와 정치권에서는 최근 주택가격 상승요인은 저금리로 늘어난 시중유동자금이 기업투자와 같은 생산적인 부문으로 가지 않고, 부동산에 몰리면서 서울 집값 폭등과 가계부채가 늘었다고 주장하면서 저금리정책을 비판한다. 필자도 같은 생각이다. 금리는 한국은행 금융통화위원회에서 물가 동향, 국내외 경제상황, 금융시장 여건 등을 종합적으로 고려하여 연 8회

기준금리를 결정하고 있다. 이렇게 결정된 기준금리는 초단기금리인 콜금리에 즉시 영향을 미치고, 장단기 시장금리, 예금 및 대출 금리 등의 변동으로 이어져 궁극적으로는 실물경제 활동에 영향을 미치게 된다.

금융통화위원회 의장은 한국은행 총재가 겸임하며 위원회가 정부의 입김으로부터 독립성이 보장되도록 여러 장치를 갖추고 있다. 기준금리가 2011년 3.4%에서 주택가격이 상승하기 시작한 2014년 2.0%로 하락하다가 2020년에는 0.5%까지 초저금리로 내려간다. 집값 폭등으로 온 나라가 몸살을 앓고 있고, 그 상당 원인이 저금리 정책으로 인한 것이라는 것을 삼척동자도 알 수 있는데 금리는 오히려 더 내려가고 있었다? 상식적으로 이해가 되지 않는 대목이다. 정권의 입맛에 맞게 금융정책을 좌지우지 못 하도록 정치적 이해관계에서 독립적으로 금리 정책을 운용하는 것이야 당연하다. 그러나 최근의 상황을 보면, 집값 상승으로 인해 영끌이가 등장하는 등 가계부채가 늘어나고, 주택시장이 불안해 휘청거리는데 이보다 더 중요한 금융시장 여건과 더 긴급한 경제적 상황이 무엇인지 궁금하다.

25회 걸쳐 부동산 시장 안정화 대책이 발표되기가 무섭게 뒤이어 발표되는 것이 금리 인하다. 부동산 시장에서 집값 대책이 먹히겠는가? 금리가 낮아지니 유동자금은 더욱 늘어나고, 저리로 대출받아 집을 구매하고자 하는 수요가 많아지니 집값은 오르고 가계부채는 커질 수밖에 없는 구조다. 집값이 본격적으로 상승하기 시작한 2015년부터는 금융통화위원회의 금리 정책에 대한 더 깊은 고민이 있어야 했다. 정부 부동산 정책과 긴밀히 조율하면서 금리 정책이 집값에 미치는 파급효과를 더욱 면밀히 통찰했어야 했다. 금리 정책은 정권으로부터 독립은 하되, 주택정책에 있어서 협력은 강화해야 한다. 아쉬움이 크다.

유동자금 변화

| 구분 | 2010 | 2015 | 2019 | 2020.11월 |
|---|---|---|---|---|
| M2(광의통화) | 1,660.5 | 2,247.4 | 2,913.6 | 3,190.8 |
| 단기 부동자금 | 518.0 | 810.4 | 1,037.9 | 1,274.9 |
| 현금통화 | 34.9 | 76.3 | 114.5 | 133.5 |
| 요구불예금 | 104.1 | 181.9 | 261.0 | 340.5 |
| 수시입출식저축성예금 | 288.7 | 450.2 | 577.4 | 682.1 |
| MMF | 54.9 | 58.2 | 40.7 | 68.5 |
| CMA | 35.4 | 43.8 | 44.2 | 50.3 |
| 만기2년미만정기예적금 | 776.3 | 892.0 | 1,188.6 | 1,195.7 |
| 양도성예금증서 | 35.9 | 21.1 | 14.2 | 8.7 |
| 매출어음 | 1.3 | 0.9 | 0.3 | 0.2 |
| 수익증권 | 142.0 | 173.6 | 230.6 | 220.1 |
| 만기2년미만금전신탁 | 75.9 | 185.9 | 255.7 | 283.9 |
| 발행어음 | 12.6 | 6.1 | 6.2 | 7.1 |
| 신탁형증권저축 | – | – | – | 0.0 |
| 만기2년미만외화예수금 | 26.6 | 66.4 | 93.3 | 106.1 |
| 만기2년미만금융채 | 61.0 | 82.7 | 82.4 | 88.9 |
| 환매조건부채권매도 | 10.9 | 8.4 | 4.5 | 5.1 |

※ 단기부동자금 : 현금 및 요구불예금 등 즉시 현금화가 가능한 금융상품
※ M2(광의통화) : 경제 내 유통되는 화폐규모를 측정하는 통화지표. 지급결제기능 중심의
　　　　　　　　협의통화(M1)와 만기2년 이내 금융상품까지 포함

# 주택공급은 충분한가?

## 주택공급이 부족하여 주택가격이 상승한 것인가?

　이번의 주택가격 폭등이 주택공급 부족 때문이라고 한다. 우리나라 상황에서 서울을 중심으로 주택공급은 충분한 것인가? 2010년 1인당 국민소득이 2만 달러 수준에서 10년 사이 3만3천 달러 수준으로 올랐는데 그간 주택가격은 오르지 않다가, 최근 4년 사이에 지난 10년 동안 상승했던 소득증가에 걸맞게 주택가격이 오른 것으로 일부 전문가들은 주장한다. 소득 증가에 따른 키 맞춤 효과라는 것이다. 10년간 국민소득 상승에 따른 부대 효과라는 논리는 일면 타당성 있어 보이기도 하다. 그리고 1인당 국민소득 2만 달러 시대에 지어진 낡은 주택들에서 살고 있었던 사람들이 이제 소득 3만 달러에 걸맞은 주택을 찾다 보니까 주택이 턱없이 부족하다는 것이다.

이제 소득이 올라감에 따라 사람들은 단지 자고 쉬는 그러한 쉘터 기능의 주거공간을 원하는 것이 아니라, 21세기 트렌드에 맞게 직장 출퇴근이 편리하고 안락한 새집을 원한다. 그런데 기존의 공급추세로는 이러한 수요를 맞추지 못하기 때문에 집값이 폭등한다는 것이다.

최근 4년 동안 아파트 공급이 부족해서 아파트 가격이 폭등했을까? 2011년부터 2020년까지 지난 10년간의 서울 주택공급량을 살펴보면, 주택인허가 물량은 연평균 8만2천호이고, 착공물량은 연평균 7만 7천호이며, 준공 입주물량은 연평균 7만 2천호이다. 연도별로 주택공급량이 다소간의 차이가 있으나, 전체적으로 보면, 주목할 만한 큰 차이를 보이지 않는다(2020년은 9월까지 물량이다). 아파트 등 공동주택도 연평균 3만5천호 준공 입주 물량을 보인다. 아파트 입주 물량이 2015년에서 3년간 내림세를 보이나, 2018년 이후는 회복세다.

지난 10여 년간 서울 집값은 2008년 금융위기 타격으로 2013년까지 하락하다가, 2014년 이후에 회복하기 시작하여 2017년부터 본격적인 상승세를 타고 있다. 이 시기 주택공급물량을 분석해 보면, 주택가격 상승에 영향을 줄 만한 공급량의 차이를 쉽게 발견하기 어렵다. 주택가격이 하락하던 시기인 2011~2013년에는 연평균 주택공급량이 6만 6천호 정도이고, 주택가격 상승기인 2014~2019년에는 7만 5천호이다. 오히려 주택가격 상승기에 연평균 9천호 정도 많다.

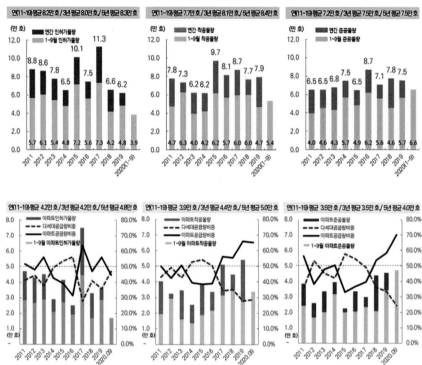

## 〈서울시 주택 인허가, 착공, 준공물량(2011~2020)〉

## 집값 상승은 소득성장에 따른 양질의 주택수요와
## 저금리로 인한 풍부한 유동자금의 부동산 시장으로 유입에 기인

　단순히 주택공급이 부족해서 주택가격이 상승하거나, 주택공급이 많아서 가격이 하락하지 않는다. 시장경제 논리인 애덤 스미스의 "보이지 않는 손"이 주택시장에는 잘 작동되지 않는다. 그러나 반대 논리는 성립할 수 있다. 주택가격이 오르면 주택공급량은 늘어날 것이고, 주택가격이 내리면 주택공급량이 줄어들 것이다. 2016년 이후 서울의 주택공급량이 그 전년도에 비해 연평균 1만호 이상 증가한 것은 주택가격 상승에 따른 것이라 유추할 수 있다. 국토부에서 발표한 장래 아파트 공급물량을 들여다보면, 향후 5년간은 지난 5년간 연평균 물량인 3만5천호보다 1만4천 호가 많은 4만9천 호가 공급될 것으로 예측한다. 최근 서울 아파트 수요가 폭증하고 있는 점을 감안하면, 시장에서 지금보다 훨씬 많은 아파트가 공급될 것을 예측한 것이다.

### 〈서울시 2008년~2019년 아파트 공급현황 및 향후 공급 전망〉

단위 : 가구

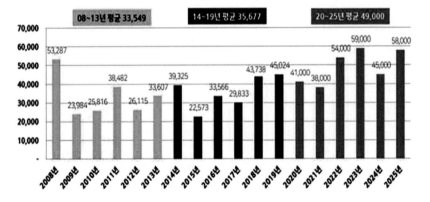

지난 10년간의 주택공급이 꾸준히 이루어진 상황을 살펴보면 단순히 주택공급이 줄어들어 주택가격이 상승했다기보다는 그 밖의 다른 요인에 의해 주택가격이 상승했다고 보는 것이 타당하다. 필자는 주택가격 상승요인을 앞서 설명한 경제성장과 국민소득향상에 따른 양질의 주택수요가 증가한 데서 기인한다고 본다. 그러나 최근 주택가격 상승이 정상적이 아닌 폭등 수준으로 오른 것은 초저금리로 인한 풍부한 유동자금이 부동산 시장으로 유입된 것이 원인이 있다.

지난 10년간 경제성장과 소득성장이 꾸준히 지속되었음에도 이에 연동하여 주택가격이 오르지 않고 최근에 압축 상승을 하는 이유는 금융위기 등 외적 요인이 하강 압박으로 잠재되어 있다가 그 요인이 사라지자 표출한 것이다.


## 여름철 홍수와 서해안의 만조가 한강 한가운데서 부딪쳐 솟아오르다?

우리나라는 연 강수량이 1,200~1,400㎜로 세계 평균인 807㎜보다 많아 국토가 사시사철 푸르름을 유지할 수가 있다. 그러나 그 많은 강수량의 절반 이상이 여름철에 집중되어 물 활용에 비효율적이다. 갑자기 쏟아져 내리는 홍수로 인한 재해로 사상자가 발생하고 많은 재산피해를 입는 경우가 다반사다.

여름철에 무더위가 한창 기승을 부리다가 갑자기 폭우가 쏟아지고 장마 기간이 며칠간 계속되더니 일 년 강수량의 절반 이상이 2주 만에 내리는 경우가 있다. 강원도와 충청도 경기도를 포함한 수도권 일대에 내리는 비는 북한강과 남한강이 받아내고 이 두 강은 양수리에서 합류하여 팔당을 지나 서울 중심을 가로질러 서해안으로 빠져나간다. 그런데 때마침 서해에서 밀려오는 만조가 한강

하류로 몰려들면서 홍수 물은 바다로 빠져나가지 못하고 다시 역류하기 시작한다. 팔당에서 쏟아져 내리는 홍수와 바다에서 치고 올라오는 물은 마침내 한강 중간 지점에서 만나 서로 부딪치며 솟아오른다. 강물은 한강 둑을 넘어 강남 지역인 서초동 반포동 압구정동 잠실 등으로 넘쳐흐르고 강북의 용산 마포 성동 지역으로 쏟아진다. 이러한 현상은 한강종합개발 사업이 완료되기 이전인 1990년대까지 장마나 태풍이 몰려오면 실제 서울에서 일어나는 물난리 상황을 얘기한 것이다.

한여름의 무더위는 금융위기로 인한 집값 상승을 유보하고 하락을 주도했던 시기를 비유하고, 장마 기간의 홍수는 금융위기가 해소되면서 한꺼번에 양질의 주택수요가 증가하는 상황이며, 서해안 바닷물의 만조 현상은 저금리로 인한 풍부한 유동자금을 비유한 것이다. 결국 홍수와 만조가 서로 부딪쳐 솟아오른 곳은 강남지역과 마용성 강북이며, 물이 솟아오르듯 집값 폭등 현상이 일어난 것을 비유해 본 것이다.

그런데 최근 몇 년 사이에 대한민국의 집값 최고가를 갱신하며 폭등한 지역은 한강을 끼고 있는 강남과 서초 송파와 강북변 북쪽에 있는 용산 마포 성동 지역이다. 이 지역은 한강종합개발 사업으로 한강 제방이 건설되기 이전에는 홍수 때만 물에 잠기는 상습 침수지역이었다. 성수동과 풍납동 일대는 1990년대까지도 비만 내리면 침수될까 밤잠을 설쳤던 지역이다. 서울의 상습 침수지역이었던 곳이 이제는 평당 1억원을 돌파하고 명실공히 대한민국 집값 상승을 주도하는 지역으로 변신했다. 그야말로 상전벽해다.

## 주택가격 상승 선호지역 20~30평 아파트가 주도

　주택공급은 일정했지만, 증가한 양질의 주택수요를 충족할 만큼의 주택공급이 이루어졌다고 말할 수는 없다. 앞서도 언급했지만, 이번 주택가격은 수요가 폭증하는 20~30평대의 아파트가 주도했다. 서울의 3~4인 가구는 2015년 40.1%에서 2019년 36.4%로 지난 4년 사이에 3.7%가 감소했다. 그런데도 이들의 주택수요가 늘어난 것은 무엇 때문일까? 소득성장으로 인한 보다 쾌적한 주택수요의 증가라고 볼 수 있다. 예전에는 가족 수가 많아도 좁은 집에 불편하더라도 그럭저럭 살았지만, 소득이 올라감에 따라 좀 더 넓고 좋은 집에 살고 싶은 것이 인간의 가장 기본적인 욕구이다.

　이번에 주택가격 상승을 선도한 것은 강남을 비롯한 선호지역 아파트이다. 저층 주거지 다세대·다가구보다 안전하고 쾌적한 아파트가 가격을 주도한 것이다. 19세 미만의 자녀를 양육하는 3~4인 가구는 교육환경이 좋고 직장 출퇴근이 양호한 지역을 선호한다. 이러한 여건을 잘 갖추고 있는 곳이 집값이 두 배에 육박하는 수준으로 폭등했던, 바로 강남과 마포.용산 성동 목동 중계 등이다.

## 주택보급률, 대한민국은 주택이 부족한가?

　전국의 주택보급률이 100%를 넘기 전인 2000년 이전까지는 절대적인 주택부족난을 겪었다. 6.25 한국전쟁이 끝나고 1960년대부터 서울로 인구집중으로 인한 주택난은 국가가 해결해야 할 가장 큰 과제 중 하나였다. 서울로 몰려드는 사람들은 급한 대로 산자락과 하천변에 무허가 판자촌을 짓고 거주하기 시작한다. 1970년대 이후 강남개발을 비롯한 대대적인 택지개발과 기성시가지의 재개발을 통해 주택공급을 추진했다. 1990년대에는 서울 경계를 넘어 1기 신도시 개발 등 수도권 지역에 주택공급을 확대한다. 그 결과 2020년에 비로소 수도권의 주택보급률이 100%를 넘어서게 된다.

그러나 서울은 아직 100%에 미치지 못하는 95.9%이다. 서울 주택보급률은 1990년대까지만 해도 60%대에 그쳤고, 2000년이 넘어서야 70%대로 진입한다. 전국의 주택보급률은 104.2%이나 주택시장이 안정화되려면 주택보급률은 적어도 105~120%가 되어야 한다. 늘 빈집의 여유치가 있어야 매매의 완충지대 역할을 할 수도 있고 이사 가고 이사 오는 사이 도배·장판 등 집수리도 할 수 있다. 우리의 여건은 아직 여기에 도달하지 못한 것이 사실이다.

서울의 주택보급률이 95.9%여서 주택가격이 폭등했을까? 그러면 왜 주택보급률이 전국평균보다 더 높은 110%인 세종시 주택은 2020년 가장 많이 폭등했을까? 주택보급률이 낮아서 주택가격이 폭등했다는 논리는 일면 일리가 있지만, 이번 집값 폭등과 관련해서는 다소 거리가 있다. 그러나 장기적인 관점에서는 주택시장 안정과 이사를 고려하여 주택보급률은 100% 이상 확보되어야 한다.

〈주택보급률〉

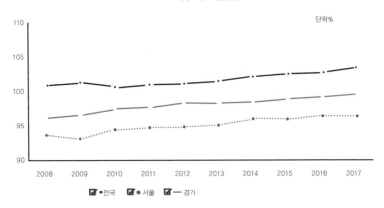

외국의 주요 도시들도 주택보급률 고저에 따라 주택가격이 상승과 하락의 추세를 보이지 않았다. 주택보급률은 경제적 상황과 주택공급 할 수 있는 택지 여건, 그리고 서울로 진입수요 등 잠재적 주택수요까지 고려한 복합적인 요소들이 고려되어야 한다. 그래서 외국도시들은 주택보급률을 사용하지 않고, 국제적으로 통용되는 주택 재고 수준을 판단하는 주택지표로 '천명당 주택수'를 활용한다.

이 지표를 기준으로 삼으면 우리나라 전체의 주택 재고가 충분한 수준은 아니라는 결론이 나온다. 2017년 서울의 '천인 당 주택수'는 393으로 다른 도시에 비해 많지 않다.

가장 많은 수치를 나타내고 있는 곳은 파리 627.5호, 다음은 베를린 520호이다. 도쿄도 514호로 비교적 높은 수치를 보인다. 서울과 비슷한 수치를 보이는 곳이 런던, 뉴욕이라 할 수 있다. 왜 도시마다 이렇게 많은 차이를 보일까? 아마도 주택수를 산정하는 방식이 다를 수 있다는 생각이다. 예를 들면 우리는 상가

주택이나 옥탑방 등 실제 주거로 사용을 하지만 주택으로 셈하지 않는 경우가 많은데 천명당 주택수가 적은 런던이나 뉴욕도 우리와 상황이 비슷하지 않을까? 그러한 상황적 변수를 감안하더라도, 천인당 주택호수를 해외 주요 대도시들과 비교해 보면 서울의 주택수는 작다. 절대적으로 공급이 더 필요하다고 할 수 있다.

주요 해외 대도시 천명당 주택 수

| 구분 | 한국(서울) | 미국(뉴욕) | 일본(도쿄) | 영국(런던) | 독일(베를린) | 프랑스(파리) |
|---|---|---|---|---|---|---|
| 자가보유율 | 49.1% | 33% | 48.9% | 49.1% | 45.5% | - |
| 천명당 | 393.1호('17) | 405.7호('16) | 514.1호('13) | 399.4호('17) | 520.1호('16) | 627.5호('16) |

## 최소 주거기준

주택의 수량 못지않게 중요한 것이 주택의 질이다. 최근 주택가격 폭등도 자세히 분석해 보면, 절대적 주택수량이 부족해서 발생한 것이 아니다. 주거환경이 양호하고 질이 좋은 주택을 찾는 수요가 증가하다 보니, 집값이 상승한 것이다. 사람이 살기에는 필요한 최소한의 기준을 설정한 것이 최저주거기준이다. 2011년에 개정된 최저기준은 가구원수에 따른 면적, 침실, 시설을 기준으로 1인가구의 경우 14㎡의 방 1개에 입식부엌, 전용 수세식 화장실, 목욕시설이 있어야 한다.

정부는 모든 국민이 최저주거기준이상의 주택에 살 수 있도록 노력해야 한다. 다행히도 최저주거기준을 도입한 2006년 주거실태조사 때에는 최저주거기준 미달가구 비율이 16.6%였으나 이후 꾸준히 줄어 2016년 5.4%에 이어 2019년에는

5.3%까지 떨어졌다. 13년 사이에 최저주거기준 미달가구가 1/3 수준으로 감소한 것은 고무적이다. 같은 기간에 수도권은 12.8%에서 6.7%까지 떨어졌다. 그렇지만, 최저주거기준이 환기 채광 등 주거환경의 질을 가늠할 수 있도록 좀 더 촘촘하게 설정되어야 한다는 목소리가 있다.

예를 들어 미국 샌프란시스코의 경우 채광·환기와 관련해 거실과 바닥면적의 12분의 1, 또는 10평방피트(0.9㎡) 이상의 창문면적을 확보할 것, 거실과 방의 창문이 절반 이상 개폐 가능한 구조일 것, 침실 창문이 채광이 되는 쪽일 것 등을 상세하게 규정한다. 이번에 정부에서 추진하는 최저주거기준 개정안에 이러한 세부 규정들이 반영되었으면 하는 바람이다. 특히 최근에 새로운 주거유형으로 등장하여 청년층의 인기를 끌고 있는 셰어하우스 등 공유주택 및 공동체 주택이나, 비주택으로 제도권 밖에 있는 고시원과 지하방 등 주거환경과 사용자 특성 등을 고려한 별도의 최저주거기준을 마련하는 방안도 추진되었으면 한다.

## 유도 주거기준

쾌적한 주거환경을 추구하기 위해 2017년에 도입된 유도 주거기준은 정책기준이던 최저주거기준에서 한 단계 더 발전한 개념이다. 그간 정부는 최소한의 주거환경의 질을 보장하는 최저주거기준을 정하고, 모든 국민이 기준을 넘는 주거환경에 살도록 주거정책의 초점을 맞춰왔다. 또한 최저 주거면적이 너무 적다는 의견도 있다. 일본의 1인 가구 최저주거기준은 25㎡로 한국의 1.8배 수준이다.

유도 주거기준은 정책의 패러다임을 '주택 수량'에서 '주거환경의 질'로 전환하자는 것이다. 우리나라 주택보급률이 2000년대에 100%를 넘어서서 2020년 104%로 이미 전체 가구 수보다 주택 수가 더 많아진 상태다. 이제 대한민국도 보다 양호한 주거환경을 만들고 양질의 주택을 많이 공급하는 데 관심을 가져야 한다.

최저주거기준과 유도기준을 비교해 보면, 유도주거기준에서는 1인 가구는 방 2개에 33㎡의 주거면적으로, 방 하나에 14㎡ 이상이면 되는 최저주거기준보다 2배 이상 넓다. 부부와 자녀 2명이 사는 4인 가구도 유도주거기준은 방 4개, 66 ㎡로 최저주거기준(방 3개, 43㎡)보다 넓어졌다.

| 최저주거기준과<br>유도주거기준 비교 | 최저주거기준 | 유도주거기준(가안) |
|---|---|---|
| 1인가구 | 방 1개, 14m² | 방 2개, 33m² |
| 부부 | 방 1개, 26m² | 방 4개, 50m² |
| 부부+자녀1 | 방 2개, 36m² | 방 4개, 60m² |
| 부부+자녀2 | 방 3개, 43m² | 방 4개, 66m² |

자료:이미경 의원실

*최저주거기준엔 상하수도가 완비된 입식 부엌과 수세식 화장실 및 목욕시설 포함
*3인 가구는 만 6세 이상 자녀, 4인 가구는 만 8세 이상 자녀 기준

국토교통부의 주거실태조사에 따르면 우리나라 가구의 1인당 평균 주거면적은 2010년 28.5㎡에서 2019년 32.9㎡로 증가한 것으로 조사되었다. 서울은 30.1㎡로 도쿄 31.3㎡, 베이징 19.5㎡, 싱가포르 27.6㎡, 런던 32.4㎡, 파리 31.0 ㎡ 등 다른 선진 도시보다 주거면적에서는 절대로 뒤지지 않는다.

## 서울의 주택수요는 얼마나 될까?

서울 주택보급률을 100% 달성할 수 있을까? 천만 인구가 사는 서울의 주택수

요에 대응하는 주택을 모두 서울에서 공급할 수 있을까? 서울의 주택 수요 예측은 복잡한 변수가 많다. 실제 구매력이 뒷받침되는 '유효 수요' 뿐만 아니라 아직 구매력은 없지만 언젠가 집을 사려고 기다리고 있는 '잠재수요'도 감안해야 되기 때문이다.

주택보급률은 100%라 하더라도, 실제 자기 소유의 주택에 사는 비율인 자가점유율은 42%대에 머물고 있어서, 절반이 넘는 세대가 세입자다. 이들 중 상당수가 서울 아파트 구매 의사가 있는 잠재수요라고 추정할 수 있다. 또 경기도와 인천에서 서울로 출퇴근·통학하는 인구 133만 명 중에서도 상당수는 서울에 집을 사고자 하는 잠재수요자들이다. 여기다가 시중에 넘쳐나는 유동자금이 잠재수요자들에게 구매력을 자극할 수 있다. 영혼까지 끌어 모아서 집을 사겠다는 젊은 계층들도 늘어나고 있다. 가구분화, 세입자, 서울로 진입수요, 금리와 유동자금 등 이렇게 복잡한 여러 변수에 의해서 주택수요는 그때그때 경제상황과 주택시장 여건에 따라 달라지게 마련이다. 절대적 수요추정이 어렵다는 것이다.

서울연구원의 '서울시 중장기 주택시장 안정화방안 연구'에 의하면 서울의 주택수요는 연평균 8만호 정도로 추정한다. 예전에는 신규주택에서 멸실주택을 제외한 순증 신규주택 수치를 중요하게 여겼으나, 소득증가에 따라 3만불 시대를 사는 주택수요자들은 낡고 노후한 주택이 아니라 새로운 주택을 원하기 때문에 신규 주택 물량을 중시한다.

최근 5년 서울시 주택공급 실적

| 구 분 | | 2016 | 2017 | 2018 | 2019 | 2020 | 평균 |
|---|---|---|---|---|---|---|---|
| 총 공급량 | | 9.1 | 7.5 | 8.1 | 7.8 | 8.0 | 8.1 |
| 아파트 | 계 | 3.4 | 3.0 | 4.4 | 4.6 | 5.3 | 4.1 |
| | 정 비 | 2.1 | 1.7 | 3.1 | 3.7 | 3.7 | 2.9 |
| | 비정비 | 1.3 | 1.3 | 1.3 | 0.9 | 1.6 | 1.3 |
| 비아파트 | | 5.8 | 4.5 | 3.8 | 3.3 | 2.7 | 4.0 |

최근 5년간 서울시 주택공급 실적을 보면 서울연구원에서 산출한 주택수요 8만호에 대응하는 연평균 8만1천호를 공급했다. 그러나 이러한 수요는 앞에서도 언급했던 초저금리와 풍부한 유동자금이 넘쳐나는 시기에는 잠재적 수요가 폭발적으로 늘어나기 때문에 주택시장 안정기보다는 훨씬 많은 주택공급을 해야 한다. 그렇다고 주택시장에서 원하는 만큼의 공급을 하는 것이 맞는 것일까?

만약 그렇게 해야 한다면 서울을 중심으로 한 수도권으로의 집중 현상이 더욱 가속화될 것이고 지방은 더 빨리 소멸할 것이다. 수도권 분산과 지역 균형발전이라는 더 근본적인 큰 틀의 국가적 과제에 정면으로 배치되는 것이다. 중장기적으로 대한민국의 앞날을 위해서도 극히 바람직하지 않다. 우리는 후손에게 어떤 대한민국을 남겨줄 것인가? 지금도 절반 이상의 국민이 수도권에 살고 지방 도시는 노인 계층들이 주류를 이루어 경쟁력을 상실하고 소멸하여 가고 있는데 현재의 현안만을 해결하겠다고 수도권으로 집중을 더욱 촉발하는 정책을 시행한다는 것은 옳지 않다. 국토연구원 강현수 원장은 2018년 한 언론과의 인터뷰에서 "서울 주택 수요에 양적으로 대응하는 것은 사실상 불가능하다"라고 진단한다. 서울에 지속적인 주택공급의 필요성은 인정되지만, 지역균형발전 정책으로 수도권 인구를 분산해서 서울로의 진입수요를 제어하는 것이 더 근본적인

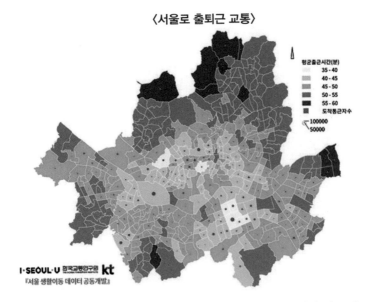

〈서울로 출퇴근 교통〉

해법이라는 것이다. 일자리 교육 문화시설 등 강력한 구심력이 작동하는 현재와 같은 서울 중심의 대한민국에서 서울에 살고 싶은 모든 사람을 수용하는 주택 공급은 불가능할 것이다. 서울의 주택문제 해결은 지역불균형을 해소하는 정책 과 병행 추진되지 않고는 그 실효성을 담보하기 어렵다.

## 주택공급과 수요의 미스 매칭: 아파트 공급 5~10년 소요

주택은 자본주의 시장에서 애덤 스미스가 말하는 '보이지 않는 손'이 잘 작동 이 되지 않는 재화이다. 주택은 건설 기간이 많이 소요되기 때문에 이러한 수요 와 공급 시소게임에 곧바로 대응할 수가 없다. 다가구나 다세대, 도시형생활주 택 등 소규모 주택은 6개월에서 1년이면 공급할 수 있다. 최근에 절대적 수요가 몰리는 아파트 공급은 5년에서 10년 걸린다. 다행히 주택용지로 확보된 빈 땅이 있다면 설계와 인허가 기간이 2년이 소요되고 공사기간 3년을 합쳐 최소 5년이 걸린다. 신도시 조성 등 택지개발사업은 토지보상 기간이 추가로 소요되기 때문에 아파트 입주까지는 7년 정도 걸린다. 그런데 서울은 문정지구 마곡지구 강동지구 등 택지개발사업을 끝으로 택지가 이미 고갈되었다. 그러면 결국 재개발과 재건축 등 정비사업으로 신규아파트를 공급해야 하는데, 정비구역 지정, 조합설립, 사업인허가, 관리처분, 기존건물철거, 본공사 등, 입주에 이르기까지 평균 10년 걸린다. 주택 수요가 몰리면 시장논리에 의해 가격이 올라간다. 다행이 주택수요가 6개월에서 1년 안에 지을 수 있는 다세대·다가구라면 금방 공급이 가능한데, 최근 주택수요는 건설기간이 5~10년 걸리는 양질의 아파트다. 아파트는 공급이 바로 이루어지지 않기 때문에 가격은 새로운 공급이 이루어질 때까지 계속 올라갈 개연성이 크다. 이것이 최근 몇 년간 우리가 겪고 있는 집값 폭등사태의 현실이다. 아파트는 건설하는데 5~10년이 걸리다 보니 준공하여 입주할 때쯤 되면 이미 경제 여건이나 주택시장 상황이 전혀 다르게 변해 있을 수 있다. 대표적인 사례가 위례신도시 개발사업이다. 부동산 가격 폭등으로 노무현 정부에 대한 지지율이 급락하고 있던 2005년 8.31 부동산 안정화 대책으로, 송파 일대의 특전사와 육군종합행정학교, 국군체육부대, 남성대골프장 등 군용지를 택지로 개발하여 4만3천여 가구를 공급하는 계획을 발표했다.

서민 주거안정과 부동산 투기 억제를 위한 부동산 제도 개혁 방안의 후속 조치로 '강남지역의 안정적인 주택수급과 서민층의 주거안정 도모'라는 정책목표를 제시했다. 2008년에 착공에 들어가 2013년 12월부터 첫 입주가 시작된다. 노무현 정부 때 개발계획 수립된 위례신도시 첫 입주가 발표한 지 8년이 지난 박근혜 정부 때야 가능했다.

## 주거 희망고문, 보금자리 주택

또 다른 사례는 이명박 정부가 2009년부터 10년간 150만호를 공급목표로 수립한 보금자리주택이다. 서울 주변의 그린벨트 지역을 해제하여 1, 2기 신도시보다 더 서울에 인접한 입지에 값싸고 질 좋은 주택을 공급한다는 것이었다. 보금자리주택 청약 열기는 가파르게 치솟았으나, 이와 반대로 일반 민간 분양주택들은 분양원가와 입지면에서 보금자리 주택과 도저히 경쟁할 수 없는 처참한 상황일 수밖에 없었다. 더구나 2008년에 미국발 금융위기가 대한민국 부동산 시장을 강타하면서, 민간 건설경기는 얼어붙기 시작했다.

2009년 입지가 양호한 강남 세곡동과 내곡동에 시범사업으로 출발한 보금자리주택은 민간 주택시장을 약화시키는 엄청난 부정적인 결과를 초래했다. 보금자리주택이 그린벨트에 지어지기에 토지 가격이 굉장히 저렴할 수밖에 없었고, 인근 주택가격의 70% 선에서 아파트를 소유할 수 있다는 로또 분위기가 사회적으로 조성되었다. 주택수요자는 당연히 로또 당첨을 위해 기존 민간 주택시장 참여를 미루었다. 보금자리 주택은 입지 좋은 곳에 저렴한 주택을 공급한다는 당초 정책목표는 좋았으나, 설상가상으로 미국발 글로벌 금융위기가 겹치면서 대한민국 주택시장은 길고 긴 암울한 침체의 터널 속에 갇히는 꼴이 되었다. 2013년 박근혜 정부에서 '4.1 부동산 정상화 대책'을 발표하면서 보금자리주택은 3년간 공급된 20만호를 끝으로 종료된다. 2010~2011년 청약시 분양가가 평당 1,000만 원 내외로, 전용 59㎡가 2억 원 초반대이고, 전용 85㎡가 3억 중반대였던 강남 세곡동 보금자리 아파트는 2020년 9월 현재 5배 이상 상승했다. 청약에 당첨된 일부 주민들에게는 로또 복권이었으며, 나머지 대다수 국민에게는 '주거 희망 고문'의 상징이었다.


## 조고각하照顧脚下?

우리나라는 5년마다 대통령이 바뀌기 때문에 현재의 정권이 입안한 주택정책은 차기 정권 또는 차차기 정권에서 빛을 발하는 경우가 대부분이다. 주택공급이 계획 수립에서 입주하는 데까지 5년에서 10년이 걸리다 보니, 그동안 경기상황이 변하고, 활황기였던 주택시장이 침체기로 접어드는 예도 있다. 물론 반대의 경우도 발생한다. 이렇게 경제 상황과 주택수요에 대한 시장환경이 바뀌는 경우는 전 정부가 수립했던 주택정책이 오히려 주택시장에 좋지 않은 영향을 주는 경우가 종종 발생한다.

조고각하照顧脚下! 사찰에 가면 계단 앞에 가장 많이 붙어 있는 표찰이다. 발밑을 조심하라! 절은 대부분 산속에 지어지기에 급경사 계단이 많이 생길 수밖에 없다. 신도들이나 방문객들에게 발밑의 급경사 계단을 조심하라는 안내문이다. 인생의 무상함을 깨닫고, 욕망과 화냄 그리고 어리석음인 탐진치貪瞋痴 욕망에서 벗어나라는 부처님 말씀보다는, 당장 몸 하나 건사하기 위해 계단 조심하라는 표찰에 집착하면서 염불이나 외며 사는 것이 우리의 자화상이 아닌지?

최근의 급등하는 주택시장을 마주하는 우리는 국가 백년대계의 바람직한 주택시장을 어떻게 만들어갈지를 염두에 두지 않고, 당장 현안에 너무 급급해하는 조고각하가 아닌지 우리가 모두 생각해 볼 일이다.

# 3 부동산 폭등은 모두에게 고통

# '하우스푸어'에서 '영끌이'까지

    부동산에 관한 사회적 풍속도에 대해 가장 많이 회자된 신조어로 2010년대가 '하우스푸어'라면, 2020년대는 '영끌이'라고 할 수 있을 것이다. 2000년대 이후로 우리 사회는 지표상 국가발전은 있으나 상당수의 개인소득은 멈추고, 고용 없는 저성장시대를 맞이하고 있다. 사회초년생으로 발을 내딛는 청년들은 일자리를 찾아 헤매고, 현실은 갈수록 암담하고 삶은 팍팍하다. 연애와 결혼, 출산을 포기한 3포세대를 넘어 이제는 대인관계와 내 집 마련까지 포기한 5포세대가 등장하는가 하면, 우리나라에서는 이제는 미래가 없다며 '헬조선'을 외친다. 이번 생애에는 망했다는 '이생망', '흙수저', '이태백', '88만원세대' 등 우리 사회를 풍자하는 신조어는 차고도 넘친다.

    이런 현상은 비단 한국의 문제만은 아니다. 그리스와 이탈리아 등 최근 경제적 상황이 악화일로를 겪고 있는 국가들뿐만 아니라, 영국과 스웨덴, 핀란드, 일본 등 부유한 선진 국가들도 유사한 사회적 현상을 겪고 있다. 경제가 발전하고 기술이 고도화되면서 산업구조가 바뀌어, 종전에는 사람이 하던 일을 이제는 컴퓨터와 로봇 등 기계로 대체되어 많은 인력이 필요 없어지게 된 것이 가장 큰 원인으로 꼽히고 있다. 고용은 줄어들고, 의식주의 생활비용은 갈수록 고급화되어 비싸다. 물가는 높으나, 노동인구 절반이 일자리를 찾지 못할 정도로 과포화 상태인지라 사람의 노동 대가가 매우 쌀 수밖에 없다. 따라서 사람 노동력이 필수적인 서비스업이나 요식업에 종사하는 사람들에 대한 월급이나 사회적 대우가 낮아, 결과적으로는 저임금 노동자들이 양산되는 사회적 모순을 잉태하게 된다.

하우스푸어가 집은 있으나 가난한 중산층을 지칭하는 것이라면, 영끌이는 영혼을 끌어들여서라도 집을 사야 한다는 강박관념에 사로잡힌 사회초년생들이다. 하우스푸어나 영끌이는 우리 주택시장이 얼마나 불안정하고 왜곡되어 있는지를 잘 보여주고 있는 자조적인 용어다. 아니 자조를 넘어 자학적인 언어다.


## 2010년 '하우스푸어'house poor 자화상

어려운 취직시험 관문을 통과하여 어엿한 직장인으로, 이제는 좀 안정된 삶을 위해 먹고 쓰는 것 줄여 고생고생하며 목돈을 마련하고 부족분은 은행 대출을 받아 장만한 집 한 채. 그러나 집값은 폭락하고, 대출이자율은 올라가 월급으로 대출 원리금을 갚고 나면 생활하기가 너무나 팍팍하다. 월급이 갑자기 올라가는 것도 아니고, 대출 원리금을 갚고 나면 쓸 수 있는 돈은 갈수록 줄어든다. 남은 것이라곤 점점 떨어지는 집값과 대출금뿐이다. 더 큰 문제는 빚뿐인 집이 팔리지 않는다는 것. 애들은 커가면서 학자금 비용은 늘어나고, 본인도 사회활동 영역이 넓어지면서 씀씀이가 커지는데 시간이 흐를수록 미래는 더욱 암담하다. 집 때문에 사라지고 있는 대한민국 중산층의 자화상이다. 비싼 집에 사는 가난한 사람들의 이야기, 바로 '하우스푸어'다.

예전에는 집이 없었던 중산층 직장인들이 최초로 내집을 마련하는 방식은 본인이 모아 둔 목돈에 집값의 절반 정도의 대출을 끼고 집을 구입하는 것이다. 어렵지만 월급의 반 정도를 대출 원리금 갚는 데 사용하면서 빠듯하게 생활하다 보면, 집값은 오르고 그 차액을 챙겨 재산을 늘려가면서 내 집 마련을 할 수 있다. 이러한 방식은 직장인들이 결혼하고 사회에서 어느 정도 자리를 잡게 되면 내 집을 마련할 수 있는 가장 일반적인 방식이었다.

그런데 2010년대 초기에는 수십 년 통용되었던 내집마련 방식이 작동되지 않은 것이다. 은행에서 대출받아 집을 사들인 후 대출금과 그 이자를 갚느라 가처분소득이 극히 줄어들어 생활고를 겪는다. 집값 폭락이 겹친데다가 설상가상으로 은행 금리까지 오르면서 집을 팔려고 해도 팔리지 않는다. 2008년 미국발 금융위기가 우리나라에는 2010년쯤에 상륙하면서 이러한 하우스푸어 현상은 서울을 비롯한 도처에서 발생했다. 2013년까지 계속되고 있는 경기침체가 부동산 시장에도 영향을 끼쳐 거래량이 급감하고 중대형 아파트 위주로 시세가 폭락해 하우스푸어들은 이도저도 할 수 없는 상황에 부닥치고 말았다.

### 〈하우스푸어 추정 가구 수〉

· 김광수 연구소 : 198만(2010)
· 현대경제연구소 : 108만(2010)
· KB금융지주 경영연구소 : 81만(2010)
· 새누리당 : 28만(2011)
· LG연구원 : 32만, 38조 부채
· 금융연구원 : 10만 ~ 57만(2012)
· 한국갤럽 : 10가구 중 2가구(2012)
· 잡코리아: 직장인 49%(2012)

　　진보적인 연구소인 〈김광수 연구소〉에 따르면 하우스푸어 통계치가 200만 명에 육박하고, 〈한국갤럽〉 조사에서도 10가구 중 2가구가 본인이 하우스푸어라고 생각한다. 직장인 대상으로 조사한 〈잡코리아〉 자료에는 직장인 절반이 하우스푸어라고 생각한다. 당시 여당인 새누리당이 28만 명 정도가 하우스푸어라고 제시하고 있으나, 대출금리는 올라가고 집값이 계속 내려가는 당시 상황에서는 조금이라도 대출을 받아 집을 사들인 거의 모든 사람이 불안감을 느끼고 있다는 것을 직감하게 된다.

## 집값 하락, 외곽도시가 더 어려움을 겪을 수도

하우스푸어는 서울에서 광역시로 번져간다. 그중에서도 인천광역시에서 하우스푸어 현상이 가장 두드러지게 나타난다. 인천시는 2012년 총생산 대비 가계부채 비율이 64%로 6대 광역시 중 최고를 나타내고, 대출잔액도 타 도시보다 2배 수준으로 부동산 침체에 따른 가장 열악한 상황에 놓이게 된다. 빚을 내어 집을 산 사람들에게는 절망적이었다. 외환위기를 극복하면서 주택가격이 2007년까지 꾸준히 상승하던 시기에는 가계대출 비중도 높았지만, 그 이후에는 전반적으로 가계대출 비중이 줄어든다. 그러나 인천은 가계대출이 오히려 상승해서 2011년 기준 40조에 이르게 된다. 2007년 말 91.8%였던 개인 총가처분소득 대비 가계대출 비중이 2010년 5월 말 111.2%로 급등해서 대출이 소득을 초과하는 기현상이 발생한다. 이 시기에 송도 등 경제자유구역 내 아파트 입주물량과 분양물량이 겹치면서 대출물량이 엄청나게 늘어나게 된 것이다.

집값 하락은 주로 서울 강남을 중심으로 시작하여 수도권으로 번지지만, 집값 회복 시기에 접어들어도 취약지역에서는 쉽게 복원되기 힘들다. 따라서 인천은 서울 다음의 제2도시이기는 하나, 아파트 미분양 물량 등 다른 요인들과 겹치면서 주택가격 폭이 더 떨어지면서 하우스푸어의 영향이 다른 지역보다 더 컸다고 할 수 있다.

집값이 떨어지면 중심지보다는 외곽도시에 더 악영향을 받는 경우는 일본의 동경 외곽에 개발된 신도시 타마 뉴타운 사례에서 찾아볼 수 있다. 2000년대 초반에 필자는 타마 뉴타운을 견학했다. 인간 중심 생태도시를 지향한 포스트 모더니즘의 도시설계를 바탕으로 신도시를 건설해서 한국 신도시 건설의 벤치마킹 대상이었다. 그런데 얼마 전 TV 다큐멘터리 방송에서 방영되는 타마 뉴타운의 최근 실상을 보고 놀랐다. 30% 정도가 빈집이고 주택가격이 입주 당시와 비교해서 1/10 가격이라는 것이다. 그마저도 집을 사고자 하는 사람이 없어 답답할 노릇이라고 했다. 거주하는 주민도 거의 모두 노령층이라서 몇 년 뒤에는 유령도시가 될 것이라 우려하고 있었다. 격세지감이다.

나는 그 방송을 보면서 우리도 인구가 줄어들고 노령층이 많아지면 일본의 사례를 답습하지 않을까 하는 우려가 앞섰다. 지금은 모두 집이 없어 난리고 하루가 다르게 집값이 천정부지로 뛰고 있지만, 지금의 이 상황이 언제까지 지속될 것인지 알 수가 없다.

### 🏘️ 어느 하우스푸어의 6년 일기 "내 잘못된 선택 하루하루가 피폐한 시간"

부동산 광풍이 한창이던 2007년 집을 샀다. 서울 중심에 자리하면서도 빈민가였던 서울 용산구 서부이촌동에 있는 3층짜리 연립주택 한 호를 6억 원에 산 것이다. 대지 지분 3.75평(12.3㎡)에 실제 크기는 13평(42.9㎡) 남짓한, 지은 지 40년 가까이 되는 집이었다. 3억 원은 신혼 초에 사둔 서울 제기동 아파트를 급매해 마련하고, 나머지 3억 원은 은행 융자로 충당했다. 남들처럼 잘살고 싶어 미래에 발생할 근로소득까지 미리 당겨 일생일대의 투자를 한 셈이다.

## 재개발 무산으로 우울증 시달려

나는 집도 보지 않은 채 부동산중개소 여사장 말만 믿고 집을 샀다. 그때는 용산국제업무지구에 새 아파트를 분양받고 싶다는 마음뿐이었다. 사업이 빨리 이뤄져 보상받고 나갈 수 있으리라 생각했다. 하지만 보상은 쉽게 이뤄지지 않았다. 게다가 원주인은 그 집의 소유권이전등기를 했는데도 7개월 동안 공짜로 살다 우리가 내용증명을 3번이나 보낸 뒤에야 집을 비웠다. 나는 전 주인이 집을 비우고 나서야 집을 처음으로 봤다. 그 집을 보고 충격을 받았다. 외벽은 칠이 다 벗겨져 을씨년스러웠다. 옥상은 집을 짓고 한 번도 방수공사를 하지 않아 금이 쩍쩍 갈라져 비가 많이 오는 날이면 물이 샜다. 벽지가 젖고 곰팡이가 핀 건 물론이다. 현관문을 닫으면 곰팡이 냄새 때문에 머리가 아팠다. 너무 어이가 없었다. 한편으로는 전 주인이 불쌍하다는 생각도 들었다. 이런 집에서 35년 이상 살다니…. 남편과 나는 울며 겨자 먹기로 집수리를 할 수밖에 없었다. 800만 원을 들였지만 집은 여전히 문제가 많았다. 지인의 친척에게 수리를 맡겼는데도 공사비와 공사 기간이 늘어났다.

※ 자료: 동아닷컴, 2013.9.13.

## 탐욕의 덫에 걸린 사냥감, 아파트 노예들

2010년에 언론(오마이 뉴스, 2010.10.7)에 '탐욕의 덫에 걸린 사냥감, 아파트 노예들'이란 이름으로 소개된 〈하우스푸어〉(더 팩트, 김재영 지음) 책이 상당한 사회적 반향을 불러일으키며 많은 사람의 공감을 얻었다. 당시 집을 갖는다는 것은 중산층과 경제적 안정을 상징하는 것이지만, 과도하게 빚을 얻어 집을 사는 것은, 집 없는 중산층에서 집 가진 하류층으로 전락하는 것이다.

김모씨는 2006년에 분당에 33평형 아파트를 4억원대 빚을 내어 7억을 주고 샀지만, 2009년 이후 5억원대까지 떨어지고 거래조차 사라졌다. 2억원의 재산가치가 날아가고 은행 이자와 부동산 거래비용으로 1억원 이상을 날렸다. 매월 500만원 수입 중 300만원이 대출 원금과 이자로 내야 한다. 극심한 스트레스와 불면증에 시달리는 김모씨는 스스로를 은행의 월세 세입자이고 집의 노예로 묘사하고 있다. 과도하게 빚을 내서 집을 사지 않고 저축을 했다면 안락하게 중산층 수준의 삶을 누릴 수 있는 사람들이 '집 없는 중산층'에서 '집 가진 하류층'으로 떨어지는 실제 사례를 들어 적나라하게 적고 있다. 재산 축적의 징검다리가 될 것으로 생각했던 아파트가 이제 삶 족쇄가 되고, 자신은 아파트 노예가 되어 버렸다고 한탄하고 있다.

김씨의 사례를 예로 들면서 부동산 광풍 때 빚내서 집을 산 198만 가구의 몰락을 우려하며, 강남불패 신화의 허상과 아파트 공화국의 탐욕을 질타한다. 한편으로는 지금과 비교해서는 상대적으로 고금리였던 2010년 당시 금리와 대출, 그리고 저축을 비교해서 '집 없이 행복하게 하는 법'을 재미있게 소개하고 있다.

## 🏠 20년 2억원 대출 vs. 9.3년 2억원 저축…집 없이도 행복하게 사는 법

2억원을 20년 만기, 금리 6.5%, 거치기간 없는 원리금 균등 분할 상환 조건으로 대출한다면, 한 달에 갚아야 할 원금은 149만1,146원이다. 매달 150만에 달하는 돈을 20년 동안 은행에 갖다 바쳐야 한다. 모두 3억6,000만원을 갖다 줘야 2억원짜리 대출을 끝낼 수 있다.

반대로 이 돈을 저축해보자. 140만원을 매달 4.8% 복리금리로 저축하면, 9.3년 후에는 2억원가량 모으게 된다. 은행의 세금우대 상품이나 비과세 상품에 저축을 하면 2억800만원이 된다는 것이다.

결국 2억원 대출을 갚으려면 약 3억6,000만원의 돈을 은행에 내야 하지만, 2억원을 모으기 위해선 약 1억6,000만원만 은행에 예금하면 된다. 또 같은 돈을 은행에 내더라도 9.3년과 20년이라는 엄청난 시간 차이가 발생하게 된다는 것이다.

여기에 금리가 오른다면 시간 차이는 더 벌어질 것이라고 얘기한다. 그러나 금리가 더 내린다는 면을 전제하지 않는다. 10년 후가 되는 2020년에는 기준 금리 0.5% 초저금리 시대를 구가하면서 주택담보대출이 2% 이하로 떨어졌다. 사람이 어찌 미래를 알 수 있겠는가? 10년 전 하우스푸어, 아파트 노예들은 벼락부자가 되고 집 없는 중산층은 벼락거지로 전락하게 될 줄을. 그러나 누가 또 장담하겠는가? 몇 년 후에, 지금의 벼락부자가 거지로, 거지가 부자로 전환될지.

## 하우스푸어, 2017년까지 지속되고

통계치로 보면 서울 주택가격은 2013년 말~2014년 초에 최저점을 찍고 완만하게 상승하다가 2017년부터 본격적인 상승세를 보이지만, 지역별로 구체적으로 들어가 보면 하우스푸어의 절규는 전체적으로 이미 집값이 상승세로 돌아서는 2017년까지 지속된다. 2017년 6월 〈조선비즈〉에 보도된 기사를 보면 2016년 7월에 2.66% 하던 은행 주택담보대출 금리가 오르기 시작해서 11월에는 3.04%까지 상승함에 따라 집값 안정세에도 불구하고, 하우스 공포가 2017년까지 잔존했던 것이다.

결혼 7년 차인 노모씨(37)는 지난해 3월 6억원을 주고 서울 동작구 흑석동의 아파트 한 채를 장만했다. 전세난에 지친 노씨는 금리 부담이 비교적 적어 은행 빚을 내더라도 무리가 없을 것으로 판단해 3억5,000만원을 대출받았다. 매달 원금과 이자를 합해 약 185만원 정도를 갚아나갔다. 하지만 맞벌이하던 아내가 회사 구조조정으로 실직한 뒤로는 원리금 상환이 부담되기 시작했다. 최근 대출 금리마저 오르고 주택시장까지 침체 조짐을 보여 집을 팔고 다시 전세로 옮겨야 할지 심각하게 고민하고 있다.

※ 자료: 조선비즈, 2017.1.6.

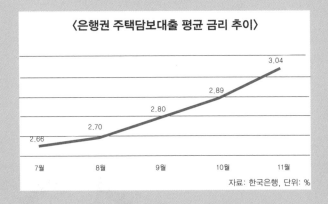

〈은행권 주택담보대출 평균 금리 추이〉

3.04

2.89

2.80

2.70

2.66

7월　　8월　　9월　　10월　　11월

자료: 한국은행, 단위: %

어떻게 이런 현상이 벌어졌을까? 2008년 금융위기 이전 부동산 가격 상승기에 집을 산 사람은 금융위기 이후 집값 폭락과 대출 원리금 상환으로 엄청난 어려움을 겪으며 하우스푸어로 전락한다. 2008년까지 집값 상승 분위기에 과도하게 빚을 내서 집을 산 사람들은 금융위기라는 거센 파도가 한반도에 상륙하면서 2014년 이후에는 부동산 침체기를 맞이한다. 설상가상으로 이명박 정부에서 국민주거안정을 위한 도심공급활성화를 위해 야심차게 추진한 시세의 70~80%의 보금자리 주택까지 쏟아지게 된다. 미분양이 속출하여 건설사는 부도와 파산으로 이어지고, 하우스푸어가 양산되는 상황이 2009~2015년 대한민국 자화상이었다. 이 상황을 타개하기 위해서 미분양 아파트의 할인분양, 건설사 부도 유예, 하우스푸어 대출금리 저감 등 여러 정책이 검토되고 논의되었지만, 마땅한 대안마련은 쉽지 않았다. 결국 경기가 살아나고 주택시장이 회복되면서 금융위기로 촉발된 모든 문제는 해결되었다. 하우스푸어라는 문제가 사라진 것이다. 그러나 또 다른 문제가 새로 대두된다. 바로 영끌이다.

## 2020 영끌이 자화상

영혼까지 끌어 모아서라도 집을 사야 한다. 지금이라도 집을 사지 못하면 내 생애 집 사는 것은 포기하고 평생 임대로 살아야 한다는 공포감에 20~30세대들이 빚을 내고 영혼을 끌어서라도 주택매수 대열에 합류한 것이다. 바로 '패닉 바잉'이다. 앞으로도 계속 집값이 올라갈 것 같은 공포심리에 집을 사는 것이다.

2017년부터 본격적으로 주택가격이 상승하기 시작했으나, 그해 8월 2일 정부가 과열 지역에 투기수요 유입을 차단하기 위해 LTV 규제강화를 발표하면서 대출이 어려워진다. 그러나 집값은 지속해서 상승하는 와중에 현금을 보유하지 않은 20~30세대들은 부동산 광풍에 위기감을 넘어 공포감에 사로잡힌 것이다.

'영끌이'는 원래 부족한 것을 부풀려 보이기 위하여 돈이나 물건 등을 끌어모으는 모습으로, 자산, 연봉, 근육 펌핑, 뽕브라 등 과시욕을 희화화하는 표현이다. 그런데 최근에는 부동산값 폭등으로 노동을 통한 부의 축적이 거의 불가능해질 정도로 경제 상황이 악화되면서, 빚을 내서라도 부동산이나 주식 등에 투자하려는 사람들이 늘어나서 '영끌이'라는 용어가 언론에 등장했다.

부동산 시장에 '영끌이'라는 용어가 등장한 것은 2018년부터이다. 2017년까지 언론에 자주 오르내렸던 '하우스푸어'라는 자조적인 용어가 다음 해인 2018년에는 '영끌이'로 바뀐다. 이어 등장한 벼락거지. 잠깐 주저하는 사이에 영끌이 대열에 합류하지 못하고 집값은 폭등하는 상황에서 집 없는 사람들이 느끼는 상대적 박탈감의 표현이다. 불과 1년 사이에 하우스푸어는 영끌이나 벼락거지의 부러움의 대상이 되었다. 집 노예가 벼락부자로 돌변하는 순간이다.

### 🏔 '영끌 대출' 등장

서울 동대문구에 사는 이모씨(37)는 20평대 아파트에서 30평대 아파트로 옮기려 마음먹고 천천히 시장을 지켜보고 있었다. 적당한 매물이 나오면 연말 안에 계약할 생각이었다. 그러다 지난 7월 말 부동산 중개업소에 들렀다가 깜짝 놀랐다. 부동산 중개업소에서는 "요사이 집값이 심상치 않다"는 말을 했다. 실제 거의 매주마다 1,000만~2,000만원씩 가격이 올랐다.

이씨는 마음이 급해졌고 눈여겨보던 아파트 단지의 호가가 7억원에서 7억 5,000만원까지 오르자 결국 '안되겠다' 싶어 8월 마지막 주에 매매계약을 체결했다. 주택담보대출을 2억 5,000만원 받고 여기에 신용대출 1억원을 더했

어떻게 이런 현상이 벌어졌을까? 2008년 금융위기 이전 부동산 가격 상승기에 집을 산 사람은 금융위기 이후 집값 폭락과 대출 원리금 상환으로 엄청난 어려움을 겪으며 하우스푸어로 전락한다. 그런데 2014년 이후에는 주택가격이 상승하는데 금상첨화로 금리까지 하락한다. 대출상환 부담이 큰 폭으로 낮아지고 집값이 오르니, 하우스푸어는 이제 집 없는 중산층이 부러워하는 벼락부자 반열에 오른 것이다. 결국 하우스푸어와 영끌이는 동전의 양면이다.

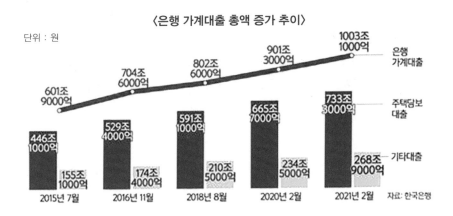

〈은행 가계대출 총액 증가 추이〉

단위 : 원

부동산에 투자하면 돈을 번다는 부동산 불패 신화만을 믿고, 본인의 재정부담 능력보다 무리하게 대출을 일으켜 집을 샀는데, 금리가 오르고 경기상황이 좋지 않아 집값이 떨어지면 하우스푸어가 되는 것이다. 이제 영혼까지 끌어모아 집을 사는 영끌이들은 경제 상황이 바뀌어 금리가 오르고 집값이 떨어지면, 2010년대 하우스푸어들보다도 훨씬 더 어려운 상황에 직면할 수도 있다.

## 2030 영끌 빚투, 우려와 염려

특히 30대의 부동산 영끌 문제가 사회 이슈로 대두되면서 우려가 크다. 2017년 이후 부동산 가격이 상승하는 가운데, 2020년 주택담보대출을 받아 서울의 아파트를 가장 많이 산 세대가 이들 30대다. 30대는 직장을 얼마 다니지 않은 사회초년생으로 자산 대비 부채 비중도 상당히 높다.

한국은행 자료에 따르면, 2021년 2월 기준 은행 가계대출이 1,000조를 넘어서고 있다. 2015년 600조에서 6년 만에 400조가 늘어난 것이다. 저금리 기조에서 빚을 내어 집을 사거나 주식에 투자하는 '영끌 빚투' 열풍이 초래한 수치다. 이중에서는 2017년 집값 폭등 전후해서 막차로 탑승한 2030세대가 38만명으로, 47조원의 빚을 낸 것으로 분석된다.

집값은 경제 사회적 외부요인에 의해서 영향을 많이 받고 수시로 변하는 세계 경제 상황에 의해서 좌우되기 때문에, 언제 어떠한 변수에 의해서 출렁거리는지 알기 어렵다. 만약 어느 날 외환위기나 금융위기처럼 우리가 예상치 못했던 글로벌 경제위기 상황이 불어 닥친다면 가장 치명적인 난관에 부딪히는 것은 영끌 빚투 2030세대일 수밖에 없다.

　최근 한국은행은 2021년 경제성장률 전망치를 4%로 상향했고, 글로벌 신용평가사인 '스탠더드앤푸어스(S&P)'와 '노무라증권연구소'도 우리나라 기준금리가 내년에는 1.25%까지 오를 것으로 내다보고 있다. 따라서 주택담보대출 금리는 오를 수밖에 없으며, 코로나 등으로 많이 풀린 유동자금은 회수될 가능성도 없지 않다. 그러면 2014년부터 상승장이었던 주택시장이 어떻게 요동칠지 대비해야 한다. 정부나 전문가들 사이에서도 '영끌'과 '빚투'에 대해 우려를 나타내며 염려가 크나, 2030세대들이 이를 받아들이지는 않는 것 같다. 그동안 추진했던 정부 정책이 신뢰를 주지 못한 것이다.

## 모파상의 가짜 목걸이

　필자는 하우스푸어, 영끌, 빚투, 벼락거지, 벼락부자 등 부동산과 관련된 사회적 신조어를 접하면서 중학교 때 읽었던 모파상의 명작 '목걸이'가 생각난다. 주인공 마틸드는 가난한 공무원의 아내이다. 장관이 주최하는 무도회에 참석하기 위해 친구에게 화려한 목걸이를 빌려 파티에 참석했다가 목걸이를 잃어버린다. 집을 팔고 빚을 지며 빌린 것과 똑같은 목걸이를 사서 친구에게 되돌려 준다.
　10년 동안 궁핍한 생활을 견디며 빚을 모두 갚고 어느 날 친구를 산

책길에 우연히 만난다. 여전히 아름다운 친구는 심신이 피곤한 상태로 주름진 얼굴과 노쇠한 모습이 역력한 마틸드에게 무슨 사연이 있었느냐고 묻는다. 이때 마틸드는 자신이 목걸이 때문에 얼마나 고생했는지 사연을 말한다. 그런데 친구는 그 목걸이가 가짜였다고 얘기한다. 아! 한번의 실수로 빚을 갚기 위해 다시는 돌아올 수 없는 푸른 청춘 10년을 낭비해 버린, 가짜 목걸이 소설은 우리에게 큰 울림을 준다. 혹여라도 영끌과 빚투가 모파상의 목걸이가 안 되었으면 하는 바람이다.

2030세대는 이제 막 사회에 첫발을 떼기 시작한 미래세대로, 이들의 삶이 머지않아 우리 사회 행복의 지표가 될 것이다. 내 집을 장만해서 안정된 삶의 기반을 마련하고 돈을 버는 것도 중요하지만, 본인의 감당 범위를 넘어선 영끌과 빚투로 주택에 올인하는 것은 상당히 위험하다. 경기변동으로 집값이 하락하거나 금리인상으로 대출 원리금 상환금액이 많아지면 하우스푸어, 아파트 노예로 전락하게 된다. 2030 젊은이들은 인생에 있어서 집 말고도 추구할 가치 있는 것들이 많다. 집에 올인했다가 모파상처럼 허무하게 젊은 청춘이 망가지는 삶은 피해야 한다. 전문가들은 대출을 받더라도 집값의 40% 이상을 절대 넘지 말라고 조언한다.

사진출처 : 서울연구데이터서비스(http://data.si.re.kr)

# 양극화를 심화시키는 부동산

## 소득 불평등

지난 50여 년 동안 엄청난 경제성장에 힘입어 우리나라는 세계 경제대국 10위권에 진입하고 1인당 국민총생산 3만 불을 넘어서고 있다. 그러나 중산층은 줄어들고, 계층 간 양극화는 날로 심화되고 있다. 경제적 양극화는 외환위기를 극복하는 과정에서 2000년부터 본격적으로 일어나기 시작하며, 경제적 불평등은 사회, 문화, 교육, 취업 등 여러 분야로 확대 전파되고 있다.

양극화는 계층 간 사회적 위화감을 조성하고 사회통합에 부정적 영향을 주며 사회발전에 장애가 되고 있다. 이제 경제적 불평등은 급기야 교육기회, 취업기회 등의 불평등한 분배로 인해 계층지위를 '세습화'할 뿐만 아니라, 중산층 소멸로 인한 소비욕구와 구매력을 저하해 경제발전에도 악영향을 주게 된다. 경제적 양극화는 소득격차가 결국은 자산격차로 이어지고, 자산은 임대소득과 양도소득을 가져다주므로, 자산격차는 소득 격차를 더욱 가속한다. 소득격차로 인한 자산격차가 악순환을 반복하며 계층 간 격차는 심화되는 것이다.

정부에서는 최근 몇 년간 '최저임금 인상'과 '소득주도 경제성장'을 외치며 양극화 해소에 노력하고 있다. 그러나 소득격차가 줄어들고 있는가? 2018년 소득이 있는 2,800만 명을 조사한 국세청이 국회에 제출한 자료를 분위별로 28만 명씩 100분위로 나누어 연 소득격차를 분석해 보면 우리 국민의 경제적 양극화가 어느 정도인지 소득불균형 실태를 파악할 수 있다.

최상위인 100분위 소득은 높은 순위로 89분위 소득의 23배이고, 중간 순위 50분위 소득의 71배에 이른다. 한국의 양극화는 이미 2004년에 극에 달했다고 할 수 있다. 당시 〈삼성경제연구소〉에서 발표한 소득 양극화 지수에서도 한국은 미국 다음으로 양극화가 극심한 나라로 나타나고 있다. 한국 다음이 영국, 스웨덴, 일본, 독일, 프랑스 순이다. 2순위 한국이 소득양극화지수가 100이라면 7위인 프랑스는 65다.

한신대 경제학과 강남훈 교수가 2021년 5월 〈기본소득대경포럼〉의 초청으로, '국민기본소득과 정치개혁'이란 특별강연에서 "역사상 불평등이 심했던 모든 제국은 망했다"라고 주장했다. "적게 가지는 걸 두려워하지 말고, 공평하게 가지지 못한 것을 두려워하라. 평등이 가난을 사라지게 하리라"라는 공자 말씀을 인용하

개인소득 분포도. 국세청에서 유승희 국회의원 제공

| 분위 | 소득(백만원) | 분위 | 소득 | 분위 | 소득 |
|------|------|------|------|------|------|
| 0% | 0 | 33% | 10.81 | 67% | 31.84 |
| 1% | 0.06 | 34% | 11.37 | 68% | 32.62 |
| 2% | 0.22 | 35% | 12.45 | 69% | 33.44 |
| 3% | 0.31 | 36% | 13.03 | 70% | 35.15 |
| 4% | 0.42 | 37% | 13.61 | 71% | 36.02 |
| 5% | 0.95 | 38% | 13.69 | 72% | 36.93 |
| 16% | 3.43 | 49% | 19.77 | 83% | 52.13 |
| 17% | 3.72 | 50% | 20.65 | 84% | 53.88 |
| 18% | 4.1 | 51% | 21.13 | 85% | 57.78 |
| 19% | 4.36 | 52% | 21.6 | 86% | 57.89 |
| 20% | 4.88 | 53% | 22.07 | 87% | 59.9 |
| 21% | 5.29 | 54% | 22.57 | 88% | 62.15 |
| 22% | 5.55 | 55% | 23.62 | 89% | 64.59 |
| 31% | 9.93 | 64% | 29 | 98% | 125.21 |
| 32% | 10.25 | 65% | 30.33 | 99% | 154.04 |
| | | 66% | 31.08 | 100% | 1471.32 |

면서, 강 교수는 공자 말씀과 마르크스 경제사상의 핵심은 서로 통한다며, 경제는 휴머니즘에 바탕을 두어야 한다고 강조한다. 지난 압축성장과정에서 효율과 속도에 중점을 두고 국가 전체의 파이를 키우는 데만 골몰한 것이 사실이다. 이제는 성장과 분배가 조화를 이루어, 계층 간 양극화를 완화하고 중산층을 두텁게 키워가는 데 힘을 쏟아야 한다.


## 부동산 가격상승은 부의 양극화를 심화

한국 부자들의 부의 실태를 분석* 해 보면, 최근 몇 년 사이 주택가격 상승이 부의 양극화를 가속했다는 것을 알 수 있다. 지난 10년 사이에 금융자산 10억 원

---

*KB금융 경영연구소가 발간한 『2020 한국 부자 보고서』

이상을 보유한 부자는 2.2배가 늘었다. 2010년 기준 16만 명에서 2020년 35만 4,000명으로, 매년 9.2%씩 늘어난 것이다. 6.8%씩 늘어나는 세계 부자 수 증가 속도보다 빠른 편이다.

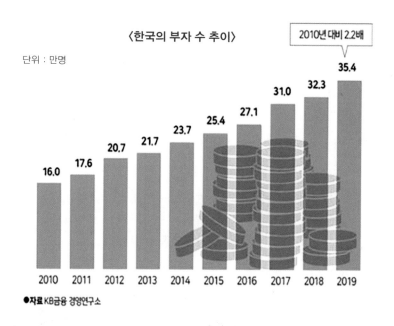

〈한국의 부자 수 추이〉

단위 : 만명

2010년 대비 2.2배

35.4

32.3

31.0

27.1

25.4

23.7

21.7

20.7

17.6

16.0

2010 2011 2012 2013 2014 2015 2016 2017 2018 2019

●자료 KB금융 경영연구소

부자들이 소유한 금융자산은 2,154조원으로, 한국 가계 전체 금융자산 3,760조원 73.2%다. 이들의 자산은 지난 10년 사이에 1.9배가 늘어났으며, 이들은 총 자산의 절반 이상을 부동산에 투자했다. 좀 더 구체적으로 들여다보면 부동산 56.6%, 금융자산 38.6%이고 나머지는 예술품 등이다. 부동산 자산 비중은 2016년 51.4%에서 올해 56.6%까지 최근 5년 새 계속 상승했다. 특히 지난해까지는 매년 0.4~1.0%포인트씩의 완만한 상승률을 보였지만, 올해는 증가폭이 2011년 이후 최대인 3%포인트 가까이 크게 확대됐다. 서울 주택가격이 상승하면서 부자들이 소유한 부동산 가격이 동반상승한 결과로 보고 있다.

대한민국 주택시가 총액은 2019년 말 기준 5천 56조로 GDP 1천919조원의 2.64배다. 국내 집값 시가총액은 2000년 처음으로 1천조원을 넘었고, 2006년에 2천조원을 돌파해서 2010년에 3천조원, 2016년에 4천조원대로 각각 올라섰고, 2019년에 처음으로 5천조원대를 기록했다. 총액 1천조원이 늘어나는 데 불과 3년 걸린 것이다. 집값 시가총액의 국내총생산(GDP) 대비 배율도 역대 가장 높은 수준으로 올랐다. 2017년 2.35배였던 것이 2018년 2.48배로 올랐고, 2019년에 가장 높은 값인 2.64배까지 상승했다. 특히 이 배율이 지난해 급격히 커지면서 부동산으로 인한 부의 불평등이 심화되고 있다는 우려가 커진다. 〈도시연구소〉에 따르면 국내 주택시가 총액을 2020년 말 기준 6,600조원으로 상승할 것으로 추정한다.

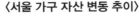

**〈서울 가구 자산 변동 추이〉**

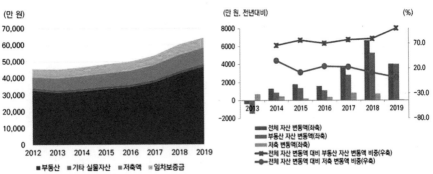

서울가구에서 최근 7년간 자산 변동을 분석해 보면, 저축액이나 기타 실물자산은 거의 변동이 없는데 부동산 가격상승으로 인한 자산 증가가 이루어졌다는

것을 알 수 있다. 서울 가구의 자산에서 부동산이 차지하는 비중은 69~73% 수준으로 2017년 이후 비중이 증가하고 있다.

## 부동산 매매차로 인한 양도소득

부동산 가격상승으로 인한 큰 문제는 주택의 소유와 처분으로 발생하는 양도차익의 편취다. 자본주의 시장에서 소득은 크게 노동소득과 자본소득 그리고 자산소득으로 나눌 수 있는데, 자본주의 발전이 가속화되면서 자본소득이 노동소득을 훨씬 상회하여 자본계층과 노동계층간의 경제적 불평등을 가져왔다. 더 큰 문제는 자산소득 개념인데 자산소득은 임대소득과 자본이득으로 나눌 수 있다. 임대소득은 자산을 임대하여 벌어들이는 임대소득인데 반해, 자본이득은 자산 매각차익의 소득이다.

'불로소득不勞所得'은 일하지 않고 벌어들이는 소득을 말하는데, 대표적인 것이 바로 이 자산소득이다. 단지 부동산을 매입하여 보유했다가 가격이 상승하면 처분하여 이익을 얻는 소득이다. 부동산을 매입·보유·처분하는 과정에서 노동이 전혀 투입되지 않았다고는 할 수 없다. 어떤 부동산을 매입해야 나중에 처분하면 얼마만큼 이익이 생길지 예측하기 위해서 부동산시장분석과 경제전망도 해야 하고, 보유하면서 부동산의 가치가 떨어지지 않게 관리도 해야 한다. 그러나 투입되는 노동력에 비해 부동산의 매입처분으로 생기는 소득은 엄청나다.

## 불로소득(不勞所得, unearned income)

노동의 대가로 얻는 임금이나 보수 이외의 소득을 말한다. 이자, 배당, 임대료 등의 투자 수익, 유가증권이나 부동산 등의 매매 차익 등을 포함하는 재산소득 외에, 상속, 연금, 복지 등을 포함한다. 대표적인 것이 부동산의 매매 차익이라 할 수 있으며, 장기적·동태적인 사회·경제적 여건 변화에 기인하여 개인의 노력과 무관하게 발생하는데도 불구하고 개인이 향유하는 이익이다.

바로 '불로소득'이다. 최근 몇 년간 급속한 부동산 가격 증가에 따라 부동산을 보유하고 있는 사람과 그렇지 않은 사람 간의 부의 격차가 더욱 벌어지는 결과를 초래하고 있다. 단지 부동산을 보유하거나 거래했다는 사실만으로 불로소득을 편취하는 것이다. 국회 기획재정위원회 유승희 의원(더불어민주당)의 2019년 국정감사자료에 의하면, 2017년 부동산 양도차액으로 인한 소득이 한 해 84조8천억원에 이르며, 분위별로 상위 10%가 양도차액의 63%를 차지하는 것으로 나타난다. 다주택자가 여러 건의 부동산을 거래했을 경우 양도차익이 한 명에게 더집중된다는 점을 고려하면, 부동산 양도소득이 극심한 양극화 현상을 초래한다.

### 〈부동산 양도차익 분위별 현황〉

양도차익 및 금융소득현황('17)

13.8조 원 (10.2%)
19.6조 원 (14.4%)
84.8조 원 (62.5%)
17.4조 원 (12.8%)

■ 부동산 양도차익   ■ 주식 양도차익
■ 배당소득   ■ 이자소득

부동산 양도차익 분위별 구성('17)

8.1%
14.4%
63.4% (상위 1% : 22.8%)

■ 1분위   ■ 2분위   ■ 3분위   ■ 4분위   ■ 5분위
■ 6분위   ■ 7분위   ■ 8분위   ■ 9분위   ■ 10분위

✔ 부동산 양도차익 등의 과도한 사유화를 방지하고,

✔ 국민에게 환원할 수 있는 시스템을 구축함으로써

✔ 공정한 기회가 보장되는 자본주의를 지향*

*일하는 사람이 존중받는 경제시스템 구축, 자산기반 불평등 구조 개혁, 미래세대에 대한 불공정 기회 세습 억제

또 다른 자료를 살펴보자. 서울대 지리학과 김용창 교수가 국세청의 양도차익 과세자료를 사용해서 분석한 내용에 따르면, 불로소득인 양도차익은 2006년 75조 2천억원에서 2018년에는 1.9배가 증가한 142조 8천억원으로 매년 증가하고 있다. 이 실현된 불로소득 가운데 가장 큰 비중을 차지하는 자산은 토지, 건물, 부동산 권리로 구성된 부동산 자산이며, 2006년에는 67조 6천억원에서 2018년 118조원으로 크게 증가했다.

## 자산소득 〉 자본소득 〉 노동소득

서울시 2020년 순계예산이 35조인데, 단지 부동산의 소유 처분으로 인해 발생하는 불로소득이 서울시 1년 예산의 3~4배에 이른다는 사실은 많은 노동자를 절망케 한다. 누구는 최소임금이나마 벌려고 밤낮으로 피땀 흘려 일하고, 누구는 땅으로 가만히 앉아서 엄청난 이득을 취한다면, 이것이 과연 정의롭고 공정한 사회라 할 수 있는 것인가라는 의문이 들게 마련이다. 자본주의 시장경제는 부동산 소유권을 보장하고 부동산의 자유로운 매매와 임대를 보장한다지만, 소유와 매매, 임대로 인해 발생하는 불로소득 대부분을 부동산 시장의 참여자들만 편취하는 것은 문제가 있다.

또한 김 교수는 "자본과 기업소득의 원천이 생산자본의 활동에 기초한 이윤보다는 자산기반 부와 자산화 성장에 근거할수록 자본주의 본질을 벗어나게 된다. 이러한 지대추구 자본주의는 자본주의의 퇴행적 형태로 간주된다. 부동산 기반 불로소득을 중심으로 하는 지대자본주의 체제를 억제하지 못한다면 한국 자본주의는 그 지속가능성을 보장받을 수 없을 것이다"라고 강조한다. 이어서 김 교수는 신자유주의 정책은 민간 임대사업자를 촉진하고 이것은 결국 주거 불평등을 초래한다고 신랄하게 비판하고 있다.

자본소득이 노동소득을 능가하는 자본주의가 계층 간의 양극화를 촉진한다면, 부동산이라는 자산을 이용한 불로소득의 증가는 계층 간의 양극화를 더욱 가속할 뿐만 아니라 자본주의 본질까지도 위협하는 것이다. 자산을 이용한 불로소득은 부의 양극화를 낳고, 부의 양극화는 불로소득의 양극화를 더욱 촉진한다. 종국에는 자본주의 시장경제 체제까지 망가트리는 것이다. 이것은 계층 간 박탈감, 소외감, 위화감으로 이어져 공동체의 존립을 위협할 수 있다.

부동산 가격상승을 바라보면서 단지 현상만 볼 것이 아니라, 부동산 가격 폭등이 초래하고 있는 본질은 무엇인지를 정확하게 직시할 필요가 있다. 부동산 가격 폭등은 당장은 우리의 삶의 소중한 보금자리인 주택시장을 불안하게 할 뿐 아니라, 더 깊게 들여다보면 우리의 공동체를 망가트리는 양극화의 주범이 될 수 있다는 것을 깨달아야 한다. 젊은이들에게는 일할 이유를 잃어버리는 것이다. 중산층에게는 소외감을 느끼게 한다. '땀'이 아닌 '땅'으로 양극화는 더욱 심화될 것이다. 땅을 가진 자와 땀을 흘리는 자로 양분되는 사회, 이건 비극이다. 하나의 공동체가 될 수 없으며 지속 가능한 사회가 될 수 없다.

그러나 아쉽게도 신문이나 방송, 유튜브, 포탈 등 언론에는 부동산 가격 폭등이 가져오는 부의 양극화에 대해서는 크게 논의되거나 표출되는 것을 보지 못했다. 막연하게 누구는 얼마 벌었을 것이라고 짐작할 뿐이다.

## 언론 인터뷰

### 서울시 주거정책 이끈 진희선 前 부시장

(서울신문 인터뷰. 2021.1.13.)

> 2018년 부동산 불로소득 세후 118조원
>
> 서울시 전체 예산 35조원보다 3배 많아
>
> 대폭 환수 통해 공공주택 재원 확보해야
>
> 을지로 5·6가 넘어가면 밀도 낮고 노후
>
> 용적률 파격적으로 올려 주택 공급 가능

진희선 전 서울시 부시장이 13일 연세대 집무실에서 가진 서울신문과의 인터뷰에서 부동산 매매에 따른 불로소득을 대폭 환수해 공공주택 재원으로 활용해야 한다고 강조하고 있다.

▲ 진희선 전 서울시 부시장이 13일 연세대 집무실에서 가진 서울신문과의 인

터뷰에서 부동산 매매에 따른 불로소득을 대폭 환수해 공공주택 재원으로 활용해야 한다고 강조하고 있다.

"2018년 부동산 불로소득이 세후 118조원입니다. 지난해 서울시 전체 예산(35조원)보다 3배 이상 많은 겁니다. 재산세, 종합부동산세, 양도세 등으로 환수하고 있지만 불로소득 규모에 비해 턱없이 적은 거죠. 불로소득의 상당 부분을 공공이 환수해야 합니다."

서울시에서 도시계획·주택정책을 총괄했던 진희선 전 부시장은 13일 '부동산 불로소득 대폭 환수론'을 주장했다. 현재 재산세·종부세·양도세로는 부족한 만큼 다주택자와 고가 주택자의 부동산 처분에 따른 불로소득 환수액을 새로 책정해 공공이 환수해야 한다는 취지다. 진 전 부시장은 "누군가는 최저임금이나마 벌기 위해 밤낮으로 땀을 흘리는데, 누군가는 부동산으로 쉽게 돈을 번다"며 "환수한 불로소득을 공공주택 공급 재원으로 활용한다면 국민들도 동의해 줄 것"이라고 말했다.

진 전 부시장은 32년간 서울시 주거 정책을 담당한 도시계획·주택·건축 전문가다. 1987년 기술고등고시에 합격해 이듬해 서울시에서 공직생활을 시작했다. 주거정비과장과 주택건축국장, 도시재생본부장을 거쳐 행정2부시장에 올랐다. 지난해 6월 퇴직 후 모교인 연세대에 특임교수(도시공학과)로 부임했다. 지난해 2학기 첫 강의 땐 '도시재생과 정책'을 가르쳤고 올 1학기에는 '대도시 이슈와 현안 과제'를 강의한다. 그는 "현장에서 쌓은 경험들을 살려 사회적 현안이 될 만한 것들을 발굴해 가르치고 싶다"며 "학생들이 쉽게 접할 수 없는 것들을 가르쳐야 도움도 되고 자극도 된다"고 말했다.

진 전 부시장은 현재 당정이 논의 중인 도심주택 공급과 관련해 아이디어를 내 놨다. 그는 "서울시에 있을 때 사업성이 안 나오거나 주민 갈등으로 정비사업에서 해제된 재개발 지역이 여럿 있었다. 지금은 부동산 가격이 올라 사업성이 있을 것 으로 본다. 이런 지역을 재개발하면 새집 공급에 보탬이 된다. 을지로 5·6가를 넘어가면 밀도도 낮고 노후 불량한 곳이 많은데, 이런 지역도 용적률을 파격적으 로 올려 주택을 공급할 수 있다"고 설명했다. 주택시장 불안을 잠재우기 위해선 '맞춤형 주거대책'도 필요하다고 지적했다. 진 전 부시장은 "청년과 사회초년생에 겐 역세권 주택을, 신혼부부처럼 내 집 마련을 하고 싶은 사람들에겐 저가 분양 주택을 공급해야 한다"며 "중산층은 자녀가 성장함에 따라 큰 집을 선호하기 때 문에 규모가 어느 정도 되는 주택을 공급해야 한다"고 주장했다.

진 전 부시장은 요즘 부동산 관련 책을 집필하고 있다. 집값이 얼마나 올랐는 지, 정부와 다른 기관의 집값 통계는 왜 다른지 등 국민이 관심을 갖는 부동산 쟁점들을 체계적으로 정리하고 있다. 그는 "TV를 보면 전문가가 나와 한마디씩 하는데, 좋은 정보를 제공하는 건지 회의가 들었다. 어떤 사람은 집값이 떨어지 는 근거만 대고, 어떤 사람은 정반대로 집값이 오르는 정보만 댄다. 객관적인 자 료들을 분석해 국민에게 제대로 된 정보를 알리고 싶다"고 말했다.

# 세금으로 집값 잡을 수 있나?

## 부동산 조세제도의 선진화

대한민국에서 가장 뜨거운 이슈 중 하나가 부동산 관련 세제 논쟁일 것이다. 부동산 가격 상승 원인의 하나로 낮은 보유세를 지목하고 부동산 매매 차익으로 발생하는 불로소득을 공공이 환수해야 한다고 주장한다. 또 다른 한편에서는 집값이 올랐다고 보유세를 올리는 것은 미실현 소득에 대한 세금부과로 '소득 있는 곳에 세금을 부과한다'라는 세제 원칙에 어긋나는 것이라 강조한다. 부동산 관련 현행 세제는 가격 상승의 원인이며 부동산 가격을 잡는 수단으로 세제개편을 이야기한다.

부동산 조세는 3단계로 나누어 부과된다. 거래단계에서 취득세, 보유단계에서 재산세와 종합부동산세, 이전단계에서 양도소득세를 부과한다. 취득세와 재산세는 지방세고, 종합부동산세(종부세)와 양도소득세는 국세다. 조세제도는 사회적 경제적 여건을 반영하여 오랜 기간에 걸쳐 형성된 것으로, 우리나라의 부동산 세제는 개발시대를 거치며, 취득단계와 이전단계인 소유권이 생성되는 접점에 세금부담이 크다. 그러나 일단 한번 보유하면 지속되는 보유세에 대해서는 상대적으로 세금부담이 다른 재화(예를 들어 자동차 보유세 등)에 비해 관대하다.

집을 취득하는 단계에서는 목돈을 준비하기 때문에 취득세 세금부담이 다소 높더라도 체감도는 낮다. 그리고 집을 산다는 것은 일생에 몇 번 되지 않는다. 그러나 매년 반복해서 내야 하는 보유세는 생활비 일부를 지출해야 해서 비록 세율이 낮아도 체감도는 상대적으로 높다. 정부입장에서는 개발시대를 거치며 주택공급이 매년 수십만 가구씩 이루어지는 상황에서 조세저항이 적은 취득세에 높은 세율을 적용하는 것이 더 용이했을 것이다.

부동산 세제에 관한 이슈를 명확히 드러내기 위해 사회적 논란이 많은 보유세인 재산세와 종부세, 그리고 거래세인 취득세와 양도소득세에 대해 단순화하여 간단한 예시를 들어 살펴보기로 하자.

## 재산세

재산세 부과 방법은 공시가격 공정시장가액비율 세율을 적용한다. 여기서 공정시장가액이란 과세표준을 정할 때 공시가격의 비율을 할인해 주는 것으로, 부동산의 동향과 재정여건 등을 고려하여 정하는데 2017년까지는 그 비율이 주택은 60%, 일반토지는 70%였다. 2017년까지는 공시가격이 시세의 65% 수준이었고, 과표 기준 3억원 초과는 세율이 0.4%다. 3억 초과하는 재산세율은 57만원+3억 초과금액의 0.4%이지만 산식을 단순화하기 위해서 0.4%로 계산한다. 따라서 10억짜리 아파트의 재산세는 10억(시세)×0.65(공시가격률)×0.6(공정시장가액비율)×0.004(재산세율)=156만원으로 계산된다. 실효세율 0.156%였다. 3,500cc 자동차의 1년 보유세가 100만 원인 것과 비교하면, 10억짜리 아파트의 보유세 156만원은 비싼 것인가? 싼 것인가?

2018년 '9.13 부동산 안정화 대책'으로 조세정의 구현차원에서 공시지가의 단계적 현실화 방안이 발표되었다. 2030년까지 공시가격 현실화율을 90%까지 끌어올리겠다는 계획이다. 이에 따라 2021년 공동주택 현실화율 70% 수준으로 가정하여 계산하자. 공정시장가액비율도 2020년에 90%, 2021년에 95%, 2022년에 100%로 상승한다. 재산세율은 1가구 1주택일 경우 여전히 0.4%다.

그러면 2021년 10억 아파트의 재산세는 10억(시세)×0.70(공시가격률)×0.95(시장공정가액률)×0.004(재산세율)=266만원이다. 실효세율 0.266%로, 2017년에 비해 110만원이 증가해 70.5%의 상승률을 보였다. 부동산 과열을 진정시키고 투기수요를 막기 위해 조세정의구현 차원에서 시행한 결과, 10억짜리 아파트의 보유세가 실효세율 0.266%다. 110만원 재산세가 올랐다고 해서 투기수요를 막을 수 있을까?

재산세금비교

| 아파트시세 | 10억 (2017년) | 10억 (2021년) | 20억 (2021년) |
|---|---|---|---|
| 재산세 | 156만원 | 266만원 | 532만원 |
| 종부세 | 21만원 | 0 | 675만원 |
| 보유세 (재산세+종부세) | 177만원 | 266만원 | 1,207만원 |

　강남의 E아파트는 지난 4년 사이에 두 배가 올랐다. 10억 아파트가 20억이 된 것이다. 이 경우 재산세는 얼마나 될까? 20억(시세)×0.70(공시가격률)×0.95(공정시장가액비율)×0.004(재산세율)=532만원이다. 지난 4년 사이에 아파트 시세는 10억에서 20억으로 2배 올랐는데, 재산세는 156만원에서 532만원으로 376만원이 올라 3.4배 증가했다. **3.4배** 올랐으니 많이 오른 것인가? 매우 단선적으로 계산하면, **10억이면 매년 376만원을 265년간 낼 수 있는 돈**이다. 경실련 등 시민사회단체에서 더욱 강력한 보유세 인상이 필요하다고 주장한 이유다. 그런데 일부 언론에서는 실현되지 않는 소득에 3.4배나 되는 재산세 폭탄을 때렸다고 톱기사로 뽑는다. 어떤 주장이 옳은 것인지 독자들이 판단하기를 바란다.

## 종합부동산세

　종합부동산세는 부동산 보유에 대한 조세 부담의 형평성을 제고하고, 부동산의 가격 안정을 도모하기 위하여 고액의 부동산 보유자에게 부과하는 세금이다.

　부동산 투기수요를 억제해서 부동산 가격을 안정시키기 위한 목적으로 2005

년에 도입했다. 종부세는 투기수요 억제와 부동산 시장 안정에 목적을 둔 세제였기 때문에 집값 상승과 하락 등 경기변동에 따라 부침이 있었다.

종부세의 실효성은 전문가뿐만 아니라, 여당과 야당 사이에 정치적 논쟁이 가장 많았던 세제다. 종부세는 과세산출방법이 재산세보다 매우 복잡하다. 그동안 언론이나 정부에서 발표한 예시된 금액으로 대체한다.

최근 더불어민주당이 당론으로 종부세 기준을 상위 2%로 확정함에 따라 과세 대상 기준이 9억에서 11억 선으로 상향될 것으로 보인다. 따라서 1가구 1주택의 경우 고가주택이 아닌 경우라면 큰 부담이 안 될 것으로 보인다. 20억원 주택의 경우 1주택자는 2020년 479만 2천원의 종부세를 납부했고, 2021년에는 675만 1천원으로 195만 9천원의 세 부담 증가가 예상되었으나, 과세 기준금액을 11억으로 낮추면 세 부담 증가는 미미할 것으로 보인다.

다시 예시로 가보자. 2017년 10억 하던 E아파트가 2021년에 20억이 됐을 경우, 보유세 부담이 얼마나 증가하는지 살펴보자. 2017년 10억 재산세는 156만원, 종부세는 21만원으로 총 177만원의 보유세를 납부하면 된다. 2021년 20억 아파트의 재산세 532만원, 종부세 675만원으로 총 보유세는 1,207만원이다. 20억원의 실효세율 0.65%다. 2017년 10억이던 아파트가 4년 만에 10억이 올라 20억짜리 아파트가 되었을 때 보유세는 1,030만원이 올랐다. 이 아파트는 **6.8배**의 보유세가 올라 세금 폭탄을 맞은 것이다. 참고로 아파트 가격이 상승한 10억은 오른 **세금 1천만원을 100년 동안** 낼 수 있는 금액이다. 재앙인지 축복인지는 독자들의 판단에 맡긴다. 다만, 이러한 세제 시스템으로 투기수요를 차단하고 부동산 시장 안정화가 될지 의문이다.

종부세 인상율

| 시가 (다주택자 기준) | 과표 | 2주택 이하 (조정대상지역 2주택 제외, %) | | 3주택 이상 (+ 조정대상지역 2주택,%) | | |
|---|---|---|---|---|---|---|
| | | 현행 | 12.16 | 현행 | 12.16 | 개정 |
| 8~12.2억 | 3억 이하 | 0.5 | 0.6 | 0.6 | 0.8 | 1.2 |
| 12.2~15.4억 | 3~6억 | 0.7 | 0.8 | 0.9 | 1.2 | 1.6 |
| 15.4~23.3억 | 6~12억 | 1 | 1.2 | 1.3 | 1.6 | 2.2 |
| 23.3~69억 | 12~50억 | 1.4 | 1.6 | 1.8 | 2 | 3.6 |
| 69~123.5억 | 50~94억 | 2 | 2.2 | 2.5 | 3 | 5 |
| 123.5억 초과 | 94억 초과 | 2.7 | 3 | 3.2 | 4 | 6 |

※ 공시가격 현실화율 75~85%, 공정시장가액비율 95%를 적용했을 경우

# 양도소득세

양도소득세란 재산을 양도하며 발생하는 차익에 대해 부과하는 세금이다. 부동산 매매로 인해 생기는 이득은 부동산을 처분함으로써 발생하는 금액에서 당초 매입했던 금액을 감하면 발생하는 차액이다. 이 중에서 매매시 부수적으로 발생하는 취득세, 경비, 수수료 등을 제외하면 양도소득이 되는데 여기에 부과하는 것이다. 부동산 가격 상승기에 실현된 소득에 대해서 세금을 부과하기 때문에, 보유세와 달리 양도소득세에 대해서는 별다른 법률적 논쟁은 없다.

다만, 보유 주택가구수에 따라 어느 정도를 부과하는 것이 법적 실효성을 거두느냐가 쟁점이다. 부동산 양도 차액으로 발생하는 소득은 땀 흘려 일하여 얻는 근로소득과 달리 불로소득으로 취급한다. 노동하지 않고 자산을 보유 처분함으로써 얻는 자산소득인 것이다. 농경시대의 소작료처럼, 소유한 자산을 임대하여

얻는 소득도 불로소득인 자산소득이다. 앞서 지공주의와 토지공개념에서 논한 것처럼, 땀 흘려 일하지 않고 자산의 임대와 처분으로 얻어지는 자산소득은 불로소득이므로, 상당량을 공공에서 환수해야 한다는 주장이 강하다. 헨리 조지는 "토지로부터의 경제적 지대는 개인이 갖기보다는 사회 전체가 나누어 가져야 한다"고 주장한다. 각 나라마다 사회경제적 여건과 역사적 배경이 다르므로, 어느 정도를 공공이 환수해서 사회 전체를 위해 사용하느냐에 대해서는 사회적 공감대를 거쳐 법으로 정하는 것이다.

정부는 2020년 7월 10일에 투기수요를 차단하고 서민과 실수요자 불안을 해소할 수 있도록, 단기거래 세제 강화방안을 발표했다. 2021년 이후 양도분부터 1년 미만 보유 주택에 대한 양도세율을 40%에서 70%로 인상하고, 1년 이상 2년 미만 보유 주택의 양도세율은 현행 기본세율(과세표준 구간별 6~42%)에서 60%로 인상하기로 했다. 또 다주택자가 조정대상지역 내 주택을 양도할 경우 2주택자는 20%포인트, 3주택 이상인 자는 30%포인트의 양도세를 각각 중과한다. 다만 종부세와 양도세를 동시에 인상하면 다주택자의 주택처분을 막을 수 있다는 비판이 제기됨에 따라, 해당 양도세 강화방안을 종합부동산세 부과일인 2021년 6월 1일까지 시행을 유예하기로 했다.

정부의 양도세 강화방안은 부동산의 처분으로 인한 불로소득의 상당 부분을 공공이 환수하겠다는 의지와 더불어, 다주택자들이 보유하고 있는 주택이 시장 매물로 나오도록 활로를 열어 준 것이라 할 수 있다. 그러나 양도세 유예기간 동안 다주택자들이 상당수의 주택처분을 했다는 소식은 들리지 않는다. 결국, 현행 세제 시스템에서는 다주택자들이 판단하기에는 보유세를 부담하는 것이 주택처분으로 발생하는 양도세를 납부하는 것보다 경제적으로 이득이란 것이다. 또한 선거 때만 되면 온갖 선거 공약이 난무하듯이, 2022년에 정권이 바뀌면 보유세나 양도세 등 세금 부담이 적어질 것이라는 기대감도 한몫 하는 것 같다.

앞서 예시의 연장선상에서 논의하면, 2017년에 10억에 아파트 2채를 매입한 사람이 2021년에 시세가 20억으로 오른 상황에서 아파트 한 채를 20억에 팔고 양도소득세를 납부하는 것이 더 경제적인지, 아니면 아파트 2채를 계속 보유하되 한 채는 월세를 놓아 그 임대료 일부를 사용해서 보유세를 납부하고 앞날의 상황 변화를 기다리는 것이 더 나은지 계산해 보면 답이 나온다.

20억 아파트를 월세로 놓으면 수익률 3%로 했을 때 연 6천만원, 4%로 하면 연 8천만원을 임대수익으로 얻을 수 있다. 이 금액으로 20억짜리 보유세는 충분히 감당하고도 남을 것이다. 그런데 10억에 매입한 아파트를 20억에 팔면 종부세 유예기간 전이라도 매매 차액인 10억의 절반인 5억 정도는 양도소득세로 내야 한다.

현재 20억짜리 아파트 가격이 지속되거나 앞으로 더 오를지 아니면 내리막길을 걸을지는 모른다. 더 오른다면 당연히 팔지 않을 것이고, 내린다면 얼마만큼 내릴지에 따라 선택이 달라질 수도 있다. 인간은 가장 경제적인 동물이다. 본인에게 경제적으로 이익이 되는 최고의 방법을 강구할 것이다. 독자가 그 사람 입장이라면 어떤 선택을 하겠는가?

# 취득세

부동산 세제 관련해서 취득세는 큰 논쟁거리는 아니다. 다만, 2020년 7·10 대책에서는 기존 주택을 보유한 사람이 추가로 주택을 구매할 때 세율을 대폭 인상하여 집값 상승세를 이용한 갭투자 투기수요 차단을 강조한 것이라 할 수 있다.

취득세율 인상(안)

| 현재 | | | 개정 | | |
|---|---|---|---|---|---|
| 개인 | 1주택 | 주택 가액에 따라 1~3% | 개인 | 1주택 | 주택 가액에 따라 1~3% |
| | 2주택 | | | 2주택 | 8% |
| | 3주택 | | | 3주택 | |
| | 4주택 이상 | 4% | | 4주택 이상 | 12% |
| 법인 | | 주택 가액에 따라 1~3% | 법인 | | |

부동산 관련 세금에 대해서는 전문가들과 언론에서 많은 논쟁거리를 제공하지만, 그 논쟁의 옳고 그름과 세금액의 많고 적음을 체감하기 쉽지 않다. 위 예시는 부동산 관련 보유세와 거래세를 단순하게 도식화해서 금액으로 제시해 독자들의 체감도를 높여 보자는 의도에서 서술한 것으로 실제 부과되는 세금과는 다소 차이가 날 수 있다.

# 선진 주요국 조세제도

이번에는 부동산 관련 선진국 사례를 분석하면서 우리에게 시사하는 바를 찾아보자. 선진국도 우리나라와 유사하게 글로벌 금융위기 충격으로 주택가격이 하락과 반등, 그리고 상승기를 거쳐 최근에는 조정기에 들어서 있다. 부동산 조세는 나라마다 사회경제적 여건이 다르고 역사적 환경이 상이함으로 단순 비교는 부적절하지만, 거래세와 보유세 비중 등 세제가 경제 및 주택시장에 미치는 영향을 분석하는 것은 의미 있는 일이라 하겠다.

선진 주요국의 부동산 조세제도는 〈국토연구원〉에서 발행한 '국토정책 Brief' (20.4.6)와 〈한국은행〉 보도자료 '주요국 부동산 세제 비교'(2005.9.15.)를 참고하여 정리했다.

## 미국 조세제도

미국은 취득단계에서 취득세에 해당하는 거래세Transfer Tax, 보유단계에서 재산세Property Tax와 임대소득세Rental Income Tax, 매매단계에서 양도소득세에 해당하는 자본이득세Capital Gain Tax를 부과한다. 미국은 기본적으로 연방국이기 때문에 세제의 구체적인 항목과 세율을 일률적으로 설명하기가 어렵지만, 세제 체계는 우리나라와 유사하다.

거래세와 재산세는 지방정부세이고, 임대소득세 자본이득세는 연방정부 몫이다. 지방정부에 따라 다르지만, 거래세는 주 정부세 몫으로 대체로 5% 이하로 낮지만, 재산세는 주별, 카운티별로 부담 기준이 다르나 실효세율 평균 1.05%며, 주별로 가장 낮은 곳은 하와이(0.3%), 가장 높은 곳은 뉴저지(2.13%)다. 임대소득세는 연방소득세에 합산한 총소득 기준으로 부과하며, 고소득자일수록 가중치가 붙어 높은 세율이 적용된다. 자본이득세는 1년 미만은 일반소득과 합산하여 10~37% 적용하고, 1년 이상 장기보유 양도차익은 20% 이하에서 결정한다.

## 영국 조세제도 🇬🇧

취득단계에서 취득세<sub>Stamp Duty Land Tax</sub>, 보유단계에서 지자체세<sub>Council Tax</sub>, 매매단계에서 양도소득세<sub>Capital Gains Tax</sub>를 부과한다. 취득세는 12만5천 파운드(2%)에서 150만 파운드(12%)까지 금액에 따라 누진적용한다. 다주택자는 여기에 3% 추가세율을 적용한다. 보유세에 해당하는 지자체세는 각 지방의회가 결정하는데, 평균 1.1%이며 평가등급에 따라 3배까지 차이가 난다.

양도소득세는 일반소득세 과세표준과 연동되어 고소득자일수록 양도세를 많이 부과하며, 양도세 비과세 요건이 엄격하다. 양도소득세는 일반소득세가 기본세율(20%)인 경우는 18%, 고세율(40%)인 경우는 28%의 양도세율을 적용한다.

## 프랑스 조세제도 🇫🇷

취득단계에서 등록세, 보유단계에서 부동산세와 부동산부유세, 매매단계에서 양도소득세를 부과한다.

등록세는 주(데파르트망)별로 부동산 가액의 5.09~5.8% 수준의 세율을 적용한다. 과세표준은 건물이 있는 경우 임대가치에 기초한 토지대장가액의 50%, 나대지는 토지대장가액의 80% 수준으로 설정하고, 세율은 전년도 전국 평균 세율의 2.5배를 넘지 않는 수준에서 결정한다.

프랑스의 독특한 조세제도는 2018년 도입된 부동산부유세다. 부동산부유세는 기존 부유세의 과세대상 중 금융자산 등의 동산을 제외한 부동산만을 과세대상으로 하며, 순자산 130만 유로(한화 17억 상당)를 초과하는 개인에 대해 누진세율을 적용한다. 양도소득세는 양도차익에 대해 19%의 단일 세율을 적용하고 있으며, 사회보장세 17%가 추가 부가되어 실질적으로 총 36%의 세율이 적용된다. 양도 자본이익이 5만 유로 이상일 경우 자본이익의 2~6% 추가 과세 된다.

## 싱가포르 조세제도

취득단계에서 취득세, 보유단계에서 재산세, 매매단계에서 양도소득세 등을 부과한다. 취득세는 취득가격과 시장가격 중 높은 금액에 초과누진세율 1~4%를 부과한다. 부동산 시장의 과열을 막기 위해 다주택자에게 추가 취득세를 도입하여 개인은 12~15%, 법인은 20~30%를 추가 부과한다.

재산세는 임대 시 얻을 수 있는 연간 가치에 대해 세율을 곱하여 주택 소유자에게 매년 부과하고 거주자와 비거주자를 구분하여 초과누진세율을 적용한다. 싱가포르의 재산세 산정방식은 독특하며 나름 합리적이라는 생각이 든다. 양도세는 양도가액 또는 시장가격 중 높은 가격에 대해 누진세율로 과세하고 있으며, 보유기간에 따라 누진세율로 차등 과세한다.

## 일본 조세제도

일본 부동산 보유세는 지방세로, 세율은 1.4%, 과표는 3년마다 재평가하되 가격변동 폭이 클 때는 매년 조정하며 시세의 70% 정도를 반영한다. 일본 버블시기인 1992년에 부동산 급등을 억제하기 위해 지가세를 국세로 도입했으나, 버블 붕괴로 부동산이 급락하자 1998년에 지가세를 중단했다. 지가세는 토지에 대해서만 부과했으며, 세율은 0.15%로 과세표준은 원칙적으로 시가를 반영했다.

## 선진국 조세제도의 시사점

선진국가의 조세제도를 살펴보면 몇 가지 시사하는 바가 있다.

미국 주택임대소득세, 프랑스 부동산부유세 부과

첫째, 우리 조세체계는 선진국들과 유사하게 부동산 취득단계, 보유단계, 처분단계의 3단계로 나누어서 세금을 부과하고 있다. 특이한 점은 미국은 **주택 임대소득세**를 확실하게 챙기고 있고, 프랑스는 **부동산부유세**를 따로 부과하고 있다는 것이다.

우리나라도 2021년 6월 1일부터 시행되는 주택임대차 신고제에 따라 주택임대소득세제가 시작되는 단계에서 미국의 주택임대소득제도는 참고가 될 것이다. 우리나라 종합부동산세를 프랑스 부동산부유세와 같이 상위 고소득계층에게 부과되는 부유세적 성격으로 볼 것이냐 아니냐에 대해서는 의견이 분분할 수 있다. 그런데 지난 6월 더불어민주당에서 종부세 대상을 상위 2%로 확정한 것은 부유세적 성격으로 판단했다는 근거가 될 것 같다. 필자는 우리나라는 재산세율이 상대적으로 낮아서, 고가 부동산에 대해서는 종부세를 적용, 추가 부담율을 높이는 보유세 성격이 강하다고 생각한다.

### 선진국 보유세와 거래세 비중 9:1, 한국 2:8

둘째, 총 부동산세금(양도세 제외)의 GDP 대비 비율은 한국이 2.4%로, 영국 3.8%, 미국 2.9%보다는 낮으나, 일본 2.2%에 비해서는 높다. 보유세와 거래세 비중은 선진국이 9:1인 데 비해, 한국은 2:8로 거래세 비중이 절대적으로 높게 나타나고 있다. GDP 대비 부동산 보유세 비중은 한국이 0.6%로, 영국 3.3%, 미국 2.8%, 일본 2.1%에 비해 상당히 낮은 수준이다.[*]

다음 자료는 15년 전 자료라서 신뢰성이 다소 떨어질 수 있으나, 국가의 조세제도는 보수적으로 운용하는 제도라서 지금 시점에서 참고자료로 활용하면 좋을 듯하다.

주요국의 GDP 대비 부동산 보유세 및 거래세 비율 (2003년 기준, %)

|  | 한국 | 미국 | 영국 | 일본 |
|---|---|---|---|---|
| 보유세(A) | 0.6 | 2.8 | 3.3 | 2.1 |
| 거래세(B) | 1.9 | 0.1 | 0.5 | 0.1 |
| 소계(A+B) | 2.4 | 2.9 | 3.8 | 2.2 |
| 보유세 비중 [A/(A+B)] | 23.4 | 98.3 | 88.5 | 95.2 |

※ 자료 : Revenue Statistics(OECD, 2005.2)

[*]한국은행 보도자료 2005.9.15.

그런데 우리나라 부동산세금은 주요 선진국보다 많다는 자료가 나왔다.

2021년 6월 15일 국민의 힘 〈부동산 공시가격검증센터〉의 센터장인 유경준 의원에 따르면 "2018년 부동산 관련 총 세금(보유세·자산거래세·상속세·증여세·양도소득세 등 부동산 관련 세금)의 합계가 명목 국내총생산(GDP)의 4.05%에 달한다. 이는 OECD 38개 회원국 평균인 1.96%의 두 배가 넘는 규모다. OECD 회원국 중 GDP 대비 부동산 세금의 비율이 한국보다 높은 나라는 영국(4.48%)과 프랑스(4.43%) 두 나라에 불과했고, 미국은 3.97%로 우리나라보다 한 계단 낮은 4위에 머물렀다"라고 주장했다.

이는 그동안 우리가 주요 선진국의 세제에 대해 인식하고 있는 내용과 배치되는 것으로 향후 전문가들의 정확한 자료 조사가 요구된다. 사실 각국의 조세정책이 다르고, 자료의 시차도 있으며, 취득세, 보유세, 매매세 등 과표기준이 다양해서 시세의 몇 프로가 과세 되는지 위 자료만 가지고 판단하기 쉽지 않다.

그런데 유경준 의원 자료에 따르면, 한국은 2018년 기준 보유세 0.82%로 OECD 평균 1.07%보다 낮게 나타났다. 다만, 세금부과율이 올라가면 2020년에는 1.20%로 추정했다. 유경준 의원 자료에 따르더라도, 다른 OECD 국가들보다 우리나라의 보유세는 낮고, 거래세는 높다는 것을 알 수 있다.

셋째, 선진 주요국들은 주택시장 안정을 위해 부동산 조세제도를 활용하고 있다는 것을 알 수 있다. 영국에서는 취득세 및 양도소득세를 부동산 안정 정책 수단으로 활용하고 있고, 싱가포르에서는 추가 취득세를 도입한 이후 세율 상승을 통해 주택가격 안정화를 도모하고 있다. 프랑스에서는 기존 부유세를 없애고 부동산부유세를 신설해서 부동산 가격 상승에 대처하고 있다.

## 선진적 세금 제도로 개편이 필요한 시기

부동산 가격 상승기에는 투기수요 억제와 불로소득 환수, 그리고 부동산 안정을 위해 정부가 가장 신속하게 효과적으로 대응할 수 있는 정책이 바로 조세제도다. 주택공급은 5~10년이라는 장시간이 소요되기 때문에 정부가 발표하고 나서 차기, 차차기 정부에서 효과가 날 수 있어 주택시장에 미치는 단기간의 영향은 미미하다. 그에 반해, 세제는 부동산 시장에 당장 직접적으로 강력한 영향을 준다. 그래서 그만큼 기득권자들은 정부의 조세정책에 거부감도 강하다. 또한 잘못된 시그널을 줄 때 부작용도 만만치 않다.

지금이야말로 늘 유동적으로 움직이는 부동산 상승과 하락기를 고려하여, 조세제도를 근본적으로 손볼 시기다. 그중 하나가 높은 거래세와 낮은 보유세 시스템을 선진국처럼 낮은 거래세와 높은 보유세로 혁신하는 일이다. 지난 50여 년간의 개발시대를 거치며 조세저항이 상대적으로 적은 거래세 비중을 높게 두고 보유세 비중을 낮추었으나, 이제는 선진사회 진입을 앞두고 다른 선진국처럼 보유세 중심의 세제개편이 필요하다고 본다.

보유세가 낮다 보니까 집값 상승 조짐만 보이면 유동자금 투기 수요가 쉽게 부동산으로 흘러 들어올 수 있는 취약한 구조로 되어 있다. 현금동원 능력이 있는 사람들이 부동산을 매집해 부담이 크지 않은 보유세를 내면서 집값 추가 상승장을 기다린다. 이러한 과정을 통해 다주택자들이 양산되고 현금 동원 능력이 없는 청년 신혼부부 등 주택실수요자들은 임대시장으로 내몰리는 것이다.

## 다주택자는 높은 거래세를 내면서 집을 팔지 않고, 낮은 보유세를 내면서 집값 추가 상승을 기다린다

　이제 다주택자들은 주택 매매시장뿐만 아니라 임대시장까지 주도권을 가지게 되었다. 경제적 약자는 임대시장으로 내몰리고 다주택자들은 불로소득을 챙기는 부동산 양극화 사회가 초래된 것이다. 우리 사회가 다주택자의 비도덕성을 비난할 것이 아니라, 이런 양극화 구조를 출현케 하는 사회 시스템을 혁신하는 데 힘을 모아야 한다. 경제적 동물인 인간은 이익을 좇아 행동하기 마련인데, 그 행위가 불법이 아닌데도 단지 돈을 더 많이 챙긴다고 비난할 일은 아니다.

　불로소득을 챙기는 사람들은 이런 기회를 이용하여 돈을 못 버는 사람들이 바보라고 생각할 수 있다. 그런 구조를 양산하는 사회 시스템은 그대로 놓아두고 사람만 비난한다고 해결될 일도 아니다. 그런 면에서 다주택자들을 공무원 임용에서 배제하는 것은 오히려 국민에게 잘못된 신호를 보낼 수가 있다. 공무원이 아닌 자는 다주택자로 불로소득을 챙겨도 괜찮단 말인가? 우리 사회는 선악과 성리학적 도덕주의 이념을 숭상하는 조선시대가 아니며, 자본주의 시장경제를 기반으로 하는 자유주의국가다. 법을 위반하지 않는다면 경제활동은 시장 논리에 따라 자유로이 할 수 있는 것이다. 그런데 다주택자들이 불로소득을 많이 챙긴다고 이들을 비난하는 것은 이치에 맞지 않는다.

　왜 이런 현상이 벌어질까? 보유세보다 거래세는 상대적으로 높으니까, 다주택자들이 팔지 않는다. 추가 상승을 바라면서 보유세를 부담하면서 견디는 것이다. 혹여라도 다음 정부에서 세제를 낮추게 되면 경제적으로도 더 많은 이익을 남길 수 있기 때문이다.

2020년 8월 31일 한국경제학회가 소속 회원들을 대상으로 부동산 정책에 대한 설문조사를 실시한 결과에 따르면, 취득세, 보유세, 양도세 등 세제를 강화하는 방안에 대한 조사에서는 다수 학자가 보유세는 강화하되, 취득세와 양도세는 완화하는 게 맞다고 답했다. 지금처럼 보유세와 양도세를 강화했지만 주택가격 상승기에는 양도세를 내느니 보유세를 부담하더라도 계속해서 보유하는 것이 경제적으로 수지맞는다고 생각할 것이다. 따라서 주택시장에 새로운 매물이 나오지 않는다. 세제 저항만 더 강해질 뿐.

## 거래세를 낮추고 보유세를 높이면, 시장에 매물이 많아져 집값 하락 효과

그런데 반대로 거래세가 낮고 보유세가 높으면 어떤 현상이 일어날까? 양도세를 완화하면 다주택자들이 당장 양도차액으로 많은 불로소득을 가져갈 것이 눈에 뻔히 비치기 때문에, 현실적으로 정책입안자들이 양도세를 완화하기가 쉽지 않을 수 있다. 그런데 양도세를 완화하고 보유세를 강화하면 다주택자들은 보유세가 버거워 주택을 매물로 내 놓을 것이다. 그러면 누가 사 가겠는가? 이 보유세를 매년 감당할 수 있는 사람들이 매수자로 나타날 것이기 때문에 한 템만 지나고 나면 집값 하락 효과를 가져온다고 본 것이다. 그리고 양도세는 매매 때에 한 번 내면 되지만 보유세는 매년 내야 한다. 주택시장을 안정시키는 방법은 주택 보유에 대한 수요를 억제하고 매물이 시장에 많이 나오게 하는 정책을 강구해야 한다. 그런 효과를 가져오려면 보유세를 지금보다 상당히 높여야 할 것이다. 다주택자뿐만 아니라 새로운 매수자가 자기 소득에 견주어 약간은 부담을 느낄 정도가 되어야만 주택가격 하락 효과를 가져올 수 있다. 그렇지 않으면 갭투자들이 주택 매수시장에 다시 뛰어들 수 있다.

우리나라는 보유세가 OECD 국가들보다 상당히 낮다. 통계로 보면 1/3 수준이다. 이는 개발 시기를 거치면서 건축물 신축으로 인한 취득세와 등록세가 비싸고 경제성장 시기에 주택가격 상승으로 인한 양도차익에 대한 세금을 강하게 매기면서 지금과 같은 세제가 정착된 것이 아닌가 생각한다.

보유세가 실효세율 1% 수준이고, 거래세가 거의 없는 샌프란시스코가 좋은 사례일 수 있다. 샌프란시스코는 금융위기 이후인 2012년부터 2017년까지 집값이 폭등하다가 2020년부터 코로나 영향으로 재택근무가 일반화되면서 집값이 내림세를 걷기 시작한다. 최근에는 직장인들이 도심에서 자연환경이 좋고 임대료 싼 인접 소도시로 이동하기 때문에 주거 공실도 많이 생겼다. 2017년 샌프란시스코 중위 집값이 한화 16억 정도였다.

여기서 우리는 단순 예시를 들어 2012년 10억짜리 아파트가 2017년에 20억이 되었다고 하자. 그러면 2012년에 1천만 원을 매년 보유세로 내던 집주인은 2017년에는 2천만 원을 보유세로 내야 한다. 자기 집이 아니라면 집값이 올랐으니까 임대료를 더 올려 세금을 부담하면 될 것이다. 자기 집인데 보유세를 감당할 능력이 안 되면 처분해야 한다. 거래세가 없으므로 이 사람은 20억에 처분하고 본인의 보유세 부담 능력에 맞는 집을 매입하거나 임차해서 살면 된다. 20억에 그 집을 사는 사람은 당연히 매년 2천만 원의 보유세 납부 능력이 있는 사람일 것이다.

그런데 주택시장에 매년 2천만 원의 보유세 납부 능력 있는 사람이 없다면 어떻게 될까? 집값은 떨어질 것이다. 매년 집값에 걸맞은 보유세를 감당할 수 있는 사람이 나타날 때까지. 주택공급은 건설기간이 길어서 주택시장의 수요·공급 논리가 곧바로 적용되지 않는다. 물론 장기적으로는 가격이 오르면 공급이 이루어질 것이다. 보유세가 그 공백을 메꾸며 어느 정도 주택시장 조절 역할을 할 수도 있다. 보유세가 높고 거래세가 낮으면, 주택시장 가격 상승기나 하락기에도 다양한 매물들이 늘 풍부하게 거래될 수 있는 여건이 마련될 수 있다. 일단 재화는 매물이 풍부해야 시장 왜곡이 생기지 않고 거래를 원활히 할 수 있어 그 사회의 건강성이 유지되는 것이다. 혈액이 정동맥과 모세혈관을 타고 세포에 산소와 영양분을 끊임없이 공급해 건강한 신체를 유지하듯이.

최근 부동산 가격 상승은 우리만 겪는 것이 아니고 대부분의 나라에서 겪고 있는 고통스러운 과정이나, 우리나라가 더 큰 내홍을 겪고 있는 이유 중의 하나는 낮은 보유세와 높은 거래세 때문이라는 것이 필자의 생각이다. 그동안 보유세가 너무 낮은 상태에서 저금리로 인한 투기적 유동자금의 부동산으로의 유입을 막기 위해 재산세와 종부세율을 올리자 일부에서 국가가 부동산 정책을 잘못해서 부동산 가격을 올려놓고 징벌적 세금 폭탄을 쏟아낸다고 아우성친다. 과연 그런가? 보유세와 거래세 비중이 현재와 같이 왜곡되어있는 세제구조 하에서는 부동산 가격 상승기를 맞이하면, 보수, 진보 어느 정부나 지금과 똑같은 일이 반복될 것이다. 집값은 폭등하고, 덩달아 전월세도 뛰고, 일부 다주택자는 불로소득을 챙기는 주거 블루 상황.

참여정부에서 부동산 정책입안자로 참여했던 모 대학 교수가 2010년 초반에 저술한 책에서, 우리나라의 왜곡된 세제에 대해 개편 필요성을 역설하며 보유세율을 선진국처럼 1% 수준으로 높여야 한다고 주장했다. 거래세와 달리 매년 부담해야 하는 보유세는 조세저항이 강해 한꺼번에 올리기 어려우므로 10~20년에 걸쳐 연차적으로 서서히 높여 나가야 한다고 강조했다.

## 세제개편을 안 하는 이유, 욕 얻어먹을까 봐? 정치적으로 불리하니까?

그러나 보유세율은 10년이 지난 지금도 그대로다. 이번 부동산 대책으로 일시적으로 조정했을 뿐, 장기적인 프로그램 하에 보유세율이 개선된 것이 아니다. 필자가 최근에 만난 시민사회 원로분이 20여 년 전에 경실련에서도 10년 안에 보유세율 0.5% 수준으로 올리는 것을 목표로 했다고 한다. 최근 전문가들도 보유세와 거래세의 개편을 주장한다. 그렇게 개편되면 주기적으로 찾아오는 이번과 같은 주택가격 상승과 하락기에 다주택자들의 불로소득 편취, 주택시장 매물잠김 현상 등 주택시장에 미치는 사회적 충격이 훨씬 덜 할 것이다. 참여정부에서 부동산 시장 불안으로 그 많은 고통을 당하고도 왜 지금까지 세제를 개편하지 못했는가? 우리 사회의 고질병인 땜질식 처방 때문이다. 선거를 앞두고 불리하니까, 조금만 시간이 지나면 부동산 가격이 잡힐 것 같으니까, 조세저항이 크고 욕 얻어먹을까 봐 등 안 하는 이유는 차고도 넘친다. 그러나 국가정책은 백년대계의 앞날을 내다보고, 지금 당장 어렵고 비판을 받더라도 체계적인 계획을 수립하고 국민과 소통하고 때로는 설득하며 실행해야 한다. 그러기 위해서는 정치권의 여야가 머리를 맞대고 전문가와 함께 시장에서 작동하는 대책을 만들어야 한다.

## 시장에서 작동 안 되는 대책은 내성만 키울 뿐이다

조세제도는 명확한 정책목표 설정과 중장기적 관점의 기본방향을 수립하되, 명확하고 다양한 시뮬레이션을 통해 그 결과를 예측하고 시행해야 한다. 그렇지 않으면 주택시장에 먹혀들지 않거나 역효과를 낼 수가 있다. 이번 정부에서 25번이나 부동산 정책을 발표하면서도 시장에서 큰 효과를 거두지 못하고 오히려 내성만 키웠다는 비판도 다양한 시뮬레이션을 통한 통찰력이 부족한데서 기인한 것이다.

주택은 국민의 소중한 삶을 담는 보금자리다. 최근 주거 불안으로 국민 고통이 크다. 주택시장 위기다. 위기를 부동산 시장 세제 혁신의 기회로 삼아야 한다. 이런 위기가 아니면 언제 세제를 혁신할 수 있겠는가? 이번 위기가 지나면 우리는 모두 잊고 옛날로 돌아가며, 언젠가 다시 위기가 반복되면 오늘 우리가 받는 고통을 반복하며 후회하게 될 것이다. 비싼 대가를 치르면서 마주한 위기를 헛되이 보내지 말아야 한다.

다주택자는 공무원 승진이나 임용에서 배제하겠다는 것은 다주택자는 공무원이 되기에는 도덕적으로 문제가 있다는 것이며, 동시에 집을 여러 채 가지고 있으면 돈을 벌 수 있다는 신호를 주택시장에 보내는 것이다. 프랑스나 싱가포르도 집값 상승기에는 부동산 시장을 안정시키기 위해서 '부동산부유세', '추가 취득세', 그리고 '양도소득세' 같은 세제 정책을 사용한다. 우리나라는 보유세가 낮은 상황에서 투기수요를 억제하기 위해 종합부동산세를 비롯한 보유세와 거래세 등 거의 모든 세율을 올리다 보니 징벌적 세금폭탄이라는 말이 나온다. 특이한 것은 상위 2%밖에 안 되는 종합부동산세에 대한 조세저항이 언론에 가장 많이 등장한다. 언론이 왜 98% 국민보다 2% 국민에게 더 집중하는가? 난센스다.

양도소득세는 실현된 소득이기 때문에 세금을 부과하기 가장 좋은 세목이다. 그런데 양도소득세를 높이면 다주택자들은 주택을 팔려 하지 않아 주택시장에서는 매물품귀 현상이 나타난다. 다주택자들이 주택을 내놓게 하려면 주택을 보유하는 것보다 파는 것이 더 나은 세제 환경을 만들어 줘야 한다. 매년 내야 하는 보유세가 팔 때 한번 내면 되는 양도소득세를 능가하도록 하면 시장에 매물이 풍부해질 것이다. 매물이 풍부해지면 가격이 제자리를 찾아가며 주택시장은 안정화될 것이다. 그러나 작금의 주택 세제 환경은 반대로 보유세가 낮고 양도소득세가 높으니 주택매물이 시장에 나올 수 없는 구조다. 매물가뭄 상황이 지속되는 상황에서 주택 몇 채만 시장에 나와도 부르는 것이 값이다. 매매자 절대우위 시장이 형성될 수밖에 없다. 당국에서는 양도소득세를 낮추는 것이 자칫 다주택자들의 불로소득을 더 키워주는 결과를 가져온다고 생각하기 때문에 쉽게 결정하지 못하고 있다. 그러나 초기에는 일시적으로 양도차익을 많이 챙길 수 있을지 몰라도 매물이 많이 나오면 가격은 내려가기 때문에 시간이 지남에 따라 양도차익은 오히려 줄어들 것이다.

보유세를 높이고 거래세를 낮추는 것이 자본주의 시장원리에 부합하는 것이다. 그래야만 다음에 집값 상승기가 불어 닥치더라도 이번처럼 부동산 시장이 불안하지 않을 것이다.

# 여의도·용산 통개발, 집값 폭등 논란

2018년 7월 10일 싱가포르를 출장 중이던 박원순 서울시장은 취재동행 기자들과의 간담회에서 여의도·용산 통개발 발언을 한다. 동석해 있던 연합뉴스의 박초롱 기자는 박원순 시장의 '여의도·용산 통개발'을 곧바로 기사화하여 서울로 전송한다. 다음날 거의 모든 일간지는 박 시장의 싱가포르발 여의도·용산 통개발 발언을 주요 뉴스로 다루어졌다. 여의도 전용면적 89㎡ 목화아파트가 7월 초에 12억 하던 것이 통개발 발언 이후 14억으로 뛰고, 같은 기간에 용산 이촌동 84㎡ 대림아파트는 14억에서 15억으로, 이촌동 60㎡ 북한강성원아파트는 10억5천에서 12억으로 뛰었다.

서울 아파트값은 2018년 4월부터 진정세로 다소 돌아선 상황에서, 7월 10일 박시장의 통개발 발언은 이 일대의 집값을 들쑤셔놓은 꼴이 되었다. 그러나 내용을 자세히 들여다보면, 여의도·용산의 통개발 발언은 새로울 것이 없었다. 2014년에 마련된 최상위 법정계획으로 도시의 미래상 및 발전 방향을 제시하는 '2030 서울 플랜'에서 여의도 일대는 3도심 중 하나로 국제금융도시로 육성키로 하고 있다. 용산은 3도심의 삼각 벨트 중앙에 위치하여 광역중심으로 계획되어 있다. 그당시 도시계획 부서에서는 '2030 서울플랜'을 완성한 후 그 실행계획으로 지역별로 지구단위계획을 수립하고 있었다. '2030 서울플랜' 후속 조치로, 해당 부서에서는 여의도와 용산 일대에 대해 전문가들과 논의하고 계획을 정리하여 박 시장에게 한두 번 실무 보고하면서 계획을 다듬어가는 과정이었다. 개발계획이라기보다는 2030년을 목표로 도시의 미래 도시비전을 담는 도시관리계획이었다.

〈2030 서울플랜〉

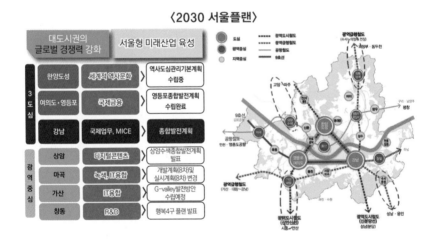

## 체계적인 도시계획 틀을 바탕으로 도시국가로 성장한 나라 싱가포르

인구 600여만 명에 면적이 서울보다 1.2배인 728㎢에 불과한 싱가포르는 1965년에 말레이시아로부터 독립한 도시국가다. 1980년대에 한국, 대만, 홍콩과 함께 아시아에 떠오른 네 마리 용으로 불리었던 싱가포르는 2020년 기준 1인당 국민총소득 6만 달러에 이르는 강소국으로 발전했다. 싱가포르는 50년 후 미래를 내다보는 탄탄한 도시 마스터플랜을 마련하고 그 바탕 위에 지역별로 필요한 시설들을 짓는다. 이러한 과정을 통해 갈대로 덮인 염습지에 불과했던 지역이 '마리나 베이 샌즈 호텔'과 '가든스 바이 더 베이' 등으로 개발된 마리나 베이다. 개발이 완료되기가 무섭게 아시아의 명소로 부상했다. 미래비전을 담는 체계적인 도시계획 틀 위에 창의적인 건축디자인은 아름다운 도시경관을 창출하면서 싱가포르는 국제금융과 비즈니스의 중심지로 도약하고 있다.

1980년대에 대한민국과 엇비슷하게 개발도상국의 여정을 걸었던 싱가포르가 40여 년이 지난 지금에 이렇게 앞서가는 이유는 무엇일까? 여러 가지 요인이 있겠지만, 미래비전을 바탕으로 촘촘히 짜인 도식계획 틀을 마련하고 그 얼개를 따라 하나하나 차근차근 실행해 가는 실천력이라 생각한다. 필자는 싱가포르에 몇 차례 출장을 갔었지만, 방문할 때마다 달라지는 그들의 발전상을 보고 늘 부러웠다.

## 싱가포르발 여의도·용산 통개발 발언의 파급력

박 시장의 싱가포르 출장 때 필자는 동행하지는 않았지만, 박 시장은 싱가포르의 발전상을 보고, 그 발전의 밑바탕에 도시계획의 힘이 있었다는 걸 느꼈으리라 생각한다. 우리 서울에서도 '2030 서울플랜'을 바탕으로 여의도와 용산 일대의 마스터플랜을 수립하고 하나하나 실행해 나간다면, 장래에 싱가포르 못지않은 도시가 만들어질 것이라는 생각을 했던 것 같다. 이에 관해 한두 차례 부서로부터 보고 받은 기억을 살려 기자들에게 자랑삼아 여의도·용산 일대 마스터플랜 얘기를 한 것으로 보인다.

그런데 이 마스터플랜이 통개발이라는 용어로 불리면서 그 충격은 컸다. 나중에 들으니, 박 시장과 동행했던 취재기자들도 그 자리에서 특별하거나 전혀 새로운 기삿거리로 생각하지 않았다고 한다. 그리고 그 여파가 그렇게 크리라고 생각지 않았다고 한다. 박 시장이 통개발이라는 발언을 했기 때문에 그냥 그대로 기사화해서 서울로 전송한 것이다. 그러나 상황은 묘하게 돌아갔다. 각종 언론에 통개발 기사가 도배되면서 여의도와 용산 일대는 집값이 들썩이고, 잠시 잠잠해 가던 부동산을 서울시장이 자극한다는 비판이 일어났다.

당시 서울시 행정2부시장으로 관계부서와 함께 여의도와 용산 일대에 도시관리계획인 지구단위계획을 마련하고 있었던 필자로서도 당황했다. 한편으로는 어이 없었다. 2년 전부터 실무부서에서 '여의도 일대 종합적 재구조화 방안'이란 가칭으로 다듬고 있었던 계획은 부동산 시장의 추이를 보아가며 속도 조절을 하고 있는 상태였다. 장래의 미래비전인 도시관리계획이 통개발 계획으로 변질돼서 오해와 불신을 불러일으키는 상황에서 어떻게 대처할지 막막했다.

지구단위계획은 개발계획이 아니고 도시를 관리하는 관리계획으로, 그 지역이 장래에 여건이 되어 개발되면 난개발이 되지 않도록 가이드라인을 마련하는 것이다. 통개발이라는 것은 신도시를 개발하는 것처럼 일정 지역을 전부 토지보상으로 수용하고 지장물을 철거한 다음 일시에 지역 전체를 통으로 개발하는 방식이다.

여의도나 용산처럼 이미 많은 사람이 거주하면서 생활하고 있는 기성시가지에서 통개발은 현실적으로 불가능한 것이다. 그러나 현장에서는 도시관리계획인 마스터플랜과 통개발 계획의 차이는 무의미하고 여의도와 용산 일대가 대규모로 개발될 것이라는 기대로 부동산값이 폭등하며 매물이 자취를 감추었다. 통개발 발언으로 집값 상승의 비난을 온통 서울시가 맞아야 했다. 같은 시기에 기획재정부가 내놓은 보유세 개편안도 '보유세 부담이 크지 않다'는 신호를 부동산시장에 주면서 집값 상승 폭을 키웠다.

김현미 국토교통부 장관도 "여의도와 용산 지역이 다른 지역에 비해서 부동산 가격 상승이 두드러지게 나타나는 것을 우려하며, 실질적으로 진행되어 나가기 위해서는 국토부와 긴밀하게 협의가 이뤄져야만 실현 가능성이 있다"며 여의도·용산 개발에 부정적 의견을 암시했다.

부동산 문제로 골머리를 앓고 있던 당시 상황에서 박 시장은 기회가 있을 때마다 본인의 발언에 대해서 해명하고, 통개발의 의미는 여의도와 용산을 통째로 한꺼번에 개발하겠다는 의미가 아니고 장기적인 도시관리 지침적 성격의 지구단위계획이라는 것을 설명했다. 더불어민주당 서울시당 팟캐스트에서도 박 시장은 "아파트 단지별로 재개발 프로젝트가 진행되고, 개별적으로 이뤄지다 보니까 이건 좀 아니다, 지금 여의도는 거의 뉴욕의 맨해튼처럼 되어 있는데 재개발을 하려면 종합적인 가이드라인과 마스터플랜 아래서 진행되는 게 좋겠다"면서 본인의 싱가포르 발언 진의를 피력했다. 필자는 국토교통부 간부와 회의, 서울시청 출입기자단과 간담회 등 다양한 통로를 통해 여의도·용산 개발계획의 진의를 전달하려 노력했다.

## 결국 여의도·용산 통개발 계획 보류

그러나 정치권과 언론 등에서 연일 "잠시 정체상태였던 집값이 여의도·용산 통개발 발언으로 부동산 시장이 다시 들썩인다"는 비난이 쇄도했다. 안팎으로 집값 상승에 대한 서울시 책임을 압박하자, 결국 박 시장은 8월 26일 여의도·용산 개발계획(마스터플랜) 발표와 추진을 보류한다. '주택시장 안정화 대책 관련 서울시 입장'문에서, 박 시장은 "여의도·용산 마스터플랜 발표와 추진은 현재의 엄중한 부동산 시장 상황을 고려해 주택시장이 안정화될 때까지 보류하겠다"고 발표했다. 박 시장은 서울 부동산 가격 상승에 대해 "여러 가지 복합적 원인이 있다고 생각한다"면서도 "난개발을 막기 위한 여의도·용산 마스터플랜이 재개발 관점으로 해석되고, 관련 기사가 확산되면서 부동산 과열 조짐이 생기는 하나의 원인이 됐다"고 진단했다. 박 시장은 재추진 시점에 대해서도 부동산시장의 안정화가 우선이라고 즉답을 피했다.

싱가포르에서 '여의도·용산 통개발' 발언 이후 서울 집값이 치솟자 본인의 발언을 철회한 것이다. 그러나 통개발 발언 철회 이후에도 서울시장이 부동산 상황을 면밀히 살펴보지 않고 개발계획을 발표해 집값 불안과 혼란을 키웠다는 비판은 계속되었다.

박 시장 발표 다음날인 8월 27일 JTBC로부터 밤 8시 방송되는 뉴스룸에 출현하여 여의도·용산 개발과 관련해서 대담하자는 연락이 필자에게 왔다. 질문의 초점은 두 가지였다. 여의도·용산 통개발 발언이 부동산 가격 상승의 원인이 되었다는 것에 동의하느냐 하는 것과 당분간 보류한다고 했는데 언제 다시 추진할 것인 지였다. 사실 공무원 입장에서는 이런 인터뷰나 대담이 상당히 당혹스러우면서도 부담스럽다. 진실을 얘기한다고 해서 잘 먹혀들지 않는 상황이었고, 조금이라도 말실수를 하게 되면 그 여파가 크기 때문이다.

당시 부동산시장은 임계점에 다다라 당국의 사소한 발언에도 자극을 크게 받는 아주 불안한 상태였다. 손석희 앵커가 다부지고 깐깐한 목소리로 두 가지 질문을 집요하게 반복해서 따지던 기억이 아직도 생생하다. 필자는 먼저 여의도·용산 통개발은 한꺼번에 재개발하자는 의미가 아니고, 도시관리 차원에서 마스터플랜을 만드는 것이라 주장했다. 서울의 100년 미래비전인 「2030 서울플랜」 바탕 위에 그 실행을 위한 지역단위 계획이라고 설명했으나, 잘 전달되지 않았다. 두 번째 질문인 언제 다시 시작하느냐에 대해서는 조심스러웠다. 부동산이 안정되고 나서 다시 시작한다고 하면 부동산시장에서는 가격상승에 대한 기대감이 여전히 남아 있어 시장 불안이 지속될 것이기 때문이다.

## 여의도·용산 마스터플랜은 재추진되어야 한다

그렇다고 경실련 같은 시민단체에서 주장하듯이 아예 계획을 폐기한다고 하면 직무유기고 거짓말이 된다. 지역단위의 마스터플랜은 생활권 계획으로서 법정계획이다. 당연히 그 직무를 맡은 자는 각 지역의 미래비전과 난개발을 막기 위해 지구단위계획을 수립해서 도시를 관리해야 하는 것이다. 오늘날 우리가 부러워하는 싱가포르나 뉴욕 맨해튼, 런던, 파리 등 좋은 도시가 그러한 과정을 통해서 만들어지고 발전한 것이다. 서울의 미래 여의도·용산의 체계적인 도시관리를 위해 부동산 시장이 불안해서 계획수립을 잠시 보류할 수는 있지만, 영원히 폐기할 수는 없는 것이다.

진퇴양난이다. 거짓말을 하지 않으면서도 부동산시장을 자극하지 않는 발언이 필요하기 때문이다. 필자가 공직생활에서 겪은 가장 큰 어려움 중 하나는 바로 이런 때이다. 인터뷰를 시청한 필자 지인이 평상시와 다르게 왜 그렇게 자신감 없는 목소리로 인터뷰했냐고 물은 적이 있다. 당연히 그럴 수밖에 없는 상황이었다. 필자가 똑똑해 보이는 것이 중요한 것이 아니고, 약간 바보스러울 수도 있지만, 직무유기 안 하면서 부동산 시장에 부정적 신호를 안 주는 것이 성공한 인터뷰니까.

JTBC와의 인터뷰 다음 날인 27일 시민단체인 경실련은 "진희선 서울시 부시장이 여의도·용산 통개발이 집값 상승의 원인이라는 데 동의하지 않는다"며 강도 높게 비판했다. 이어서 경실련은 "집값 안정을 위해 박 시장이 개발 보류를 선언한 취지를 부정하는 것"이라며 "정책 책임자가 이런 무책임한 인식을 가진 것은 비난받아 마땅하고 이런 관료에게서 시민을 위한 주거안정책이 나올지 의심스럽다"고 지적하며 필자의 경질을 요구했다. 여의도·용산 통개발 계획은 그렇게 곤욕을 치르며 보류되었다.

그러면 여의도와 용산의 현재의 도시 상황을 살펴보자. 현 지역실태를 알면 왜 도시관리 차원의 마스터플랜을 수립하지 않으면 안 되는지를 알 수 있다. 3대 도심 중 하나인 여의도는 전국에서 금융시설 밀집도가 가장 높은 지역으로, 핀테크 등이 집적된 미래금융산업의 중심지다. 70년대에 개발된 여의도는 자동차 중심의 넓은 도로계획으로 보행성이 취약하고 도시의 어메니티$_{amenity}$가 부족하다. 더구나 기반시설은 노후화되어 있고, 지은 지 40년이 넘는 아파트 17개 단지 8,000세대가 재건축이 진행 중이다.

이대로 방치했을 때는 도시가 각자도생으로 재건축되어 난개발을 피할 수 없다. 이에 '2030 서울플랜'에 따라 여의도 일대를 현대 도시철학에 맞게 국제금융 중심지로 발전할 수 있도록 도시관리 계획을 수립하는 것이다. 아파트 단지 지역도 하나의 생활권으로 묶어 전체가 조화를 이루도록 계획한다. 단지의 쾌적성을 높이고 한강의 수변공간을 활용하여 아름다운 경관을 만들도록 도시관리계획을 수립하는 것이다. 향후 개별 건축은 이러한 도시관리계획 가이드라인에 따라 시간을 두고 순차적으로 이루어질 것이다.


용산은 3대 도심 트라이앵글의 중앙에 위치하고 있다. 용산 정비창 부지 15만 평에 이르는 나대지도 있다. 2006년부터 추진한 '용산국제업무지구' 개발은 우여곡절 끝에 2013년에 도시개발구역이 해제되면서 무산되고 만다. 그 이후에 수년 동안 서울시는 정부와 코레일 등과 협의하여 '용산미래비전과 개발 가이드라인'을 수립해 왔다. 이 땅은 도심에 위치한 대규모 가용지로 미래 서울의 중심공간으로 글로벌 거점으로 조성해야 한다. 복합개발을 통한 국제업무 중심의 글로벌 핵심거점으로 육성하여 미래도시를 선도할 수 있는 혁신적인 도시공간으로 조성해야 하는 것이다.

〈여의도 일대 아파트 단지 재건축 추진 현황〉

3대 도심 중 하나인 여의도, 도심 중심부에 대규모 가용지를 품고 있는 용산, 이 두 지역은 서울의 백년대계 미래를 위해서 차분하게 도시관리계획을 마련해야 한다. 주택시장이 한동안 불안하다고 해서 폐기해서는 안 된다. 다만, 통개발이란 용어로 주택시장에 혼선을 주고 있다면 부동산 시장이 안정될 때까지 본격적인 추진은 보류하고, 행정 내부적으로는 더 좋은 안을 만들기 위해서 끊임없이 노력해야 한다.

## 강남 재건축 사업 인허가, 계륵인가?

주택시장에 공급을 늘리는 방법은 두 가지다. 하나는 주택을 신규로 건설하는 것이고, 다른 하나는 주택을 여러 채 보유하고 있는 다주택자들이 시장에 매물을 내놓는 것이다. 주택을 신규로 건설하는 것은 새로 택지를 개발하여 주택

〈용산 철도정비창 일대〉

을 건설하는 방법과 기존의 노후 아파트를 재건축하거나 노후 불량한 기성시가
지를 재개발하는 것이다.

　서울에서는 신규 택지가 고갈되었기 때문에 결국 주택공급에 기댈 수 있는 것
은 정비사업인 재건축과 재개발이다. 그래서 정비사업의 인허가를 신속하게 처
리하여 신규주택 공급을 늘리자는 것이다. 그런데 문제는 강남이나 여의도처럼
아파트 재건축으로 인한 개발이익이 큰 곳은 인허가를 진행하는 순간 조합지분
값이 몇 억씩 오르고, 덩달아 인근 아파트값을 자극하니 인허가를 내주기가 어
렵다. 주택공급도 좋지만 주택시장을 자극하고, 조합지분 값 상승이 장래에 막
대한 불로소득으로 이어질 것으로 빤히 예상되는 정비사업장의 인허가를 처리
하기는 쉽지 않다.

규제완화를 주장하는 전문가들은 재개발·재건축 등 정비사업 인허가를 빨리 내주어 주택공급을 늘려야 된다고 얘기한다. 단지, 주택공급과 주택수요의 시장 경제 논리에 따르면 맞는 말이다. 그러나 불로소득 공공환수 프로그램 없이 규제 완화가 되면 부동산으로 인한 양극화가 심화된다는 사실도 놓치지 말아야 한다.

그러면 일부 계층의 불로소득 편취로 인한 우려 때문에 재건축·재개발의 인허가를 내주지 말아야 하느냐? 이런 의문과 문제 제기가 가능하다. 현재까지 이런 우려 때문에 건축 인허가를 주저한 것도 일면 있었다. 그런데 이러한 지역은 강남처럼 주택 수요가 상당히 강렬한 곳이다. 재건축·재개발의 인허가를 진행하지 않으면 신규 아파트는 나올 곳이 없어 주택수요는 몰리고 결국 집값이 더 올라가는 결과를 가져온다.

인허가를 내주자니 조합지분 값이 오르고, 이 지분값 상승은 덩달아 인접 단지 아파트 가격을 올리는 효과를 가져온다. 그렇다고 인허가를 진행하지 않자니 주택수요는 증가하는데 신규주택 공급이 안 되어 주택가격을 상승하는 결과를 초래한다. 건축 인허가를 해도 문제, 안 해도 문제다. 불로소득을 적절하게 공공이 환수하면서 더불어 주택가격 상승을 제어하고 주택공급을 늘리도록 건축 인허가를 진행하는 솔로몬의 묘수는 없는 것일까? 참으로 어려운 숙제다. 설령 건축 인허가를 내주어도 일부 재건축 단지에서는 사업추진을 안 하는 경우가 있다. 정권이 바뀌거나 시장이 바뀌면 재건축 초과 이익 환수 같은 규제가 완화될 것으로 기대하기 때문이다.

부동산 정책은 정권의 이념에 따라 자주 바뀌면 안 된다. 국민의 삶을 담는 소중한 보금자리인데 진보나 보수 정권의 입맛에 따라 정책이 바뀌면 여기에 편승한 자들은 부동산으로 인한 불로소득을 편취할 것이다. 사실 국민 대부분은 하루하루 자기의 일상에 몰두하면서 살아가기 때문에 부동산 가격변동에 늘 관심을 가지고 살아갈 수 없다. 요즘처럼 주택가격이 폭등하는 때 말고는.

# 4 정부의 비상 대책!
# 그렇지만 결과는?

# 역대 정부의 부동산 정책

## 박정희 정부(1963~1979):
## 강남과 여의도개발 주택공급

이 책에서는 지난 30년 동안 역대 정부의 부동산 정책을 집중적으로 들여다보고, 부동산 가격의 큰 흐름을 살펴보고자 하는 것으로, 박정희 정부와 전두환 정부의 부동산 정책을 개략적으로 기술하고자 한다.

역대 정부의 가장 획기적인 주택공급정책은 1970년 양택식 서울시장의 남서울 개발계획일 것이다. 당시에 군사적 위협으로부터 안보를 강화하고 과밀해지는 강북 구시가지의 인구를 강남으로 분산하려는 목적으로 시작되었다. 남서울 개발계획은 영동1·2 지구를 합하여 당시 돈 162억원을 투입, 1972년까지 인구 60만 명을 거주할 신도시를 조성하는 야심찬 계획이었다. 효과적인 인구유치를 위해 삼성동의 5만 평 부지에 상공부와 한국전력공사 등 12개 국영기업이 입주하도록 계획했으나, 일부 계획이 변경되면서 지금의 무역센터와 백화점, 호텔 등이 건축되는 코엑스 단지로 변모했다. 한국전력공사가 나주로 이전한 자리에는 현대자동차 그룹에서 본사를 짓는 작업이 추진 중이다.

1967년 한강종합개발 사업을 추진하면서 공유수면 매립을 통해서 많은 양의 택지를 확보하게 된다. 여의도 윤중제 건설을 통한 택지조성, 동부이촌동 택지조성, 반포·잠실·압구정 지구, 흑석·서빙고·구의동의 택지는 한강종합개발을 통해서 조성된 것이다. 이렇게 확보한 택지에 순차적으로 대부분 아파트가 건설되면서 1970년대에서 1980년대까지 서울로 몰려드는 인구의 상당수를 수용하게 된다.

## 전두환 정부(1980~1987) :
## 176만호 건설, 택지개발촉진법, 활성화와 억제정책 반복

1980년에 쿠데타로 집권한 전두환 정부는 경제성장률이 −1.5%로 떨어지고 민심이 흉흉해지자, 부동산 경기 활성화에 집중했다. 취학과 취업을 위해 서울로 상경하는 베이비붐 세대의 인구집중이 심화하면서 서울의 주택난이 심각해지자, 주택 500만호 건설을 발표하고, 재임 기간인 1987년까지 176만호를 공급한다. 이를 위해 택지개발촉진법이라는 '원샷 개발법'이 등장한다. 이 법은 도시계획법 등 19개 법률의 효력을 대체해서 정부가 필요한 지역의 토지를 일괄 수용하여 택지로 개발할 수 있는 무소불위의 법이다. 이 법에 근거하여 개포, 고덕, 목동, 상계 중계 택지지구가 개발되었다. 노태우 정부에서 1기 신도시 개발도 이 법에 근거하여 신속하게 주택을 공급할 수 있었다.

그러나 주택값이 치솟자 투기 억제정책을 잠깐 시행하다가, 1981년에 부동산 경기가 잠깐 가라앉자 다시 양도세율 인하, 국민주택 전매 기간 단축 등 주택경기 활성화 대책을 내놓았다. 1982년에 부동산 시장이 과열되자 다시 분양가 상한제, 전매제한, 채권 입찰, 토지거래 신고제 등 규제 대책을 연이어 발표한다.

1986년 아시안게임과 1988년 올림픽 개최의 세계적인 양대 행사를 치르면서 경제실적이 높아지고 소득이 증가함에 따라 주택수요가 폭발한다. 결국은 일관성 없는 정책으로 부동산 가격만 올렸다는 비판을 면하기 어렵다.

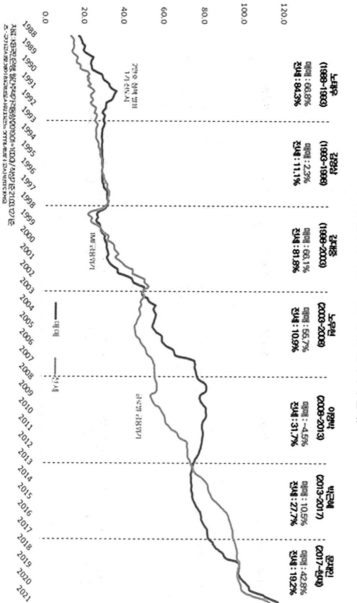

〈역대 정부별 서울 아파트 매매, 전세가격 변화〉

노태우 (1988-1993)
매매 : 66.8%
전세 : 84.3%

김영삼 (1993-1998)
매매 : 2.3%
전세 : 11.1%

김대중 (1998-2003)
매매 : 66.1%
전세 : 81.8%

노무현 (2003-2008)
매매 : 56.7%
전세 : 10.9%

이명박 (2008-2013)
매매 : -4.5%
전세 : 31.7%

박근혜 (2013-2017)
매매 : 10.5%
전세 : 27.7%

문재인 (2017-현재)
매매 : 42.8%
전세 : 19.2%

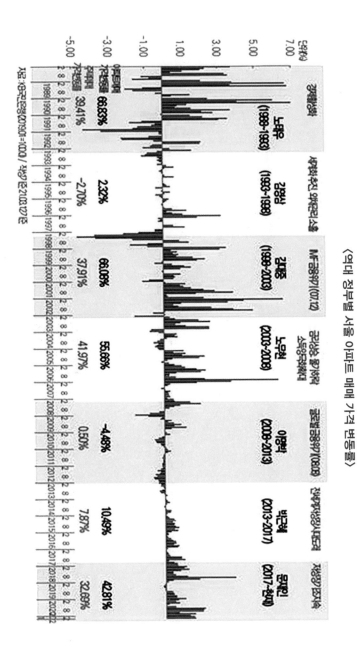

〈역대 정부별 서울 아파트 매매 가격 변동률〉

자료: KB국민은행(2019.01=100.0) / 박성민 21.03.17 편

198

# 노태우 정부(88.2~93.2): 200만호 주택건설과 토지공개념 도입

1986년에 1인당 GNP가 2,643달러에서 불과 2년만인 1989년에 2배가 넘는 5,418달러로 성장한다. 1985년부터 저달러, 저유가, 저금리 이른바 3저 호황으로 인한 풍부한 유동성으로 인해 주택가격이 상승하기 시작한다. 1980년대에는 베이비붐 세대들이 본격적으로 서울로 올라오면서 주택수요가 폭발적으로 늘어난다. 여기에 86아시안게임과 88올림픽 특수까지 겹치면서 서울의 주택가격은 폭등한다. 1989년 한 해 동안 전국의 지가가 32% 상승한다. 특히 1988년까지 꾸준한 상승세를 보이던 부동산 시장이 1989년 초부터 급등세로 돌변한다.

압구정동 현대아파트가 평당 1,000만원을 돌파하는 등 집값이 폭등하자, 노태우 정부는 1988년에 200만호 주택건설 계획을 발표하고, 다음 해인 1989년 4월에 분당 일산 등 1기 신도시 건설계획을 발표한다. 200만호 건설은 서울에 40만호를 포함한 수도권에 90만호와 지방에 110만호를 짓는 계획이었다. 분당, 일산 중동 산본 평촌 등 30만호가 건설되면서 1기 신도시가 탄생한다. 200만호는 당시 우리나라 주택 수의 약 14.5%에 달하는 물량이다. 주택 200만호 건설계획은 우리나라 주택건설사에 있어 매우 획기적인 것으로 평가된다.

주택공급을 국가정책의 최우선 순위로 인식하게 된 계기가 되었고, 정부의 강력한 의지로 시행함으로써 계획목표를 달성했다. 처음 발표되던 당시만 해도 많은 사람이 매우 회의적이었으나, 91년 말에 2백14만호를 착공했고 1백 20만 가구가 입주를 시작했다. 이 계획은 정부의 주택문제 해결에 대한 강력한 의지의 표현과 그 실현을 위해 통치권 차원에서 정부가 전력투구하였기에 성공할 수 있었던 것으로 평가한다. 이는 지난 40년간 건설된 총 8백만호의 주택 중 25%인 2백만호가 1988~1991년의 4년 동안 건설되었음을 의미한다. 그 결과 87년까지만 해도 69%에 머물던 주택보급률이 88년부터 급상승하여 91년에는 74% 수준으로 크게 개선되었고, 93년에는 78%에 도달했다. 주택공급물량의 확대로 나타나는 가장 큰 시장효과는 주택가격안정일 것이다.

정부는 또한 민간부문의 주택 생산활동을 지원하기 위해 종전의 분양가 상한 제도를 원가연동제로 전환하고, 건축밀도를 높여 보다 많은 주택을 지을 수 있도록 각종 토지이용규제를 완화하는 내용으로 건축법, 도시계획법 등 관련 법제를 개정했다. 이러한 통치권 차원의 주택건설 공급 결과, 1990년 서울의 아파트 가격이 37.62% 상승하던 것이 200만호 입주가 본격화되는 1991년부터는 -4.5%인 하락세로 돌아서고 1992년 -4.33%, 1993년 -2.76%로 떨어진다.

한편에서는, 주택공급과 더불어 1989년 토지공개념 3법을 제정하여, 부동산 투기근절 대책도 강력하게 시행한다. 토지의 공공재화로서의 개념을 도입하여, 토지에 대한 사유재산권으로 인한 이득을 적절히 제한하여야 한다는 공감대가 형성되었다. 토지공개념은 토지의 공공성이나 합리적 이용을 위해 필요한 경우 권리나 사용을 제한할 수 있도록 하는 제도다. 토지공개념은 미국 경제학자 헨리 조지가 19세기에 처음 꺼내든 개념으로 우리나라에는 부동산 투기 열풍이 불던 1989년 노태우 정부 시절 처음 도입됐다.

택지소유상한, 토지초과이득세, 개발이익환수 등에 관한 법률 등 '토지공개념 3법'이 당시 정기 국회에서 제정됐다. 하지만 헌법재판소는 토지공개념의 입법취지는 타당하지만 일부 수단이 문제라고 판단하여 1994년 토지초과이득세법 헌법불합치 판결, 1999년에 택지소유상한제에 위헌 결정을 내리기도 했다.

국민주택기금은 당시로서 엄청난 규모인 총 9조를 지원해 국민주택건설 공급을 확대했고, 민영자금 12조를 조성하여 투자하게 함으로써 민간부문의 주택건설 촉진의 활력소가 됐다. 200만호 건설에 투입된 정부의 재정지원은 총 4조 3천억원에 달해 이는 그간 경제개발5차계획(83~87년)에 지원된 총 7천 5백억원에 비해 6배에 육박한 재정을 투자 지원한 것이다.

200만호 주택건설공급과 토지의 공적 성격을 법제화한 '토지공개념 3법' 제정 등 통치권 차원에서 범국가적으로 강력하게 추진한 결과, 1기 신도시 입주가 시작되는 91년 하반기부터 주택가격 상승세가 멈추는 등 가시적 효과가 나타났다. 특히 수도권지역의 경우 신도시를 중심으로 주택 준공과 입주에 속도가 붙자, 주택가격이 점차 안정적 하락세로 전환될 것이라는 공감대가 형성되었다.

## 주택건설 200만호의 부작용도 상당했지만

주택건설 200만호 추진은 건설자재 파동, 건설경기 과열, 건설노임 상승, 부실공사 등 부작용도 상당했다. 그 이전까지는 한해 주택건설물량이 20만호에 불과했는데, 200만호 주택건설 목표에 도달하기 위해서는 매년 기존 연간 물량의 2.5배인 50만호 이상을 4년간 건설해야 했다. 철근, 레미콘, 벽돌, 창호, 벽지 등 주택건설 자재가 턱없이 부족하여 부르는 것이 값이었다. 레미콘 혼합재료인 모래는 강모래가 부족하여 바닷모래를 세척하여 사용해야 하는데, 세척을 규정대로 하지 않고 사용한다는 언론보도가 있었다. 바닷모래가 세척이 안 된 채 염분이 많은 상태로 사용하면 콘크리트 강도가 나오지 않을뿐더러, 콘크리트 내부에 장착된 철근이 녹슬기 때문에 건물 안전에 치명적일 수 있다.

필자는 1989년 당시 서울시 종합건설본부(도시기반시설본부 전신)에 재직하면서 부실공사를 조사하기 위해 분당신도시 건설현장을 방문한 적이 있다. 허허벌판에 여기저기 택지기반시설공사와 아파트공사가 뒤범벅되어 공사가 진행되고 있는데, 자욱한 먼지 속에서 건설기술자들이 바삐 움직이며 일하는 모습에 대한 기억이 아직도 생생하다. 필자는 서울시의 공공건축시설 공사감독을 맡고 있던 때라 공정에 맞춰 공사를 진행해야 하는데, 건설자재 수급차질로 많은 애를 먹었다. 특히 철근과 레미콘 수급에 가장 많은 어려움을 겪었던 것으로 기억한다.

이러한 부작용에도 불구하고, 노태우 정부의 200만호 주택건설정책은 많은 신화를 낳았다. 이를 계기로 주택건설산업은 **주택건설 대량생산체제**를 마련하면서 3배에 가까운 성장을 이룰 수 있었고, 200만호 주택건설이 완료된 1993년부터는 **연평균 60만호** 이상 주택건설이 가능했다. 건설기술발전과 건축자재생산 체계의 현대화, 건설기술자 양성 등 우리나라 주택건설산업에 있어서 엄청난 도약을 이뤄낸 것이다.


## 김영삼 정부(93.2~98.2):
## 건설에서 안전으로, 준농림지역 제도로 난개발

1993년에 김영삼 정부가 들어서면서, 건설업계에서는 흑역사로 기록될 사건들이 연이어 터졌다. 1994년 **성수대교가 붕괴**되고, 이어 1995년 4월 **대구지하철공**

사장 가스 폭발 사고가 발생했으며, 6월 서초구 **삼풍백화점이 붕괴**됐다. 7월에는 전남 여천에서 8만 톤의 **원유를 실은 '프린스호'가 좌초**하여 남해안을 오염시켰다. 속도전의 돌관 건설관행이 부실공사와 관리부실로 이어지면서 나타난 부작용이다. 노태우 정부에서 시작한 대량주택공급에 따라 주택가격 상승세가 꺾이고 내림세로 돌아서면서, 1994년에는 주택 미분양이 10만호를 넘었고 1995년에는 15만호가 미분양 되는 사태가 벌어진다. 미분양주택으로 인해 자금난을 견디지 못한 건설업체들이 연이어 도산하며 1995년에는 100개가 넘는 건설업체가 부도로 도산한다.

아파트 매매가격 지수

| 구분 | 전국 | | | 서울 | | |
|---|---|---|---|---|---|---|
| | 12월 서울 기준 | 1986=100 | 전년대비 상승률 | 매년 12월 | 1986=100 | 전년대비 상승률 |
| 1986 | 33.03 | 100.00 | | 29.32 | 100.00 | |
| 1987 | 36.14 | 109.42 | 9.42% | 30.71 | 104.74 | 4.74 |
| 1988 | 43.38 | 131.35 | 20.04% | 36.38 | 124.09 | 18.47 |
| 1989 | 52.14 | 157.88 | 20.20% | 43.23 | 147.45 | 18.82 |
| 1990 | 68.98 | 208.85 | 32.28% | 59.49 | 202.92 | 37.62 |
| 1991 | 67.70 | 205.00 | −1.84% | 56.82 | 193.80 | −4.50 |
| 1992 | 64.34 | 194.81 | −4.97% | 54.36 | 185.40 | −4.33 |
| '86~92 | | 13.5 | 12.52% | | 12.2 | 11.81 |
| 1993 | 62.62 | 189.62 | −2.67% | 52.86 | 180.29 | −2.76 |
| 1994 | 63.07 | 190.96 | 0.71% | 53.50 | 182.48 | 1.21 |
| 1995 | 63.51 | 192.31 | 0.70% | 53.50 | 182.48 | 0.00 |
| 1996 | 65.74 | 199.04 | 3.50% | 55.75 | 190.15 | 4.20 |
| 1997 | 68.85 | 208.46 | 4.73% | 58.64 | 200.00 | 5.18 |
| '93~97 | | 3.8 | 1.40% | | 3.9 | 1.57 |
| 1998 | 59.51 | 180.19 | −13.56% | 50.08 | 170.80 | −14.60 |
| 1999 | 64.59 | 195.58 | 8.54% | 56.33 | 192.15 | 12.50 |
| 2000 | 65.48 | 198.27 | 1.38% | 58.69 | 200.18 | 4.18 |
| 2001 | 75.01 | 227.12 | 14.55% | 70.03 | 238.87 | 19.33 |
| 2002 | 92.09 | 278.85 | 22.78% | 91.59 | 312.41 | 30.79 |
| '98~02 | | 19.7 | 6.74% | | 28.3 | 10.44 |
| 2003 | 100.90 | 305.52 | 9.57% | 100.92 | 344.22 | 10.18 |
| 2004 | 100.32 | 303.75 | −0.58% | 99.89 | 340.71 | −1.02 |
| '03~04 | | −0.9 | 4.49% | | −1.8 | 4.58 |

김영삼 정부에서는 안정된 주택시장에 힘입어 그동안 관행화된 건설업계의 부실과 안전문제를 되돌아보는 계기가 되었다. 수십 년간 압축성장 과정에서 **'가장 저렴하게 가장 빠르게'** 건설하는 관행과 제도를 개선하기 시작한 것이다. 건설과정에서 전문감리체제를 갖추도록 하여 부실공사를 예방하고 '재난관리법'과 '시설물의안전관리에관한특별법'이 제정되어 시설물의 종류에 따라 엄격한 관리 기준을 도입했다. 서울시에도 그간 도로, 교량, 주택 등 건설 위주의 조직에서 공공시설물 안전 및 유지관리 조직을 신설 개편했다. 현재 서울시의 예산을 살펴보면 건설에 투입되는 비용과 안전 및 유지관리에 투입되는 재정이 거의 5 : 5로 반반을 구성하고 있다.

1990년대 중반은 건설업계의 일대 전환점, 건설에서 안전으로!

성수대교 붕괴를 계기로 서울시 대형시설물의 안전성을 조사하는 과정에서 2호선 지하철의 합정역에서 당산역을 잇는 양화철교가 D급으로 부실판정을 받았다. 보수하여 안전도를 높이는 방안 등 여러 방법을 강구하였으나, 결국은 가장 안전한 방법을 선택했다. 바로 철거하고 새로 건설하는 것이다. 1960년대 이후 서울은 대한민국의 심장부로서 한강의 기적을 이뤄내며, 오직 확장과 성장 발전에 몰두했다. 전쟁의 잿더미에서 세계 유례가 없는 압축성장을 이뤄냈지만, 안전과 관리에는 소홀했다. 그 결과 엄청나게 비싼 대가를 치른 것이다.

김영삼 정부에서 대량 주택건설과 부동산실명제, 토지거래허가제, 부동산 구입자금 출처 조사 등에 힘입어 부동산 시장이 가장 안정된 시기를 누렸다고 할 수 있다. 이 시기에 서울의 전체 아파트 가격은 명목가격 수치로는 2.3% 상승한 것으로 나타나지만 실질가격은 하락한 곳이 속출한다. 과도한 주택가격하락을 막기 위해 분양가 자율화, 주택 재당첨 제한 완화, 양도세 감면 등 규제완화 정책을 추진했다.

김영삼 정부는 주택가격이 안정되면서 미분양이 증가하고 건설업체가 도산하자, 당시 추진하고 있었던 2기 신도시 계획을 접고 대신 국토이용관리법을 개정하여 국토의 23%에 달하는 면적을 '준농림지역'으로 지정한다. 준농림지역은 도시계획절차를 쉽게 받아 준농림지역을 준도시지역으로 바꿔 고층아파트 건설이 가능하게 한 것이다. 2기 신도시 계획이 중단된 상황에서 택지공급 부족이 발생하자 준농림지역 여기저기에 아파트 단지가 생겨나기 시작한다. 오늘날 도시 인근 논밭 지역에 난데없는 아파트가 건설되는 난개발을 발생시키는 실마리를 제공한 것이다.

1994~1999년까지 규제가 강화되기 전 5년 사이에 민간이 준농림지를 개발해 주택을 건설한 양이 36만호를 넘어, 같은 기간에 전체 주택공급의 11.5%를 차지한다. 중장기적 주택공급 계획과 체계적인 계획도시를 건설할 수 있는 2기 신도시계획을 중단하고 대신, 준농림지역 제도를 채택하여 수도권을 비롯한 전국 여기저기에 **난개발을 유도·방치**한 것은 패착이다.

상대적으로 안정된 부동산 시장에서 장기적인 주택생산 체계의 정비와 계획적이고 안정적인 택지확보 로드맵을 마련할 수 있는 중요한 시기였는데, 목전의 정치적 이해관계와 세계화라는 거창한 구호에 매몰되면서 결국은 IMF 구제금융의 수렁에 빠지게 되었다. 아쉬운 대목이다.

## 김대중 정부(98.2~03.2):
## IMF 외환위기 극복, 신자유주의로 주택가격 상승

1998년 김대중 정부가 들어서면서 가장 큰 국가 현안은 IMF의 구제금융에서 하루빨리 벗어나는 일이었다. IMF에서는 국가경제의 체질 개선을 요구했다. 기업경영의 부실 요인을 없애고, 노동시장의 유연성을 확보하며 국제적인 거래 관행에 맞지 않은 절차와 제도의 혁신을 요구했다. IMF 요구를 수용하는 과정에 많은 기업이 도산하고, **400만 명이 넘는 실업자**가 양산되었다.

IMF 위기 속에서 경제적 불황을 극복하고 대량실직을 해결하는 방안으로, 1998년부터 주택공급의 진작과 거래촉진을 위한 주택경기 활성화 정책을 연이어 발표한다. 1998년 아파트 가격은 전국 13.36%, 서울은 14.60%로, **전대미문의 하락 폭**을 기록한다. 침체한 실물경제 회복을 위한 건설경기 부양과 경제위기 극복을 위한 적극적인 건설산업 규제 완화, 그리고 외국인 투자 유치 촉진 장려를 기본 방향으로 추진했다. 시장기능을 규제했던 토지거래신고 및 허가제 등 토지공개념 제도를 완화하고, 부동산 경기 활성화 대책으로 양도소득세 면제, 아파트 분양가 전면 자율화, 분양권 전매 한시적 허용을 추진했다.

분양가 규제 철폐 후 서울아파트 분양 평당가 추이 (단위: 만 원)

| 1998 | 1999 | 2000 | 2001 | 2002 | 2003 | 2004 |
|------|------|------|------|------|------|------|
| 521 | 604 | 670 | 735 | 840 | 1,082 | 1,263 |
| 100 | 115.9 | 128.6 | 141.0 | 161.2 | 207.6 | 242.4 |

2기 신도시 계획은 폐기되고 환경문제와 난개발에 따른 준농림지역 규제가 1999년 강화되는 상황에서 주택분양가가 자율화되다 보니 상당한 문제가 발생한다. 특히 1983년부터 지속되었던 분양가격에 대한 규제가 1999년에 폐지되다 보니 분양가가 천정부지로 치솟는다. 서울아파트의 평당 분양가가 1998년 521만원이었던 것이 6년만인 2004년에 2.42배가 오른 1,263만원으로 폭등한다. 만성적인 주택공급 부족 상태에서 추가적인 택지공급 없이 분양가격이 자율화되면 신규 분양주택의 가격결정은 민간 건설업자가 주도하게 된다. 결과적으로 주택건설에 따른 개발이익의 상당 부분을 건설업체가 가져가게 되는 꼴이다.

1997년 12월 외환위기로 IMF 구제금융을 받아 국가부도를 막았던 IMF 경제체제는 온 국민의 피땀으로 이루어진 노력으로 금융지원금을 모두 상환하면서 2001년 8월에 벗어나게 된다. 기업의 체질 개선과 노동시장이 차츰 안정되고 경제가 회복되면서 주택가격은 다시 상승하기 시작한다. 2002년에는 서울의 아파트 가격이 전년 대비 30.79%까지 폭등한다.

환경보호와 난개발의 문제로 준농림지역 개발에 대한 규제가 강화되자 택지부족 해소를 위해 개발제한구역을 해제하는 부작용을 초래한다. 청약자격이 세대별에서 개인으로 확대되고, 재당첨회수 제한 폐지와 분양권 전매가 허용되자,

실수요자의 당첨기회는 축소되고 분양권의 웃돈을 주어야만 내 집 마련 기회를 가질 수 있었다. 설상가상으로 분양가의 급격한 상승으로 집값 부담이 가중되는 상황에서 실수요자의 내 집 마련 기회가 더 멀어지는 결과를 초래한 것이다. 김대중 정부는 IMF라는 초유의 국가위기를 극복하기 위해 신자유주의 논리를 대폭 수용하여 각종 규제를 완화하고 국가경제의 체질을 개선하는 방향으로 정책을 추진했지만, 주택 실수요자 처지에서는 상당한 경제적 부담을 가중하는 결과가 되었다.

## 노무현 정부(03.2~08.2): 서민주거안정 주거복지로드맵, 부동산 폭등 정책실패

전국 아파트 가격이 전년 대비 2001년 14.55%, 2002년 22.78%로 부동산 가격이 IMF 외환위기를 극복하고 본격적으로 상승하기 시작한다. 외환위기 이후 주택공급물량 급감으로 인한 수급불균형, 대규모 아파트 단지의 재건축 시기 도래에 따른 개발호재, 분양가 자율화와 분양권 전매 허용 등 규제완화 조치 등이 서로 얽혀 복합적으로 작용하면서 주택가격이 급격히 상승한다. 이와 더불어 저금리로 인한 유동자금 증가와 가계대출 확대로 주택수요자들의 자금조달 능력이 향상되면서 주택가격 상승을 부채질한다.

## 명운을 건 주택시장 안정화 대책: 공공기관 지방이전과 규제, 그리고 공급

이렇게 부동산 가격 상승기의 어려운 상황에서 2003년에 출범한 노무현 정부는 주택가격 안정을 통한 서민의 주거비 부담을 완화하기 위해서 정권의 운명을 건 노력을 기울이었다. 수도권의 인구집중을 완화하고 지역균형개발 정책의 하나로 수도이전과 지방 혁신도시를 건설하여 공공기관의 지방 이전을 추진했다.

취임 초기 부동산 투기 근절에 대한 강한 의지를 표명하면서 투기억제책으로 분양권 전매제한 및 재당첨 제한 부활, 수도권 투기과열지구 지정을 추진했다. 세제를 개편해서 종합부동산법 도입, 다주택 소유자 양도세 중과, 투기지역 내 주택 취등록세 중과 등 세제를 강화했다. 이와 함께 공공택지 내 분양가 상한제, 분양가 내역 공시제를 시행해서 공사원가를 낮추고 사업 투명성 제고를 위해 노력했다. 토지거래 허가대상 확대와 강남구 등에 주택거래신고제를 시행하고 재건축에도 임대아파트 의무건설제도와 소형주택 의무건설비율을 추진했다.

주택공급 정책으로는 서민의 주거안정을 위해 임대기간 30년의 국민임대주택 100만호 건설과 임대기간 10년 공공임대주택 50만호 건설을 추진했다. 강남지역 재건축 단지의 가격상승이 두드러지고 투기가 예상되자, 재건축 가능 기한을 40년으로 연장하고 재건축 실시여부를 가늠하는 안전진단 기준을 강화했다.

IMF 외환위기의 국난극복 결과일 수도 있는 부동산 가격 상승기에 출범한 노무현 정부는 정권의 명운을 건 주택시장 안정화를 위한 범정부적 차원에서 다각적인 노력을 했음에도 불구하고 그 성적은 흡족하지 않았다. 서울의 주택가격은 김대중 정부 66.1% 상승에 이어 노무현 정부에서도 55.7% 상승했다. 반면, 전세가는 김대중 정부 81.8% 상승보다 노무현 정부에서는 10.9%로 안정화되었다.

노무현 정부에서 지역균형발전 차원에서 추진한 행정중심복합도시, 기업도시, 혁신도시와 신도시 건설 등으로 선정된 지역은 2004~2005년 사이에 10~50%까지 부동산 가격이 폭등한다. 이 지역의 지가가 급등하면서 전국 지가의 상승 요인으로 작용한다. 이러한 대규모 개발에 따른 토지수용 보상비가 2000~2005년까지 약 50조를 넘어서면서 이 자금이 다시 부동산 시장으로 유입되어 주택가격을 자극하는 악순환의 고리가 되었다. 선의의 정책이 좋지 않은 결과로 되돌아온 것이다.

노무현 정부의 부동산 정책에 대해서는 아직도 찬반 논쟁이 격렬하다. 우선 주택가격 상승의 원인을 어떻게 바라보느냐의 시각 차이가 정책입안자와 전문가 그리고 시민단체들 사이에서 상당히 결을 달리한다. 저금리에 따른 풍부한 유동자금의 투기적 가수요가 부동산으로 유입됨에 따라 일어난 현상이라는 견해를 가진 쪽에서는 부동산 투기 근절과 주택수요 억제에 초점을 맞추어 세제와·인허가 규제강화를 주장한다.

다른 한편에서는 주택가격 상승의 원인이 수요보다 공급이 부족하여 발생한 것으로, 택지공급과 주택생산체계 정비를 주장한다. 노무현 정부는 세제개편, 거래투명화, 공급확대, 서민 주거안정이라는 4대 정책 기조 아래 바람직한 정책 방향을 수립하고 주거복지 로드맵을 통해 계층별 서민 주거안정 방안을 구체화

했다. 그러나 정책의 세부실행 방안, 정책 시점, 정책 진행속도, 과세저항 등의
어려움에 봉착하였고, 결과적으로 역대 최대의 부동산 가격 상승을 초래한 정
부로 기억되고 있다.


## 이명박 정부(08.2~13.2):
## 금융위기 극복, 경기부양 규제완화, 전세가격 폭등

2007년에 미국 서브프라임 모기지에서 시작해서 2008년 전 세계를 휩쓴 글로
벌 금융위기로 세계 경제성장률이 둔화하고, 실업률 증가, 소득 증가률이 감소했
다. 국내 실물경기가 위축되어 부동산 건설경기도 극심한 어려움을 겪게 된다.
2009년에 세계경제는 -1.3%의 마이너스 성장률을 기록하고 특히 주요선진국은
타격이 더 커서 -3%대의 극심한 경제난을 경험한다.

글로벌 금융위기 파도가 한반도를 덮치면서, 주택가격이 폭락하기 시작한다.
눈여겨볼 만한 것은 금융위기가 시작된 2007년부터 2009년까지는 서울의 주
택가격이 바로 하락하지 않고 주춤거리다가 2010년부터 서서히 내려가 2013년
말에 저점을 찍는다. 경기 위축으로 미분양주택이 2009년 전국기준 16만호로
역대 최고 수준을 기록하고, 준공 후 빈집으로 남아 있는 악성 미분양주택이 5
만호를 넘어섰다. 2009년에는 전국 359개의 분양사업장의 1/3인 114개 현장이
청약률 제로 사업장이었다. 분양주택의 장기적체, 중도금 납부지연 등으로 주택
건설업체는 자금난이 심각해져 주택사업자 등록말소나 반납이 속출했다.

## 금융위기로 침체된 경기를 부양하기 위한 과감한 규제 완화 정책 추진

미국발 서브프라임 사태에서 비롯된 글로벌 금융위기에 따라 환율 불안, 유가와 원자재 가격상승 등 경기위기 상황에서 2008년에 출범한 이명박 정부는 세계 금융위기에 대처하고 경기를 회복하기 위해 경기부양 정책과 시장 논리에 바탕을 둔 과감한 규제 완화를 추진한다. 노무현 정부에서 집값을 잡기 위해 시행했던 부동산 규제 정책을 대부분 완화하고, 건설시장 정상화로 경기를 회복하고자 인프라 시설 투자를 확대했다. 취등록세 감면, 양도세 완화, 종부세 세율 인하 등 세금감면을 통해 주택거래를 활성화하도록 하고, LTV 완화, 강남의 정비사업을 비롯한 재건축 재개발 절차 간소화를 도모했다. 일시적 1가구 2주택 중복보유 허용기간 완화, 장기보유 특별공제, 분양가 상한제 완화·폐지, 수도권 분양권 전매제한기간 단축 등을 통해 미분양을 해소하고 경기를 활성화하고자 했다. 재건축 소형평수 의무 폐지, 안전진단 절차 단축, 용적률 상향, 임대주택 의무 폐지 등을 통해 재건축과 재개발 등 정비사업 활성화를 도모했다. 글로벌 경제위기 속에서 신자유주의 논리를 주창하는 이명박 정부는 참여정부에서 수요관리 차원에서 투기 억제를 위해 추진했던 부동산 규제 정책이 과도하게 시장기능을 침해하고 있다고 판단, 과감하게 해제하거나 완화한다.

한편으로는 서민 주거환경 개선과 집값 안정이라는 목표 하에 주변시세보다 15~50% 저렴한 보금자리 아파트를 서울 외곽에 공급하기 시작했다. 그런데 이 보금자리 주택은 강남권에 인접한 개발제한구역을 해제하여 아파트를 건설하면서 가뜩이나 침체되어 있는 민간건설업계에 찬물을 끼얹는 결과를 초래한다.

# 노무현 - 이명박 대비되는 정책 기조:
## 투기억제·규제강화 vs. 경기부양·규제완화

부동산 정책에 있어서 가장 대비되는 정책을 펼친 것이 노무현 정부와 이명박 정부다. 김대중 정부에서 외환위기를 극복하기 위해 규제완화를 통한 경기부양을 하는 과정에서 부동산 가격 상승기에 출범한 노무현 정부에서 투기억제를 주택정책 기조로 선택할 수밖에 없었다. 반면, 세계적인 금융위기 상황에서 출범한 이명박 정부는 경기회복과 건설경기 활성화라는 목표를 위해 노무현 정부에서 시행했던 각종 규제를 완화하거나 폐지하는 정책을 펼칠 수밖에 없었다.

이렇듯 부동산 정책을 주로 경기활성화와 투기억제라는 상반된 정책 기조 차원에서 단기적으로 추진하다 보니 정책의 일관성을 지키기 어려워 주택정책에 대한 정부 신뢰가 많이 낮아지게 된다. 물론 정책시행 과정에서 실거래가 신고 및 등기부 기재, 공시가격 상향 조정 등 부동산 시장의 투명성 제고에 이바지한 바 있으나, 부동산 정책 관련 규제가 강화와 완화를 반복하는 과정에서 부동산 시장의 혼란만 가중되고 부동산으로 인한 양극화가 심화됐다.

또한 주택공급 면에 있어서는 노무현 정부에서 마련한 2017년까지 260만호 공공주택 공급계획을 이명박 정부에서는 1/3 이하 수준인 80만호로 대폭 축소했다. 주택공급은 장기적이고 안정적인 수급 계획에 따라 추진되어야 하는데, 그때그때 경기상황에 맞추어 시행하다 보니 계획과 실행은 늘 불일치하고 부동산 시장은 경기의 등락에 따라 불안해진다.

# 박근혜 정부(13.2~17.2):
## 뉴스테이 민간임대 활성화, 저금리로 전세에서 월세 전환

이명박 정부의 경기 활성화 정책에도 불구하고 여전히 부동산 침체기가 계속되는 상황에서 2013년에 출범한 박근혜 정부의 정책 기조는 경기회복에 방점을 둔 부동산 시장의 활성화였다. 재건축 등 정비사업 활성화를 위해서 재건축연한을 40년에서 30년으로 단축하고, 안전진단의 주거환경 평가 비중을 15~40%로 조정하여, 구조적으로 안전하지만 주거환경 질에서 문제가 있다고 판단되면 재건축할 수 있도록 했다. 청약제도 1순위 요건을 가입 2년에서 1년으로 단축하고, 전용면적 85㎡ 이하 민영주택에 대한 가점제를 폐지했다.

민간택지 분양가상한제 탄력적용, 재건축초과이익환수제 3년 유예, 재건축 조합원의 분양주택 수 3주택까지 허용, 정비사업 요건 완화, LTV·DTI 규제 완화, 생애 최초 구매자 취득세 일시적 전액 감면, 취등록세 인하 등 전폭적인 규제 완화로 부동산 시장을 촉진하는 정책을 펼친다.

글로벌 금융위기 여파로 주택매매가격은 하락하지만, 2009년 한국은행 기준금리가 2%로 떨어지면서 전세가는 상승하기 시작한다. 우리나라의 임대주택시장의 주요 부분을 차지하고 있는 전세제도는 고금리와 주택가격 상승기에 유리한 상황에서 잘 작동하게 되어 있다. 임대인은 고금리의 부담 없이 주택매입가의 상당부분을 전세자금으로 해결하고, 임차인은 주택시장가격보다 싼 금액에 주택에 거주할 수 있으니, 누이 좋고 매부 좋은 격이다.

임대인은 장기적으로는 주택가격이 상승할 것이므로 다음에 매매차익도 볼 수 있을 것이고, 임차인은 나중에 전세금에 그간 저축한 돈을 보태서 집을 살 수도 있을 것이다. 그런데 저금리가 지속되면서 오랫동안 지속되었던 전세제도가 예전처럼 원활히 작동되지 않고 금리가 낮아진 만큼 전세금액이 상승하거나, 월세로 전환하는 추세로 바뀌었다. 이명박 정부에서 서울의 주택가격은 −4.5%로 떨어진 반면 전세가는 31.7%가 폭등하고, 박근혜 정부에서는 매매가격은 10.5% 소폭 상승했는데 전세가는 27.7% 대폭 상승했다. 당시 10년간 매매가격은 등락을 거쳐 5%대 상승에 그쳤으나, 전세가는 60% 폭등했다.

박근혜 정부에서 세계적인 저금리 기조하에 전세시장이 월세시장으로 급속히 전환되는 추세에 대처하기 위해 전·월세 지원 대책을 강구하고 민간 임대주택인 뉴스테이를 추진했다. 수십 년간 이어지던 **고금리가 종말을 고하고 세계적인 저금리 시대로 돌입**하기 시작한 이명박 정부에서부터 주택임대시장 안정화에 대비했어야 했는데 그렇지 못하고, 박근혜 정부에 와서야 대책을 강구하기 시작했으나 실효성 있는 정책이 추진되지 못했다. 많은 아쉬움이 남는 대목이다.

오랜 기간 전세시장에 길들여져 온 우리나라의 주택임대시장은 **저금리시대를 맞아 불가피하게 월세시장으로 전환**할 수밖에 없다는 불가피성을 인정해야 하고, 이에 대비해서 정책을 펼쳐야 한다. 그리고 국민에게도 그 불가피성을 알려서 국민 스스로 준비하게 해야 한다. 박근혜 정부에서는 주택가격이 상대적으로 안정된 시기였기 때문에 임대시장 안정화에 주력했더라면 더 좋은 결과가 나오지 않았을까 하는 생각이 든다. 최근에 전세금 폭등의 주범으로 몰리고 있는 계약갱신청구권, 임대료 상한제 등 임대차 3법 등도 이때 시행했더라면 훨씬 더 안정적으로 추진되지 않았을까 하는 아쉬움도 있다. 최근 주택가격 상승 국면에 임대차 3법을 시행하다 보니, 주택시장에 혼란이 가중되고 일시적인 전세금 폭등과 전세 품귀현상을 겪게 되는 것이 아닌가 한다.

## 문재인 정부(17.5~ 현재):
## 25회 부동산 대책, 210만호 주택공급 발표, 가격상승 여전

주택가격 통계자료를 자세히 들여다보면 서울의 주택가격은 2014년에 글로벌 금융위기로 인한 가격 하락의 저점을 찍고 반환점을 돌아서면서, 2015년부터 서서히 상승하다가 2016년부터 본격적으로 상승을 시작한다. 2014년에는 상승 초기였기 때문에 대부분 체감하지 못했고 그해 4월에 **세월호 침몰사고**가 발생하면서 온 나라가 슬픔에 잠겨 있을 때이기도 하다. 2014~2015년의 가장 큰 사회 이슈는 **안전한 대한민국 만들기**였다. 세월호 참사 같은 사고가 다시는 반복되지 않도록 해야 한다는 절실함에서 국가안전재난처가 신설되어 재난안전 컨트럴 타워를 보강하고, 산업 전 분야에 걸쳐 안전기준을 강화하는 등 재난안전 시스템을 강화했다.

2016년에 가장 큰 사회적 이슈는 '국정농단을 바로 잡고 나라다운 나라를 만들어야 한다'라는 목표 아래 광화문광장에서 시작한 촛불문화집회가 전국적으로 번지기 시작했다. 이때부터 부동산 가격이 본격적인 상승의 길로 접어들었으나, 정국이 국정농단 이슈가 모든 것을 집어삼킬 때였으니 부동산에 대해 누구도 관심 있게 살피지 않았다. 국민도 1987년 헌법개정을 통해 대통령 직선제 등 절차적 민주화를 이룩한 지 30년이 되었으니, 이제는 '국민이 정말 주권을 행사하는 제대로 된 민주주의를 만들어야 한다'라는 열망에 가득 차 있었다.

국민이 선거를 통해 대통령을 선출했다 하더라도 대통령이 국민을 위해 제대로 일을 하지 않고 권력을 사유화한다면 물러나야 한다는 것이 당시 시대적 요청이었다. **국정농단 철폐**라는 시대적 소명이 모든 것을 빨아들였다. 광화문 일대에서 진행했던 박 대통령 퇴진 운동에 참여한 숫자가 1,600만[*]을 넘어섰다.

나라다운 나라를 만들어야 한다는 대다수 국민의 열망에 묻혀, 누가 주택시장 흐름에 눈 돌릴 틈이 있었겠는가? 그렇지만 박근혜 정부에서도 서울의 주택매매가는 10.5% 상승했고, 전세가는 27.7% 상승했다.

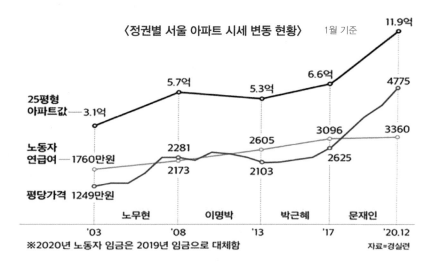

〈정권별 서울 아파트 시세 변동 현황〉 1월 기준

25평형 아파트값 3.1억 — 5.7억 — 5.3억 — 6.6억 — 11.9억

노동자 연급여 1760만원 — 2281 — 2605 — 3096 — 4775

평당가격 1249만원 — 2173 — 2103 — 2625 — 3360

노무현 / 이명박 / 박근혜 / 문재인

'03 / '08 / '13 / '17 / '20.12

※2020년 노동자 임금은 2019년 임금으로 대체함

자료=경실련

---

[*]범국민행동 주최 측 추산

## 2017년 상반기만 해도 이렇게까지 오를 줄?

2017년 3월 10일 마침내 박근혜 대통령의 탄핵이 선고되고 5월 10일 문재인 정부가 들어서면서 주택가격 상승 이상기류를 감지하기 시작한다. 6월 19일 처음으로 주택시장 안정화 대책을 국토교통부 김현미 장관이 발표한다. LTV·DTI 강화와 주택전매기간 강화, 조정대상지역 추가지정, 재건축 규제강화 등이 주요 골자였다. 문재인 정부 초기만 해도 주택가격이 이렇게까지 줄기차게 4년 내내 상승하리라고는 정부 당국자나 전문가를 비롯한 일반 국민도 예상치 못했다.

더구나 강남권 아파트가격이 상승을 주도하다가 마용성(마포·용산·성동)으로 확대되고 상대적으로 가격이 저렴한 노도강(노원·도봉·강북)까지 확산되면서 서울의 부동산값이 큰 폭으로 상승한다. 이번에는 서울을 넘어 주요 광역도시로 확산되고, 전국의 주요 도시들을 한 바퀴 돌더니, 다시 돌아와 서울의 주택가격 상승을 자극한다.

2019년 12월 3기 신도시 발표일 이후에는 신도시 입주 기대감이 커지면서 주택 매입수요가 전세수요로 전환되어 전·월세 시장가격이 상승하기 시작한다. 2020년 7월에 계약갱신청구권과 전월세상한제를 골자로 임대차 2법이 시행되면서 전세 품귀현상과 더불어 전세가 상승이 촉발된다.

문재인 정부에서 주택가격이 얼마나 올랐을까? 가격통계에는 여러 가지 산출방식이 있어서 출처마다 다소 다르게 나타날 수 있으나, 가장 상승 폭이 두드러지게 체감할 수 있는 통계를 제시하는 곳은 경실련으로 알려져 있다. 경실련의 발표(2021.1.14.)에 따르면, 문재인 정부 4년 동안 25평대 서울아파트 가격은 6억 6천만 원에서 82%가 오른 11억 9천만 원이 되었다.

KB국민은행에 따르면(2021.3.5.) 서울 아파트 전세가격 평균은 5억 9,821만 원으로 4년 전인 2017년 2월의 아파트 매매가격인 5억 9,861만 원에 육박하는 수준으로 상승했다. 전세가는 전국적으로도 2018년에 비해 3년간 27.7% 상승한 것으로 조사됐다.

## 25회 부동산 대책 발표(2017~2021)

문재인 정부에서는 2017년 6월을 필두로 하여, 투기세력 억제와 실수요자 주택공급, 그리고 서민 주거안정이라는 목표를 가지고 2021년 2월까지 25차례 부동산 대책을 발표하고 시행했다. 2017년에는 저금리로 인한 풍부한 유동자금의 투기수요가 부동산 시장으로 유입되는 것을 차단하고 임차인 보호 강화를 위해, LTV·DTI 강화, 분양권 전매금지, 투기지역 지정, 임대사업등록 활성화를 추진했다.

2018년에는 주거안정 금융지원 방안을 강구하고 수도권의 주택공급과 세제를 강화했다. 주택수요에 대응하는 대규모 택지공급을 위해 12월에 3기 신도시 계획을 발표한다. 서울 경계로부터 2㎞ 떨어진 지역인, 남양주 왕숙, 하남 교산, 인천 계양, 고양 창릉, 부천 대장 등 5대 신도시 지역에 15만5천호를 건설할 계획을 수도권 광역교통망 개선방안과 같이 발표한다. 그 외에 중규모 택지로 과

천지구, 안산 상록 장상지구, 용인 구성역, 안산 신길2지구, 수원 당수2지구 등에 4만3천호를 건설하기로 발표한다. 2019년에는 추가 신규택지 공급을 통해 주택 11만호 건설계획을 발표하고 기 발표한 신도시 건설을 위한 공공주택지구 지정을 추진하며, 임대등록사업자의 과다한 특혜를 일부 제한하는 임대등록 제도를 보완한다.

2020년에는 용산정비창 및 태릉골프장 등 주택공급 추가계획을 발표하고, 3기 신도시 일부 사전청약을 추진하며 주택임대사업자 폐지와 다주택자 종부세율 및 취등록세율을 상향한다. 또한 그간 민간 조합 위주로 추진되었던 정비사업장에 공공의 역할을 강화하여 공공 재개발·재건축을 추진키로 한다.

2021년에는 변창흠 장관이 김현미 장관의 바통을 이어받아 2월 2일에 2025년까지 서울 32만호 등 전국 83만6천호의 '공공 주도 3080+ 대도시권 주택공급 획기적인 확대방안'을 발표했다. 13년 걸리는 정비사업을 5년으로 단축하고 용도지역을 변경해서 용적률을 상향하고 기부채납 부담을 완화하여 서울에 강남 3구 수와 비슷한 32만호를 공급하는 것을 골자로 하고 있다. 신속하고 공정한 추진을 위해 공공정비사업과 도심공공주택복합사업 방식으로 LH, SH, 지자체 등 공공이 사업을 주도하는 방식이다. 기존 주거복지 로드맵과 3기 신도시 등을 통해 추진 중인 수도권 127만호를 합하면 200만호를 넘는 역대 최고 수준의 공급대책이다.

## 〈문재인 정부 주택공급 계획〉

### 총 127만호 + 83만호 = 210만호 건설

**[기존 대책]** 127만호 공급 : 서울시 36만4천호, 인천 15만1천호, 경기 75만7천호
– 공공택지 84만호, 재건축 재개발 정비사업 39만호
– 소규모 정비, 노후영구임대단지 재정비, 준공업지역 4만호
– 3기 5대 신도시: 15만 5천호(남양주 왕숙, 하남 교산, 인천 계양, 고양
　　　　　　　　　　창릉, 부천 대장)

**[2.4 대책]** 공공 주도 3080+ 대도시권 주택공급 획기적인 확대방안 : 83만6000호
– 수도권 61만호 (서울 32만호), 5대 광역시 22만호
– 공공분양(70~80%), 공공자가 공공임대(20~30%)
– 도심공공주택복합사업, 공공직접시행 정비사업, 도시재생을 통한 주택공급,
공공택지 신규지정

　　그간 25차례에 걸쳐 수요억제를 위한 금융과 세제 정책, 주택공급을 위한 택지 마련 방안, 서민 주거안정을 위한 각종 주거복지 정책 등을 펼치고 있으나, 아직은 성과가 그리 좋은 평가를 받지 못하고 있는 것이 사실이다. 한편으로 부동산 정책이 좋은 평가를 받았던 시절이 있었던가 되돌아보면 대부분 그렇지 못하다.

역대 정부별 부동산 정책

| 구 분 | | 노태우 | 김영삼 | 김대중 | 노무현 | 이명박 | 박근혜 | 문재인 |
|---|---|---|---|---|---|---|---|---|
| 사회경제적 배경 | | 경제 활성화 | 세계화 추진 외채관리 소홀 | 외환위기 ('07.12) | 소득 양극화 확대 | 글로벌 금융 위기('08.08) | 전세계 저성장 시대 도래 | 저성장 기조 지속 제로금리시대 돌입 |
| 경제성장률 (국내총생산 기준) | | 90.1% | 72.0% | 46.1% | 30.1% | 24.8% | 16.0% | 4.5% |
| 아파트 | 매매변동률 | 66.8% 가격상승폭 최대 | 2.3% 주택가격소폭 하락 | 66.1% 가격상승폭 확대 | 55.7% 가격상승세 지속 | −4.5% 아파트 가격 하락 | 10.5% 가격상승세 전환 | 34.5% 가격상승폭 확대 |
| | 전세변동률 | 84.3% | 11.1% | 81.8% | 10.9% | 31.7% | 27.7% | 10.8% |
| 인구 및 가구 | | 전국인구증가 서울인구감소 | 수도권인구증가 서울인구감소 | 서울 인구 감소 가구는 증가 2000년만 인구 증가 | 서울인구 증가세로 전환 | 서울 인구 증가세로 전환 2010년만 인구 증가 | 인구 가구 수 지역 상관없이 감소 | 서울 인구 감소 가구수 증가 |
| 서울 인허가 (전국 인허가) | | 41.8만호 (272만호) | 47.7만호 (313만호) | 46.4만호 (234만호) | 32.5만호 (254만호) | 32.8만호 (228만호) | 31.9만호 (245만호) | 24.1만호 (170만호) |
| 주요 정책 | | 1기신도시 (200만호) | 수도권 25만호 | 택지공급확대 | 2기 신도시 추진 | 보금자리주택 (150만호) | − | 3기 신도시 (30만호) |
| | | 토지공개념 3법 제정 | 부동산 실명제도입 | 토지공개념 관련법 폐지 | 종합부동산세 도입 재건축초과 이익환수제 | 재건축초과 이익 환수제 유예 등 | 택촉법 폐지 추진, 자가촉진 등 | 임대사업자등록 세제 개편 등 |
| | | 규제강화 | 규제완화 | 규제완화 | 규제강화 | 규제완화 | 규제완화 | 규제강화 |

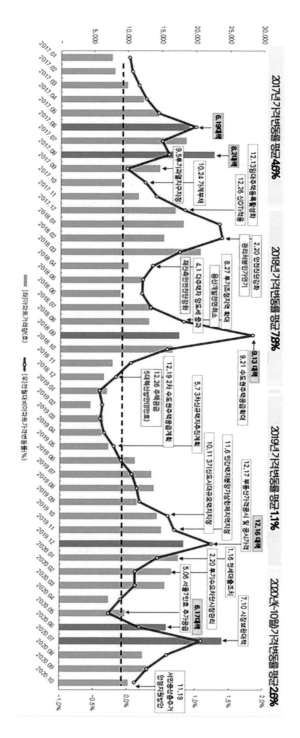

〈문재인 정책 정책별 서울시 주택거래량 및 주택가격변화추이 비교〉

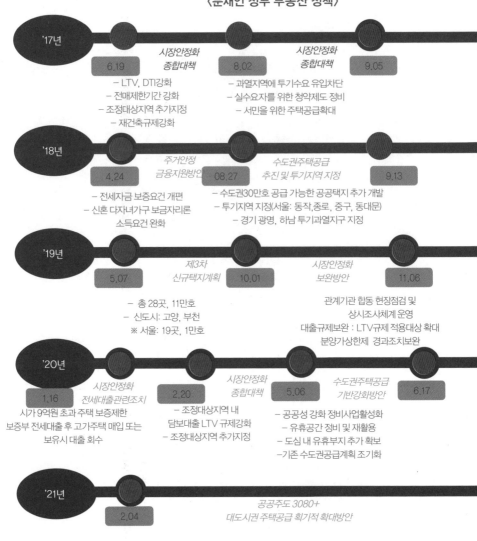

## 〈문재인 정부 부동산 정책〉

**'17년**

6.19
– LTV, DTI강화
– 전매제한기간 강화
– 조정대상지역 추가지정
– 재건축규제강화

8.02 시장안정화 종합대책
– 과열지역에 투기수요 유입차단
– 실수요자를 위한 청약제도 정비
– 서민을 위한 주택공급확대

9.05 시장안정화 종합대책

**'18년**

4.24 주거안정 금융지원방안
– 전세자금 보증요건 개편
– 신혼 다자녀가구 보금자리론
  소득요건 완화

08.27 수도권주택공급 추진 및 투기지역 지정
– 수도권30만호 공급 가능한 공공택지 추가 개발
– 투기지역 지정(서울: 동작,종로, 중구, 동대문)
– 경기 광명, 하남 투기과열지구 지정

9.13

**'19년**

5.07 제3차 신규택지계획
– 총 28곳, 11만호
– 신도시: 고양, 부천
※ 서울: 19곳, 1만호

10.01 시장안정화 보완방안
관계기관 합동 현장점검 및
상시조사체계 운영
대출규제보완 : LTV규제 적용대상 확대
분양가상한제 경과조치보완

11.06

**'20년**

1.16 시장안정화 전세대출관련조치
시가 9억원 초과 주택 보증제한
보증부 전세대출 후 고가주택 매입 또는
보유시 대출 회수

2.20 시장안정화 종합대책
– 조정대상지역 내
  담보대출 LTV 규제강화
– 조정대상지역 추가지정

5.06 수도권주택공급 기반강화방안
– 공공성 강화 정비사업활성화
– 유휴공간 정비 및 재활용
– 도심 내 유휴부지 추가 확보
– 기존 수도권공급계획 조기화

6.17

**'21년**

2.04 공공주도 3080+
대도시권 주택공급 획기적 확대방안

224

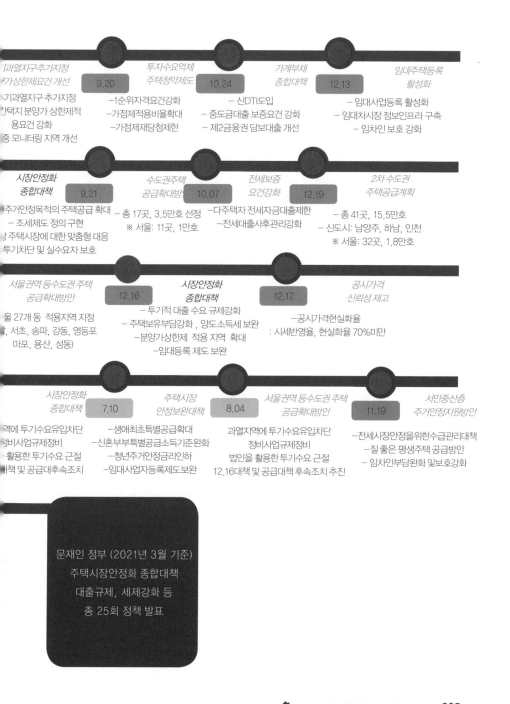

過熱지구추가지정
가산한제요건 개선

**투자수요억제**
**주택청약제도** 9.20

**가계부채**
**종합대책** 10.24

**임대주택등록**
**활성화** 12.13

기과열지구 추가지정
택지 분양가 상한제적
용요건 강화
중 모니터링 지역 개선

－1순위자격요건강화
－가점제적용비율확대
－가점제재당첨제한

－ 신DTI도입
－ 중도금대출 보증요건 강화
－ 제2금융권 담보대출 개선

－ 임대사업등록 활성화
－ 임대차시장 정보인프라 구축
－ 임차인 보호 강화

*시장안정화*
*종합대책* 9.21

*수도권주택*
*공급확대방안* 10.07

*전세보증*
*요건강화* 12.19

*2차 수도권*
*주택공급계획*

주거안정목적의 주택공급 확대
－ 조세제도 정의 구현
ㅑ주택시장에 대한 맞춤형 대응
투기차단 및 실수요자 보호

－ 총 17곳, 3.5만호 선정
※ 서울: 11곳, 1만호

－다주택자 전세자금대출제한
－전세대출사후관리강화

－ 총 41곳, 15.5만호
－ 신도시: 남양주, 하남, 인천
※ 서울: 32곳, 1.8만호

*서울권역 등수도권 주택*
*공급확대방안*

*시장안정화*
*종합대책* 12.16 12.17

*공시가격*
*신뢰성 제고*

울 27개 동 적용지역 지정
, 서초, 송파, 강동, 영등포
마포, 용산, 성동)

－ 투기적 대출 수요 규제강화
－ 주택보유부담강화 , 양도소득세 보완
－분양가상한제 적용 지역 확대
－임대등록 제도 보완

－공시가격현실화율
: 시세반영율, 현실화율 70%미만

*시장안정화*
*종합대책* 7.10

*주택시장*
*안정보완대책* 8.04

서울권역 등수도권 주택
공급확대방안

*서민중산층*
*주거안정지원방안* 11.19

역에 투기수요유입차단
정비사업규제정비
활용한 투기수요 근절
대책 및 공급대후속조치

－생애최초특별공급확대
－신혼부부특별공급소득기준완화
－청년주거안정금리인하
－임대사업자등록제도보완

과열지역에 투기수요유입차단
정비사업규제정비
법인을 활용한 투기수요 근절
12.16대책 및 공급대책 후속조치 추진

－전세시장안정을위한수급관리대책
－질 좋은 평생주택 공급방안
－ 임차인부담완화 및보호강화

문재인 정부 (2021년 3월 기준)
주택시장안정화 종합대책
대출규제, 세제강화 등
총 25회 정책 발표

# 부동산 시장에서 정부 역할

## 역대 정부 부동산 정책 평가

지난 30년간 역대 정부의 부동산 정책을 평가해보면, 노태우 정부가 가장 성공적인 성과를 이루었다고 필자는 생각한다. 1980년대 후반 86아시안게임과 88올림픽을 성공리에 치르면서 당시 3저 호황에 힘입어 주택가격이 폭등하였다. 무역흑자에 따른 여유자금이 증시로 몰려 투기열풍을 일으킨 뒤 땅과 주택으로 이동, 투기광풍을 일으키던 시기이다. 노태우 정부는 200만호 주택건설계획을 발표하고 1기 신도시 개발을 추진한다. 당시 200만호는 그 이전 40년간 주택건설이 총 600만호라는 것을 고려하면, 실현 가능성이 희박한 무모한 계획이었다. 그러나 대통령이 정권의 명운을 걸고 직접 나서서 진두지휘하고, 당시 청와대 문희갑 경제수석과 박승 건설부 장관이 실무를 총괄하면서 결국 1991년 8월에 공식기록 214만호로 목표치를 조기 초과 달성한다. 무모한 계획을 실현하기 위해서는 조직을 확실하게 장악하고 추진력 있는 강단 있는 인물이 필요하다. 집값 폭등의 위기를 맞이한 노태우 대통령은 경제기획원에서 강성으로 정평이 나있는 문희갑 차관을 경제수석으로 앉히고, 경제수석인 박승을 건설부 장관으로 입각시켜 집행책임을 맡긴다. 부동산정책에 관한 세제, 금융, 공급, 재정 등 모든 권한을 가지고 있는 부처의 역량 있는 사람을 등용하여 자리에 앉힌 것이다.

4년에 걸친 200만호 주택건설은 부동산 시장 안정화에 기여했을뿐만 아니라, 주택산업은 3배에 가까운 성장을 이루면서 대량생산체제를 마련하였다. 건설기술발전과 건축자재생산 체계의 현대화, 건설기술자 양성 등 우리나라 주택건설산업에 있어서 엄청난 도약을 이뤄낸 것이다. 집값 폭등이라는 위기를 극복하는 과정에서 영세한 주택산업의 체질을 근본적으로 혁신한 것이다. 이러한 자세가 필요하다. **작금의 집값 문제를 해결하는 것 못지않게 이번 부동산 위기를 기회로 삼아 허약한 주택시장 관련 제도를 혁신하는 일이 더 중요할 수 있다.** 위기를 통해 도약의 기틀을 튼튼하게 마련하면, 다음에 오는 또 다른 위기는 좀 더 쉽게 극복할 수 있지 않겠는가?

부동산 시장안정에 이바지한 또 다른 축은 토지공개념 3법(택지소유상한제, 개발이익환수제, 토지초과이득세) 등 강력한 투기억제책이다. 여소야대 상황에서 보수 정권이었음에도, 토지공개념 3법이 1989년 12월 국회를 통과하였다. 노태우 대통령은 "박정희 대통령이 길 대통령으로 기억된다면 나는 집 대통령으로 기억되고 싶다"라고 말할 정도로 본인의 대통령 철학을 참모들에게 각인시키고 본인이 직접 200만호 주택공급과 토지공개념 3법을 챙긴 덕분에 성공할 수 있었다고 생각한다. 덕분에 1기 신도시 입주가 시작되는 1991년부터 집값이 내림세로 돌아서면서, 이후 1997년 외환위기가 올 때까지 8년간 주택시장 안정기를 누린다.

김영삼 정부에서는 주택시장 안정기가 지속되니까, 2기 신도시 계획을 접는다. 대신 준농림지역을 준도시지역으로 쉽게 바꾸어 고층아파트를 지을 수 있도록 허용하는 바람에 도시 인근에 난데없는 아파트가 건설되는 난개발이 속출하였다.

김대중 정부에서는 건국 이래 최대 국가 위기인 외환위기를 온 국민의 피땀 어린 혼신의 힘으로 3년 8개월 만에 극복하는 쾌거를 낳았다. 그러나 외환위기 극복과정에서 분양가 자율화, 전매제한 허용 등 규제 완화가 이루어져 외환위기로 벗어난 2001년부터 주택가격이 상승하기 시작한다.

노무현 정부는 초기인 2003년 5월 주택가격 안정화 대책과 더불어 주거복지 로드맵을 통해 계층별 서민 주거안정 방안을 구체화하였다. 세제개편, 거래 투명화, 공급 확대, 서민 주거안정이라는 4대 정책 기조 아래 계획을 수립하였으나, 세부 실행과정에서 정책 시점, 진행속도, 과세저항 등 어려움에 봉착했다. 노무현 대통령이 직접 "부동산 말고는 꿇릴 게 없다"라고 말할 만큼 주택시장 안정에는 실패했다.

글로벌 금융위기와 함께 출발한 이명박 정부는 부동산 가격 급락을 막기 위해 재정지원과 세제 및 금융지원 확대, 그리고 각종 규제 완화 등을 지속 추진하였다. 그러나 매매시장은 계속 침체하고, 전세가는 상승하여 서민 주거 불안은 가중되었다. 경기 및 부동산 시장 활성화와 가계부채 증가에 따른 금융시스템 불안의 상반된 상황에서 정책의 방향성을 일관되게 이끌지 못해 정책의 목표를 효과적으로 달성하지 못한 것으로 평가한다.

박근혜 정부는 이명박 정부에 이어 지속적인 시장친화적 정책 기조하에, 규제 완화를 시행하고, 저금리 추세에 다양한 금융기법을 활용한 주택공급 정책을 추진했으나 활성화되지는 않았다. 주택공급 정책으로는 이명박 정부에서 추진하던 공공분양 정책을 전면 수정하여 행복주택 정책으로 전환하였고, 뉴스테이 등 민간임대주택 촉진책을 썼으나 별 성과를 내지 못했다. 저금리 기조하에 가계부채가 증가하고, 풍부한 유동자금이 축적되면서 부동산 시장의 잠재적 불안요인이 생성되는 시기였다.

문재인 정부 초기에는 저금리로 인한 풍부한 유동자금의 투기수요가 부동산 시장으로 유입되는 것을 차단하고 LTV·DTI 강화, 분양권 전매금지, 투기지역 지정하였다. 또한 임차인 보호와 민간 임대시장을 제도권으로 끌어들이기 위해, 임대사업등록 활성화를 추진했다. 그러나 계속해서 집값이 오르자 2018년 이후부터는 3기 신도시 개발을 비롯한 주택공급 정책과 양도세 종합부동산세 등 세제 강화정책을 발표한다.

2021년 2월에는 83만6천호의 '공공 주도 3080+ 대도시권 주택공급 획기적인 확대 방안'을 발표하며, 기존 발표까지 포함 총 210만호의 주택공급 대책으로 내놓았다. 또한 민간 임대시장 안정화를 꾀하고, 임차인의 주거권을 보호하기 위하여 임대차 3법을 개정하여 계약갱신청구권과 임대료 상한제 등을 도입했다.

## 문재인 정부 주택정책, 아쉬운 점 5가지

문재인 정부가 25회에 걸쳐 다방면의 부동산 대책을 펼치며 노력했으나, 그 결과는 처참하다. 2021년 4월 서울시장 선거 과정에서 여당 스스로 고백했듯이 "현재까지 문재인 정부의 부동산 정책을 실패로 규정하였다." 필자 생각에도 아쉬움이 많다. 정부가 현재 시행하고 있는 정책이라서 평가하기에는 어려움이 있다. 필자가 누차 얘기하듯이 주택정책은 상당 기간이 흐른 다음에 나타나기 때문에 쉽게 평가하기 어렵다. 지금 당장은 주택시장에 어려움을 가져다준다고 하더라도 중장기적으로는 제도 안정에 도움이 되는 경우가 많다. 임대차 3법이 그러한 것이라고 필자는 생각한다. 그런데도 몇 가지 아쉬운 점을 짚고 넘어가고자 한다.

가장 아쉬운 것이 주택가격과 전월세가가 상승하고 있는 시점인 2017년 12월에 발표한 **〈민간 임대시장 활성화 방안〉**인데, 이 방안은 패착 중 패착이다. 민간 임대시장을 안정화하고 임차인의 주거권을 보호한다는 목표로 다주택자가 임대주택으로 등록하면 양도소득세와 재산세를 대폭 감면해 주는 제도이다. 2017년부터 서울은 아파트만(다세대 다가구 제외) 6만 가구, 전국으로는 주택 40만 가구가 세제 감면 혜택을 받고 임대주택으로 등록되면서 시중에는 아파트 품귀현상을 부채질하는 결과를 가져온 것이다. 매물가뭄으로 아파트 한 두 채 나오면 부르는 것이 값이다.

두 번째는 **주택시장에서 작동이 안 되는 세제 강화정책**(보유세를 조금 올리고, 양도세를 대폭 올리는)이 문제다. 다주택자에 대한 양도세를 대폭 올리되, 일정 유예기간을 주어서 다주택 물건이 주택시장에 나오길 기대했으나, 세제 강화로 인한 매물이 시장에 거의 나오지 않았다. 보유세가 낮은 상황에서는 다주택자는 여분의 주택을 월세로 임대하면 보유세를 내고도 남는 상황이다. 누가 양도차익의 70% 이상을 세금으로 내면서 시장에 매물로 내놓겠는가?

세 번째는 2021년 2월에 발표한 210만호 주택공급 정책을 초기인 2017년에 발표했었다면 하는 아쉬움이 있다. 노태우 정부 시절에 발표한 주택공급 200만호 정책이 발표되고 4년이 지난 1991년부터 1기 신도시 입주가 시작되면서 강남을 필두로 주택가격이 내림세로 돌아섰다. 초기부터 주택공급 정책을 추진했다면, 4년이 지난 지금쯤 입주 가능한 주택이 나오는 등 구체적인 성과를 거두어 주택공급에 대한 심리적 안정감을 줄 수 있을 텐데 하는 아쉬움이 크다.

네 번째는 이번 부동산 대책을 주로 국토교통부 장관이 주관했다는 점이 아쉽다. 부동산 안정화 대책은 주택공급, 세제, 금융, 임대시장 관리, 주거복지 등 다양한 정책들이 서로 씨줄 날줄로 복합적으로 얽혀 시너지 효과를 내야 한다. 그런데 부동산 정책 일부분을 담당하는 국토교통부에서 총괄한다는 것은 여러 어려움이 있을 수밖에 없다. 특히 세제나 금융을 주관하는 기획재정부와 내부 협의는 거치겠지만, 원활한 협력을 얻어내기는 쉽지 않았을 것이다.

필자가 역대 부동산 대책 중 가장 성공적으로 추진한 정부로 평가했던 노태우 정부에서는 부동산 대책을 대통령이 직접 나서서 진두지휘하고, 경제기획원 차관 출신인 문희갑 경제수석과 경제수석 출신인 박승 건설부 장관을 투톱으로 내세워 정책을 추진하였다. 주택시장 안정화를 위해 내각이 모든 자원을 동원하고 행정 역량을 총 집중한 것이다. 대통령이 직접 진두지휘하는 부동산 정책은 무게감이 크고, 국민이 느끼는 심리적 안정감은 남다를 것이다. 그런 만큼 정책 효과가 컸고 200만호 건설 속도는 빨랐다. 주택이 준공되어 입주가 시작되니 국민은 주거 불안에서 벗어나 심리적 안정감을 되찾고, 주택가격은 자연스럽게 내림세로 돌아선 것이다.

정책실행의 신속성과 성과를 내기에는 권위주의 정부가 더 좋을 수 있다. 민주주의 시대에는 정부가 정책을 발표하고 추진하려 해도, 정치적 이해관계 속에서 자기 지역에 조금이라도 불리하다 싶으면, 여야를 가리지 않고 일부 정치인들은 어깃장을 놓는다. 당사자로서는 재선이 중요하다. 민주화의 역설이다.

다섯 번째 아쉬운 것은 금리 정책이다. 금리는 한국은행 총재가 의장으로 하는 금융통화위원회에서 물가 동향, 국내외 경제 상황, 금융시장 여건 등을 종합적으로 고려하여 결정한다. 그런데 기준금리가 2011년 3.4%에서 주택가격이 상승하기 시작한 2014년 2.0%로 하락하다가 2020년에는 0.5%까지 초저금리로 내려간다. 25회 걸쳐 부동산 시장 안정화 대책이 발표되기가 무섭게 뒤이어 발표되는 것이 금리 인하다. 부동산 시장에서 집값 대책이 먹히겠는가? 금리가 낮아지니 유동자금은 더욱 늘어나고, 저리로 대출받아 집을 구매하고자 하는 수요가 많아지니 집값은 오르고 가계부채는 커질 수밖에 없는 구조다. 정부 부동산 정책과 긴밀히 조율하면서 금리 정책이 집값에 미치는 파급효과를 더욱 면밀히 통찰했어야 했다. 금리 정책은 정권으로부터 독립은 하되, 주택정책에 있어서 협력은 강화해야 한다. 아쉬움이 크다.

## 혁신은 고통을 수반, 설득과 공감이 중요

> **"백성들은 시작을 더불어 의논할 수는 없으나**
>
> **다 이뤄진 후에는 함께 누릴 수 있다."**
>
> — 사마천의 상군열전商君列傳 —

전국시대 진나라 상국 상앙이 자신이 추진한 변법의 정당성을 주장하는 논리다. 민주주의는 응당 국민이 정책을 추진하는 과정에 참여하고 의견을 개진하는 것이 당연하다. 그러나 혁신적인 사업은 초기에는 많은 국민의 지지를 받기 어렵다. 백성이나 국민은 성과가 나올 때까지 참아내기 힘들다는 것은 동서고금의 진리다.

상앙은 결국 어떻게 되었는가? 자기를 신뢰하고 지지해 주었던 혜문왕이 죽자 결국 권문세가 귀족들에게 죽임을 당하고 만다. 그러나 상앙의 변법이 없었던들 중국변방에 소국이었던 진나라가 중국을 통일한다는 것은 불가능한 일이었을 것이다.

사업 초기에는 많은 반대가 있었으나, 사업이 어느 정도 진행되거나 완료되어 성과를 내기 시작하면 사람들에게 호평을 받는 경우가 꽤 있다. 박정희 정부가 추진한 경부고속도로 건설이 좋은 본보기며, 이명박 시장이 추진한 청계천 복원 사업과 대중교통 체계 개편 등이 대표적이다.

그래서 지도자에게는 미래에 대한 통찰력이 중요하다. 혁신적인 사업이 처음부터 많은 국민의 지지를 받으며 추진되기는 거의 어렵다고 봐야 한다. 좋은 약은 처음에는 쓰나 결국에는 몸에 이롭듯이, 혁신적인 사업은 일부 국민에게는 고통을 수반하는 경우가 많다. 국민의 고통과 어려움을 설득하고 함께하며 극복하고 성과를 내야 하는 것이 정부의 역할이다.

당장 어려움이 있다고 임시처방과 임기응변으로 대응한다고 해결되는 것이 아니다. 오히려 내성이 생겨서 나중에는 약을 세게 써도 듣지 않는 병과 같이, 더 어려운 고통을 국민에게 안겨줄 수 있다. 국민도 이러한 사정을 이해해 주고 같이 인내해주는 것이 필요하다. 미친 듯이 폭주하는 부동산가격 상승에 25번이나 부동산 대책을 발표할 수밖에 없는 정부의 절실한 상황은 이해되나, 오히려 이것이 부동산 시장의 내성을 키우고, "이렇게 많은 정책을 발표했는데도 가격이 떨어지지 않는구나"하는 부동산 불패 신화를 국민의 마음속에 자리 잡게 한 것은 아닌지 생각해 봐야 한다.

# 부동산 정책, 발표만 있고 설명이 없다

25번이나 부동산 정책을 발표하고 자세한 설명이 없다. 왜 그러한 대책이 나왔는지, 전망은 어떻게 되는지, 국민에게 양해를 구할 것은 무엇인지 등에 대한 설명은 없고 발표만 있다. 각종 언론에서는 전문가들을 초대해서 정부가 발표한 부동산 정책의 효과와 전망을 내놓는다. 정부 정책의 구체적인 내용까지는 잘 모르는 전문가들이 자기 입장과 시각에서 부동산 대책을 이리저리 평가하는 것을 들어보면 국민은 오히려 더욱 불안해진다.

부동산은 심리다. IMF 외환위기 당시 이헌재 장관의 말 한마디의 무게감이 지금 그립고 절실하다. 이헌재 장관의 말 한마디 한마디가 어찌 국민에게 달콤했겠는가? 기업은 구조조정을 해야 하고, 부실기업은 정리되며, 노동자들은 하루아침에 실업자로 길바닥에 나앉아야 하는 고통스러운 상황이었다. 그러나 그렇게 하지 않으면 안 되는 이유를 국민이 이해하고 공감했기 때문에, 인내하며 외환위기 국난을 극복한 것이다. 정부와 이헌재 장관에 대한 국민의 신뢰가 있었던 것이다.

초유의 저금리에 따른 유동자금이 폭주하는 상황에서 주택가격이 오르는 것은 정상이다. 다만 비정상적으로 과다하게 오르고, 이를 빌미로 불로소득을 챙기는 것이 문제다. 부동산 폭등기에 편승하여 부동산의 보유·처분만으로 불로소득을 편취하고, 결과적으로 부의 양극화를 초래하는 현상을 막아야 한다. 이에 따른 일부 국민의 고통이 수반되지 않으면 좋겠지만, 그럴 수가 있을까?

물론 국민의 고통을 최소화하는 노력이 필요하다.

## 주택 5대 정책: 공급, 세제, 금융, 임대시장관리, 주거복지

주택정책은 크게 나누면 공급, 세제, 금융, 임대시장관리, 주거복지의 5가지로 대별될 수 있다. 이 정책 중 대부분이 정부의 역할과 권한으로 법제화되어 있고, 서울시 등 지방자치단체에서 할 수 있는 것은 인허가권을 통한 주택공급으로 제한되어 있다. 물론 서울시처럼 재정역량에 따라 주거 바우처 등 일부 주거복지를 지원하는 자치단체들도 있다.

먼저 주택공급에 대해 살펴보자. 주택은 경제성장과 소득증가에 따라 끊임없이 새로운 주택에 대한 수요가 늘어나게 되어 있다. 문제는 소득성장 속도에 따라 일정하게 주택수요가 늘어나지 않고 비선형적이고 간헐적으로 증감을 반복한다는 데 문제가 있다. 그래서 주택시장에서는 수요와 공급이 일시적으로 미스-매칭 되는 경우가 허다하다.

이번처럼 저금리와 풍부한 유동자금이 주택시장에 유입되는 경우에는 더욱 수요와 공급이 불균형을 이루어 부동산 시장가격 폭등이 유발될 수 있다. 주택은 거래되는 재화 중에 가장 비탄력적인 속성을 지니기 때문에 주택시장에서 수요-공급의 원칙이 잘 적용되지 않는다. 이번 주택가격 폭등도 이러한 주택의 비탄력적 속성에 기인한 바가 크다. 따라서 정부는 주택수요를 늘 모니터링하면서 중장기적으로 예측하고, 그에 따른 주택공급 계획을 마련해야 한다.

## 보유세 올리고 거래세를 내려 주택매물을 풍부하게

체질 개선 중에 제일 중요한 것이 세제개편이라고 생각한다. 선진국처럼 보유세를 올리고 거래세를 대폭 내려 주택시장이 활발하게 움직이게 해야 한다. 주택가격이 오르면 오른 만큼의 세금을 부담할 능력이 있는 사람이 구입하고 살다가 세금이 부담스러우면 팔고 나오면 된다. 거래세가 적기 때문에 사고 파는데 부담이 적다. 그러나 보유하려면 자기가 매년 높은 보유세를 감당할 수 있는지 신중하게 생각할· 것이다. 그러면 늘 주택시장에는 매물이 풍부하지 않겠는가. 이것이 시장경제 논리다. 선진국의 보유세는 실효세율이 1%(주택 시세의 1%)인 경우가 많다.

지금처럼 보유세가 낮고 거래세가 높으면 보유하고 내놓지 않는다. 다주택자 입장에서는 월세로 받은 임대료로 보유세를 충분히 내고도 남는데 누가 양도차익의 70% 이상을 양도세로 내고 팔겠는가? 모든 것은 때가 있다. 이번 기회에 세제개편을 하지 않으면 몇 년 주기로 반복되는 부동산 위기에서 대한민국은 자유로울 수 없다.

이번 기회에 부동산 경제시스템에 대한 체질개선을 해야 한다. 몇 년을 주기로 부동산 이슈가 모든 미디어의 첫 장을 장식하고, 나라가 송두리째 부동산 소용돌이 속에 휘말리는 나라가 지구상에 대한민국 말고 또 있을까?

## 임대차 기간 4년은 중장기적으로 주택임대시장 안정화 효과

1989년 노태우 정부 부동산 가격 폭등시기에 전·월세 안정화를 위해 전세기간을 1년에서 2년으로 늘리도록 주택임대차보호법을 개정한다. 법 개정을 주도했던 당시 평민당 J 의원과 민주당 J 의원도 전세를 살고 있었는데, 법 개정의 여파로 전세금이 더욱 폭등하여 결국은 종전에 살던 집에서 옮길 수밖에 없었다는 일화가 있다. 그러나 시간이 점차 지나면서 전월세 가격이 안정되자 그 이후 30년 동안은 주택임대 기간 2년을 당연한 것으로 국민은 인식하게 되었다.

이번에 임대차 3법의 개정으로 임대 기간 2년이 4년으로 늘어나면서 일시적인 전·월세 상승이 수반될 수밖에 없을 것이다. 시간이 지나면서 임대 기간이 정착되면 전월세 가격도 안정되리라 생각한다. 물론 단기적으로 임대주기가 길어짐에 따라 임대물량이 축소되고 전월세 가격이 상승하는 부작용을 초래하는 것에 대해서는 적극적으로 대처해서 충격을 최소화해야 한다.

## 위기가 혁신을 부른다

그런데 부동산 시장이 안정된 시기에 임대차법을 개정했더라면 전·월세 시장에 충격을 훨씬 덜 주었을 것인데, 왜 그렇지 못하고 부동산 폭등기에 임대법을 개정해서 전·월세 시장에 고통을 주는가? 이에 대해 많은 사람이 의아해하지만, 세상일에는 다 때가 있다는 생각이다. 필자는 2014년 주택건축국장으로 재직하면서 기회가 되어 국회 건설교통위에 주택임대시장에 관한 실태 보고와 함께 정책 제안을 했다. 정책 제안은 임대 기간 연장과 월세 계약신고제 두 가지였다.

당시에는 부동산 시장 안정기였는데, 임대기간 연장에 대해 건의를 했다가 오히려 면박만 당했던 기억이 새롭다. 건설교통위원 중 몇 분의 국회의원들께서 "지금처럼 전·월세 시장이 안정되어 잘 작동되고 있는데 괜히 임대기간을 연장하는 법 개정을 하면 임대인들이 미리 전월세 가격을 올릴 수 있어 임대시장에 혼란만 초래하고 임차인들이 어려워진다"라는 것이 반대 논리다. 당시에 필자로서는 이해가 되지 않았으나, 입법 권한을 가지고 있는 국회의원들이 반대하니 어쩔 수가 없었다.

당시에도 국제 기준금리가 내려가면서 임대시장이 전세에서 점차 월세로 전환되는 추세였으나, 월세 시장에 대한 통계조차 파악할 수가 없었다. 그래서 월세도 전세처럼 계약 시점에 주민센터에 계약 내용을 신고하도록 해서 임차인을 보호하고 월세시장에 대한 정보를 파악할 수 있도록 하는 법 개정 건의조차도 임대시장에 혼란을 가중한다는 같은 이유로 받아들여지지 않았다. 만약 그때 임대차 3법을 개정했더라면 전·월세 시장에 대한 충격이 훨씬 덜 하고, 지금 임대시장은 더 안정되었으리라 생각한다.

이처럼 **부동산 시장의 혁신은 오히려 부동산 가격 폭등으로 국민적 관심이 있는 시기에 가능한 것이다.** 혁신의 역설이다. 어려울 때 혁신하여 일시적 고통을 가중한 다음에야 어려움이 해소되고 더 안정된 상황을 맞이하는 것이다.

2017년 임대주택등록 활성화를 위한 임대인 세제 감면정책은 시기적으로 참으로 부적절하다는 생각이다. 입안자로서는 전국기준 10명 중 4명, 서울기준 10명 중 6명이 남의 집에 세를 들어 사는 상황에서 주택임대시장의 안정적 관리를 위해서 이러한 유인책을 추진했다고 하나 시기나 내용적으로 패착이었다. 집값 상승기에 갭투자를 통해 주택 여러 채를 사들인 다음에 임대주택으로 등록하면 재산세와 양도세를 감면받을 수 있으니 다주택자로서는 얼마나 호재인가? 꿩 먹고 알 먹기다. 다주택자들에 의해 수만 채의 주택이 '임대주택 등록제도'를 통해 잠겨버리니, 주택시장은 매물이 드물 수밖에 없다. 수요는 많고 매물이 적으니 부르는 것이 값이다.

## 주택담보대출비율(LTV)과 총부채상환비율(DTI)은 금융의 안전판 역할

주택에 관한 금융정책은 주택구매 시 대출한도액과 이자 등 대출에 관한 규제 사항을 정하는 것이다. 주택담보대출비율Loan-To-Value Ratio, LTV은 담보인정비율로 돈을 빌려줄 때 담보가 되는 자산의 가격에 대비해서 인정해 주는 대출의 비율을 말하며, 부동산 시장의 과열을 막기 위해 2002년 최초 도입했다.

총부채상환비율Debt Income Ratio, DTI은 대출이용자의 연 소득 대비 대출상환액을 말한다. 총소득에서 부채의 연간 원리금 상환액이 차지하는 비율이다. 금융 부실을 막고 국가 전체의 재무 건전성을 높이기 위한 수단으로 2005년 도입했다. 상환능력을 소득으로 따져 대출한도를 정하는 것으로, 무분별한 대출로 빚 어지는 문제점들을 예방하기 위함이다. 만일 DTI가 없이 금융기관에서 무제한 대출을 늘리면 부채 상환 능력이 떨어져 결국 원금은 물론 이자상환도 불가능해지게 된다. 따라서 이러한 대출규제가 없으면 금융기관의 파산과 사회 전체의 금융위기로 이어질 수 있다. 노무현 정부 때 주택수요 제어장치로, 부동산 시장의 과열을 막고 금융부실을 예방하기 위해 도입된 주택담보대출비율과 총부채상환비율은 그 당시에는 상당한 진통이 있었던 것도 사실이다. 그러나 2008년 주택부실담보대출에서 시작한 미국발 금융위기에서 대한민국이 잘 극복할 수 있었던 가장 큰 요인 중 하나가 바로 두 가지 제도 덕분이었다는 것은 우리는 알아야 한다.

LTV 70% 이하, DTI 60% 이하로 주택담보대출을 제한한 덕분에 금융위기로 주택가격이 하락했을 때도 대한민국은 금융부실로 이어지지 않았고, 덕분에 우리는 금융위기를 무난히 빠른 시간 내에 이겨낼 수 있었다. 2019년 12월 통계로 은행 주택담보대출은 653조에 이른다. 연간으로 비교하면 주택담보대출 잔액은 2015년 말 477조 1천억에서 2016년 532조 9천억(전년 대비 10.5% 증가), 2017년 570조 1천억(6.5%), 2018년 607조9천억(6.2%)까지 늘었다. 매년 6~10%대 속도로 증가하고 있다. 2019년은 2018년보다 7.0% 늘었다.

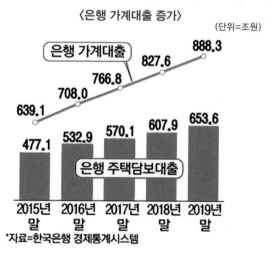

〈은행 가계대출 증가〉 (단위=조원)

은행 가계대출
639.1  708.0  766.8  827.6  888.3

은행 주택담보대출
477.1  532.9  570.1  607.9  653.6

2015년 말  2016년 말  2017년 말  2018년 말  2019년 말

*자료=한국은행 경제통계시스템

현재 주택담보대출은 5억 이하는 70%, 9억 이하는 40%, 15억 이상은 대출이 안 된다. 그런데 문제는 이렇게 주택담보대출을 강화하면 결국 현금을 보유하고 있는 부유층에게 주택매입의 선택권이 주어지고 실수요자는 주택을 매입하기 어렵다는 반론이 생긴다. 예를 들어, 소득 6분위가 중위가격 8억4천만 원의 아파트를 사려면 아래 표와 같이 자기자본과 주택담보대출을 받는다고 하더라도, 18% 정도 자금 부족 발생하여 결국 주택구매에 어려움을 겪는다.

〈금융대출과 주택구입 자금마련과 상관관계〉

[ 투기지역 및 투기과열지구 내 신규주택 구입 담보대출 조건 ]

| 세대기준 | 가격 | LTV |
|---|---|---|
| 서민·실수요자<br>(무주택+소득요건) | 5억 원 이하 | 70% |
| 무주택 세대 | 9억 원 이하 | 40% |
| | 9억 원 초과<br>(1년 내 전입) | 9억 이하: 40%<br>9억 초과: 20% |
| | 15억 원 초과 | 0% |
| 1주택 세대<br>(1년 내 처분 및 전입) | 9억 원 이하 | 40% |
| | 9억 원 초과 | 9억 이하: 40%<br>9억 초과: 20% |
| | 15억 원 초과 | 0% |
| 2주택 이상 세대 | | 0% |

[ 서울 내 중위가격의 주택구입을 위한 자본 구성 ]

✓ 소득4분위 기준

| 40% | 37% | 23% |
■ 주택담보대출
■ 자기자본
■ 부족자본

주택 6억 4,701만 원('20.3)

✓ 소득6분위 기준

| 40% | 42% | 18% |
■ 주택담보대출
■ 자기자본
■ 부족자본

아파트 8억 3,938만 원('20.3)

주1: 소득분위는 30년간 원리금균등상환(연리 2.45%)으로 주택담보대출을 받고, 원리금을 소득 대비 적정 수준(30%)으로 부담한다고 가정할 때 도출한 최저소득분위임
주2: 자기자본은 가계금융복지조사에 의한 소득분위별 평균자산을 활용

## 주거복지 주택바우처는 서울시가 선제적으로 시행

주거복지로 대표적인 것이 주택바우처 제도다. 이 제도는 북미권 및 유럽에서 널리 이용되고 있는 제도로, 임대주택 공급을 정부가 직접 조달하기보다는 수요자 중심의 지원을 통해 주거비용의 일부를 지원하는 제도다. 저소득층을 위한 주

거복지는 공공임대주택과 주거비 보조로 분류할 수 있다. 2000년 초까지는 1989년에 도입된 영구임대주택을 비롯한 공공임대주택을 제공했다. 공공임대주택은 저소득층에게는 효과가 크지만, 건설하고 운영하는데 큰 비용이 들어간다. 이러한 문제를 해결하는 대안으로 서울시는 2002년부터 자체 예산만으로 저소득층 임차가구에 주거비를 지원하는 월임대료 보조제도를 시행했다. 이후 2015년도에 정부가 국민기초생활보장법을 개정해서 국가 차원에서 시행하게 됐다.

## 주택시장에서 정부의 역할이 제한적이라는 것을 인정하는 것이 중요

주택시장에 대해 정부가 할 수 있는 정책은 공급, 세제, 금융, 임대시장관리, 주거복지의 5가지가 있다고 했는데, 이러한 정책의 효과는 상당히 제한적이다. 우선 주택공급 물량의 85%가 민간에서 공급되는 우리나라에서는 부동산 시장은 시장경제 논리에 의해서 움직이는 경향이 강하다. 자본주의 시장경제는 국제적인 경제 상황과 금리나 유동자금에 의해 영향을 많이 받는다. 정부에서 부동산 시장을 완전히 손아귀에 쥐고 통제할 수 있는 구조가 아니다. 그럴 필요도 없다. 시장의 흐름을 읽으면서 정부와 지방자치단체에서 할 수 있는 일을 제대로 하면 된다. 국민도 정부에서 모든 것을 할 수 있는데 안 하고 있다는 인식을 바꿔야 한다. 그것은 전제주의 국가에서나 가능하다. 우리 국민이 전제주의 정부를 바라지는 않을 것이다. 또한 부동산 문제를 너무 쉽게 접근하지 말아야 한다. 부동산 가격의 등락은 국제적인 경제 상황과 맞물려 있는 굉장히 복합적인 사회경제적 활동의 결과물이다.

## 애덤 스미스의 '보이지 않는 손'과 케인스의 '시장 개입'

 2008년 미국발 세계 금융위기를 겪으며 6~7년간 부동산 폭락으로 하우스푸어가 생겨나는 등 국민이 많은 고통을 받았던 때가 있었다는 것을 잊지 말아야 한다. 그때는 "부동산은 오릅니다. 빚을 내서라도 사세요"를 외쳤지만, 부동산 가격 하락을 쉽사리 막지 못했다. 멀리 내다보고 긴 호흡으로 부동산 시장을 관리해야 되지 않을까? 애덤 스미스의 '보이지 않는 손'이 주택시장경제에서 원활히 작동하도록 선의의 관리를 하되, 주택 사재기를 통해서 이익을 챙기며 시장을 교란하는 행위는 바로 적발·시정해야 한다. 주택시장 등락 지점에서 부동산의 보유·처분으로 인한 과도한 불로소득에 대해서는 적절한 세제를 통해 공공으로 환수하는 것 또한 정부의 역할이다. 주택을 애덤 스미스의 '보이지 않는 손'인 시장에 맡기되, 시장에 문제가 생기면 바로 케인스의 '시장 개입'을 통해 문제를 해결하는 것이 정부의 역할이다.


## 시장주의와 규제주의 정책대립

 최근 부동산 안정화 대책에 관해서는 크게 두 가지로 의견이 갈린다. 하나는 이번 부동산 가격 폭등은 소득증가로 인한 주택공급 부족에 따른 것이기 때문에, 세금과 재개발·재건축 인허가 규제를 완화해서 시장에 맡기고 정부는 주택공급에 매진해야 한다는 주장이다. 반대편 의견은 저금리로 인한 풍부한 유동자금이 부동산 시장으로 진입해서 부동산 가격이 상승한 것이므로, 과다한 수요를 억제하고 투기자금을 통한 불로소득을 공공이 환수해야 한다는 주장이다. 따라서 강력한 세제인상과 금융대출 규제가 필요하며 재개발·재건축 인허가를 신중히 처리해야 한다는 것이다.

작금의 상황을 보면, 두 가지 논쟁에 대해서 보수진영은 규제완화를 주장하며 주택공급에 힘을 싣고, 진보진영은 규제를 주장하며 불로소득 공공환수를 역설하는 것으로 비친다. 마치 부동산 대책에 대해서는 보수는 공급론자이고, 진보는 규제론자로 대비하기도 한다. 과연 그럴까? 부동산 안정화 대책에서 가장 강력한 정책을 추진한 것은 노태우 정부 때 토지공개념을 도입하며 제정했던 토지초과이득세법, 택지소유상한제, 개발이익환수법 등일 것이다. 노태우 정부는 부동산 안정화 대책으로 200만호 주택건설을 목표로 5곳의 1기 신도시를 건설하면서, 한편으로는 부동산 투기를 차단하기 위해서 강력한 수요억제 정책을 동시에 추진한 것이다.

역대 정부의 부동산 안정화 대책을 살펴보면, 보수·진보 이념에 따라 공급정책과 규제 정책을 골라서 달리 추진하지 않았다고 필자는 생각한다. 여당과 야당으로 갈리는 정치 현실에 있어서 정책을 정치적 목적에 따라 상대를 비판하는 재료로 사용하기 때문에 의견을 달리할 수밖에 없을 것이다. 주택시장 안정화 대책은 결국 주택시장에서 원만히 작동하여 적절한 효과를 낼 수 있도록 공급과 규제정책을 얼마나 적절하게 잘 배합해서 추진하느냐가 관건일 것이다.

부동산 대책 중에서 더욱 중요한 것은 근본적인 문제를 손대는 것이다. 대한민국의 부동산은 거의 10년 주기로 상승과 하락을 반복해왔으며 앞으로도 그럴 것이라고 예상한다. 주택가격은 세계적인 경기상황이나 금리, 유동자금, 국민소득 증가, 인구증가 및 가구분화 등 다양하고 복합적인 요인에 의해 영향을 받기 때문에, 주기적으로 반복되는 가격상승과 하락을 정부가 인위적으로 막기는 한계가 있을 것이다.

사진출처 : 서울연구데이터서비스(http://data.si.re.kr)

# 도덕주의와 자유시장경제

  '헌법 제1조① 에 대한민국은 민주공화국이다. ②대한민국의 주권은 국민에게 있고, 모든 권력은 국민으로부터 나온다'라고 대한민국의 권력구조와 정치체제를 정의하고 있고, '헌법 제119조① 대한민국의 경제질서는 개인과 기업의 경제상의 자유와 창의를 존중함을 기본으로 한다. ②국가는 균형있는 국민경제의 성장 및 안정과 적정한 소득의 분배를 유지하고, 시장의 지배와 경제력의 남용을 방지하며, 경제주체간의 조화를 통한 경제의 민주화를 위하여 경제에 관한 규제와 조정을 할 수 있다'라고 대한민국의 경제체제를 정의하고 있다.

# 대한민국은 정치체제는 민주공화국이며 경제는 자유시장경제

우리가 사는 대한민국의 정치체제는 민주공화국이며, 경제는 자유시장경제를 기반으로 한다. 왜 다 아는 헌법 얘기를 하는가? 그러나 우리는 실생활에서는 자주 헌법의 정신과 조항을 잊고 산다. 이번 집값 폭등으로 야기된 부동산 시장 대처방식이 헌법정신에 입각해서 생각하고 실행하기보다는 '선과 악, 옳고 그름'이라는 윤리적 잣대로 판단하는 경향이 너무 강하다는 것을 느낀다. 이것이 필자만의 생각일까?

한편에서는 주택시장 안정을 위해서 공급과 규제완화가 답이라고 주장하고, 다른 편에서는 규제를 완화하면 부동산으로 불로소득을 편취하기 때문에 더욱 규제해야 한다고 주장한다. 주택 갭투자로 쉽게 돈을 버는 다주택자들은 부도덕하므로 징벌적 세금을 부과해야 한다고 얘기한다. 2채 이상 주택을 가진 고위 공직자는 한 채만 남겨두고 다른 주택은 모두 팔도록 기한을 정한다. 고위 공직자에 새로 진입하는 자는 기존 다주택을 파는 조건으로 임명된다. 이러한 사회현상이 옳은 것일까? 공직자는 다주택을 가지고 있으면 안 되고, 공직자가 아닌 사람은 다주택으로 불로소득을 편취해도 좋다는 말인가?

자본주의 시장경제하에서 법을 위반하지 않고 돈을 벌 수 있는 곳에 투자해서 돈을 버는 것이 잘못된 것인가? 도덕적으로 비난할 일인가? 투기세력이 주택을 여러 채 매입하고 되팔아서 쉽게 불로소득을 챙기는 상황이라면 이렇게 쉽게 벌지 못하도록 제도를 바꾸면 될 일이다. 또 쉽게 번 돈을 공공이 환수하도록 각종 법을 개정하면 된다. 그것이 정부와 국회가 할 일이고 그렇게 되면 국민도 환영할 것이다. 그런데도 서로 비난과 저주만 가득하고, 백가쟁명식의 대안들만 요란할 뿐이어서 국민도 혼란스럽다.

## 서생의 문제의식과 상인의 현실감각

김대중 대통령은 어려운 일일수록 '서생의 문제의식'과 '상인의 현실감각'이 필요하다고 줄곧 얘기했다. 부동산 시장을 대하는 작금의 상황은 문제의식만 있고 현실적이고 구체적인 대안이 부족한 것이 아닌가 하는 생각이 든다. '뿌리 깊은 나무'와 '샘이 깊은 물'의 창업자 한창기 선생은 현미경처럼 꼼꼼한 자신에게 주변에서 망원경을 선물하니 **"대통령을 꿈꾸는 사람은 많지만, 동사무소 서기가 되는 사람은 없다.** 나는 서기가 되겠다. 우리나라에 위대한 지도자는 너무 많지만 서기 같이 활동한 사람은 적다"라고 말했다.

우리가 주택가격 폭등 시기에 부동산 시장의 안정화를 위한 대책을 논의할 때 이보다 더 적절한 금언은 없을 것이다. 부동산이 급등하면 주택시장이 불안해져서 국민의 삶이 고달파지고, 부동산 매매 차익으로 편취되는 불로소득으로 양극화는 가속화된다. 이러한 문제의식을 느끼고 이것을 해결하기 위해서는 촘촘한 대책이 필요한 것이다. 누구는 최소 임금이나마 벌려고 땀 흘려 고생하는데, 어떤 이는 땅으로 가만히 앉아서 불로소득을 챙기는 사회구조를 법과 제도의 혁신으로 막아내야 한다. 도덕적으로 비난하고 저주할 것이 아니다.

## 도덕주의는 오히려 올바른 정책추진을 저해한다

도덕주의는 그 공동체 구성원이 자발적으로 추구하는 사회의 윤리에 그쳐야지 통치이념이 되어서는 안 된다. 자본주의 자유시장경제 체제에서는 경제활동이 시장경제 논리에 의해서 적정한 투자수익이 나오도록 해야 하고, 과다한 불로소득이 발생하는 경우는 공공이 환수하도록 제도적 장치를 마련하는 것이 중요하다. 집을 여기저기 여러 채 사서 투자했는데 수익이 투자금보다 많이 나온다면 시장논리에 따라 투자하는 것은 당연하다.

범죄를 짓는 것도 아니다. 그런데 우리 사회는 이런 사람을 비도덕적인 범죄자 취급을 한다. 물론 일반 국민으로서는 집값 상승기에 갭투자로 돈을 버는 그런 다주택자들을 비난할 수 있다. 사회 부가가치를 생산하지 않고 오로지 거래행위만으로 불로소득을 편취하는, 바로 매점매석 행위 아닌가? 그러나 정부가 해야 할 일은 일반 국민과 함께 비난할 것이 아니라 이러한 불로소득의 편취를 방지하는 제도를 만드는 것이다.

현재 우리가 사는 대한민국은 도덕과 체면을 앞세우는 유교주의 국가가 아니며, 자유시장경제를 근간으로 하는 경제사회다. 다주택자들을 비난할 것이 아니라, 누군가는 최저임금이라도 벌려고 땀을 흘려 일하는데 누구는 땅으로 불로소득을 편취하는 그런 사회가 되지 않도록 법과 제도를 만드는 일이 중요하다.

그러기 위해서는 갭투자로 벌어들이는 금액 중 사회적으로 용인되는 범위를 넘어선 과다 이익은 공공이 환수할 수 있도록 세제를 개편하면 된다. 15억에 사서 25억에 팔면 10억만큼 차액을 남겼으니 2주택자는 양도소득세율 70%, 7억을 양도세로 매기면 될까? 여기에 함정이 있다. 7억의 양도세를 부담한다고 하면 다주택자들은 팔지 않을 것이다. 종합부동산세와 재산세로 이루어진 보유세가 현재와 같이 크지 않는 상황에서 여유분의 집을 일부 월세로 전환하면 보유세를 내고도 남는다. 그리고 정권이 바뀌고 분위기가 변하여 양도세율이 조정될 때까지 기다릴 것이다. 현재 보유세는 선진국들보다 1/3 낮은 수준이다. 그렇다고 자유시장경제 체제에서 시장경제논리로 움직이는 다주택자들이 집을 팔지 않는다고 비난한다고 될 일이 아니다.

다양한 사례에 대한 정확한 세제 시뮬레이션을 통해 다주택자들이 시장에 매물을 내놓을 수 있는 환경을 만들어야 한다. 2021년 5월 말까지 양도소득세 중과를 유예하며 다주택자의 매물이 시장에 나오기를 유도했으나, 결과는 기대에 전혀 미치지 못했다. 현재와 같이 거래세가 높고 보유세가 낮은 상황에서는 다주택자는 여유있게 기다린다.


## 고향에 집 한 채

2채 이상 집을 가진 공직자는 한 채만 남겨두고 모두 팔아라? 이것이 옳은 것일까? 결과는 어떻게 되었나? 고향에 집이 한 채 있고 서울에 집이 한 채 있다면, 당연히 지금 거주하고 있는 집을 놔두고 고향인 지방 도시에 있는 집을 팔 것이다. 이것은 지극히 합리적인 생각을 하는 사람이 할 수 있는 정상적인 행위다. 현재 자기가 사는 서울에 있는 집을 판다는 것은 매우 불합리하고 비상식적인 행위다. 이런 비상식적인 생각을 하는 사람이 공동체를 이끌어 가는 공직에 있으면 안 된다. 그런데 우리 사회에서는 어떤 일이 벌어지고 있는가? 고향과 서울에 각각 한 채씩 집을 가지고 서울에 살고 있던 모 공직자가 고향 집을 팔았다는 소식이 알려지자, 신문 방송을 비롯한 모든 매체에서 비난을 퍼붓는다.

결국 공직보다는 서울에 있는 '똘똘한 한 채'를 선택했다며, 공직자의 도덕성을 문제 삼으며 비난한다. 이런 공직자의 행위를 보면서 정부의 집값 안정화 의지에 의문을 제기한다. 명예보다는 돈을 선택했다는 것이다. 그러면 그 공직자는 고향 집을 놔두고 지금 사는 서울 집을 팔아 남의 집에 세 들어가야 마땅한가? 상식적으로 가장 비합리적이고 비경제적인 행위를 도덕주의적 관점에서 요구하는 것이다. 주택시장을 바라보는 우리 사회 시선이 어떤지를 단적으로 표현해주는 일이라 할 수 있다.

비상식적이고 비경제적인 공직자가 우리 사회를 이끌고 가길 바라는 것은 아닐 텐데, 우리는 그것을 요구한다. 역설이다. 그러면 부동산 집값 문제가 해결되는가? 부동산 정책에 있어서 이러한 도덕주의적 접근 때문에 오히려 부동산 문제의 핵심을 잘못 집고 대책에 엇박자가 나는 경우가 생긴다. 이 공직자가 서울 집을 판다고 무슨 효과가 있는가? 주택가격에 미치는 영향 면에서는 한강에 잉크 한 방울 떨어뜨리는 효과보다 못할 텐데. 왜 우리 사회는 이것을 요구하는가?

본인이 태어나고 청소년 시절을 보냈던 고향 집, 팍팍한 서울살이에 고향이 그리울 때 가끔 내려가서 향수를 달래며 며칠씩 머물렀을 집을 팔자니, 상당히 마음이 쓰라렸으리라. 그런데 현재 멀쩡히 잘살고 있는 서울 집을 팔면 어떨까? 몇 년 동안 살아서 정도 들었던 집을 팔고 남의 집에 세 들어간다? 쉽지 않은 결정이다. 결국 이 공직자는 고향 집을 판다. 그리고 비난 여론에 밀려 공직 자리에서 물러난다.

그런데 고향 집을 팔면 지방 도시에는 어떤 현상이 벌어질까? 위 공직자와 마찬가지의 처지에 있는 사람들이 고향 집을 처분하면, 결과는 지방 도시의 소멸을 가속화 하는 데 일조할 것이다. 현재 집값 폭등은 서울을 비롯한 수도권과 광역도시에서 일어나고 있는 일시적인 현상이다. 그렇지 않아도 인구가 줄어 황폐해져 가고 있는 지방에서 집들이 매물로 나온다면 살 사람은 누구인가? 지방 도시 집값 폭락은 불 보듯 뻔하다.

설상가상으로 지방에서 태어나 서울로 올라가 자리를 잡고 그동안 고향에 물심양면으로 지원했던 유력인사들과 연결고리를 끊어버리는 결과를 가져올 것이다. 집이 두 채라도 투기지역이나 투기과열지역이 아닌 지방에 있는 집 한 채는 예외로 인정해 주어야 할 것이다. 악마는 항상 디테일에 숨어있다. 집값 잡는다고 지방소멸을 가속하는 결과를 가져와서는 곤란하다. 좀 더 세밀하고 촘촘한 정책이 요구되는 것이다.

지금과 같은 도덕주의를 청산하지 않고는 부동산 정책을 올바르게 추진하기 어렵다. 고위 공직자들이 부동산 도덕주의 덫에 걸려 낙마하거나 엄중하게 추진되어야 할 부동산 정책이 웃음거리로 희화된 경우가 적지 않다. 고위 공직자와 여당 국회의원이 임대차 3법 추진을 앞두고 본인 주택의 임대료를 올리는 것은 법적으로 문제가 없으나, 도덕적으로 문제가 되고 부동산 정책의 진정성을 약화하는 결과를 초래했다. 이러한 고위 공직자로서 행위가 정당화될 수는 없으나, 현재의 부동산 정책은 너무 도덕주의에 치우쳐 있는 느낌을 지울 수가 없다. 공직자만이 아니라 모든 국민 누구나 집을 팔고 사는 경제적 활동 과정에서 일부 투기세력이 과다한 불로소득을 편취하지 않도록 하고, 서민 주거안정을 이룰 수 있는 세심하고 촘촘한 정책을 수립하고 추진해야 한다.

# 부동산과 정치, 선거, 그리고 언론

　2021년 4월 7일 치러진 서울시장과 부산시장 재·보궐선거 결과, 야당인 국민의 힘 오세훈 시장과 박형준 시장이 당선되었다. 2020년 4·15 21대 국회의원 총선에서 부산은 총 18석 중 민주당이 3석밖에 못 얻은 여당 약세지역인 반면, 서울은 민주당이 전체 49석 중 41석을 싹쓸이한 지역이다. 그런데 불과 1년만인 이번 재·보궐선거에서 오세훈 국민의 힘 후보 57.50%, 박영선 더불어민주당 후보 39.18% 득표로 전세가 완전히 역전되었다. 더구나 3년 전 서울시장 선거에서는 박원순 여당 후보가 25개 자치구에서 모두 1위를 차지했지만, 이번에는 반대로 오세훈 야당 후보가 서울 전역에서 승리했다.

# 선거에 나타난 민심

보수 야당의 압승과 집권 여당의 참패로 끝난 이번 재·보궐선거의 판도를 가장 크게 좌우한 것은 정부 부동산 정책에 대한 심판이라는 것이 중론이다. 야당에서는 한 걸음 더 나아가 4·7 재보선에서 정권 심판론이 분출했다는 점을 들어 부동산 정책 기조를 확 바꾸라고 공세를 펼치고 있다. 부동산 정책 기조를 투기 억제 등 수요관리 정책에서 주택공급 정책으로 전환해야 한다고 주장한다. 종합 부동산세 등 보유세를 내리고 각종 재건축·재개발 규제도 대거 풀라는 것이다.

이번 선거는 그동안 집값과 전·월세 가격 상승으로 부동산 시장이 불안한 가운데 LH 투기사태가 터지는 바람에 정부와 집권 여당에 쌓인 불만이 폭발한 결과라고 할 수 있다. 정부에서도 재보선 다음날 "경제회복과 민생안정, 부동산 부패청산 등 국민의 절실한 요구를 해결하는데 매진하겠다"라며 부동산 대책을 강력하게 추진하고, LH 투기사태가 초래한 부동산 부패를 근절하겠다는 의지를 나타냈다.

노무현 정부에서는 "부동산 말고는 꿇릴 게 없다"라고 부동산 대책이 미흡했음을 스스로 고백했다. 이어지는 2007년 12월 대통령선거에서 유권자의 64.6%가 일자리와 부동산 정책 등 경제문제와 관련된 정책을 선거의 이슈로 응답했다.[*]

---

*17대 대통령선거에서의 경제투표, 이재철. 서강대학교 현대정치 연구소, 현대정치연구 제1권. 2008.4.

4장_정부의 비상 대책! 그렇지만, 결과는? **257**

김대중과 노무현의 진보 정부 10년 만에 보수 정부인 이명박 정부로 권력이 넘어간 것은 부동산 실책 때문이라고 생각하는 사람들이 많다. 노무현 정부의 아파트 매매가 55.7% 상승은 노태우 정부(66.8%), 김대중 정부(66.1%)와 비교해도 그리 높은 상승 비율이 아니다. 더구나 당시 세계적인 경기호황과 저금리 기조속에 다른 선진국 주택가격 상승률과 비교해도 대한민국의 주택가격 상승률이 크게 높은 수준은 아니다. 그런데 왜 유독 노무현 정부의 부동산 정책이 혹평을 받는 것인가?

## 부동산 정책으로 좋은 평가 받기 힘들어

권위주의 시절인 노태우 정부 때는 주택의 절대부족 상태에서 수도권의 인구 집중에 따른 불가피한 측면이 있었고, 김대중 정부에서는 외환위기 극복이라는 절체절명의 국가적 대사가 있었기에 국민은 주택가격 상승에 대해 정부에 큰 불만은 없었던 것으로 이해된다. 그러나 김대중 정부의 주택가격 상승기류를 그대로 이어받은 노무현 정부에서도 집값이 계속해서 폭등하자 국민이 감내할 수준을 넘어선 것이다. 더구나 외환위기 극복과정에서 나타난 경제적 양극화는 강남을 중심으로 한 특정 지역 집값 상승 폭이 더욱 두드러졌다. 정부에서는 종합부동산세 도입, 재건축초과이익환수제, 2기 신도시 추진 등 연일 부동산 대책을 쏟아 놓지만, 노무현 정부 시대가 막을 내리는 순간까지 집값은 잡히지 않았다.

CEO 출신 이명박 대통령이 취임하면서 국민은 경제가 좋아지고 집값이 안정되리라 기대했지만, 이번에는 전혀 예상치 않은 글로벌 변수가 생겼다. 바로 금융위기다. 경제는 저성장시대로 접어들고, 집값은 안정화수준을 넘어 폭락으로 이어지고 하우스푸어가 양산되었다. 이명박 정부에서 5년 동안 종합부동산세 완화, 투기과열지구 해제, 보금자리 주택공급 등 총 20차례 부동산 대책을 내놓지만, 얼어붙은 시장을 녹여내기에는 역부족이었다. 결국 서울아파트 가격이 -4.5%로 건국 이래 집값이 최대 폭락했다. 이명박 정부 부동산 대책도 좋은 평가를 받지 못한다. 무리한 대출로 집을 산 직장인들이 한정된 월급으로 대출 원리금을 갚으면서 생활고에 시달리는 등 많은 고통을 받았다.

박근혜 정부는 저성장 시대가 지속되면서 집값이 상대적으로 안정된 시기다. 집값이 저점을 찍고 상승하기 시작하는 2014~2016년에도 국민적 관심의 대상이 아니었다. 세월호 사건이나 국정농단 등 다른 사회·정치적 이슈에 묻혀 언론도 부동산 이슈를 거의 다루지 않았다.

역대 정부의 부동산 정책을 되돌아보면, 어느 정부에서도 부동산 정책으로 인해 정치적으로 칭찬은커녕 무난했던 적이 없었다. 노무현 정부와 문재인 정부에서 집값이 너무나 많이 올라 부동산 실책으로 비난받으며, 결국 대권과 서울시장을 보수 진영에게 넘겨주어야 했다. 이명박 정부에서는 집값이 너무 폭락해서 대출을 끼고 집을 산 중산층 직장인들이 어려움을 겪었다.

# 부동산 대책, 조급증과 정치적 비판의 좋은 소재

부동산 가격의 등락은 경제성장과 소득향상, 금리, 유동자금 등 경제적 요인 뿐만 아니라 인구증가와 가구분화, 교육환경 등 사회적 요인, 그리고 외환위기와 금융위기를 포함한 글로벌 영향 등 워낙 예상치 못한 많은 변수들의 조합의 결과로 나타나기 때문에 예측이 어렵다. 또한 부동산 시장의 이상징후를 발견하고 대책을 수립·시행했을 때도 금방 효과가 나타나지 않는 경우가 많다. 정책 효과가 금방 나타나지 않으니 조급해진다. 우물가에서 숭늉 찾는 격으로 우리 사회는 조급증에 초조해한다. 정부 대책이 발표되면 곧바로 다음날부터 전문가들은 정부의 진단과 대책이 제대로 된 것인지 따지고, 언론은 부동산 시장 상황을 곧바로 스케치한다. 그러나 시장 논리가 잘 먹혀들지 않는 비탄력적인 재화인 주택가격이 정책을 발표했다고 즉각적으로 시장이 반응하겠는가?

정부는 조급한 사회분위기에 등 떠밀려 며칠이 지나지 않아 좀 더 센 고강도 정책을 발표한다. 문재인 정부에서 부동산 대책은 25번으로 가장 많이 발표했으나, 김대중 정부(20번), 노무현 정부(17번), 이명박 정부(20번), 박근혜 정부(13번) 등 다른 정부에서도 대책 발표 횟수가 만만치 않다. 박근혜 정부가 부동산 시장이 상대적으로 안정화된 시기라고 했을 때, 대부분 정부에서 20여 차례 부동산 대책을 발표한 것이다. 부동산 대책은 시장논리가 곧바로 먹혀들지 않고 정책 효과도 상당 기간 지난 후에 나타난다는 것을 고려했을 때, 너무 자주 대책을 발표하는 것은 부동산 시장에 내성만 강화해 줄 뿐이다. 더구나 잦은 발표는 정부 정책에 대한 신뢰감을 떨어뜨린다.

대한민국은 국민 개인 재산의 80%가 부동산에 묶여있다. 따라서 부동산 가격의 등락은 온 국민의 관심사다. 가격 등락에 미치는 요인도 복잡다단하다. 정부 정책 효과가 제대로 나타나기까지는 장기간 소요돼서, 대통령 임기 내 성과를 내기 힘들다. 현 정부에서 갖은 비판과 욕을 얻어먹어 가며 시행한 정책이 다음 정부의 성과로 나타나는 경우가 많다.

## 언론의 속성, 새로운 뉴스거리 극단적인 사례를 찾아

이러한 부동산 시장의 속성과 부동산 정책의 특징 때문에, 부동산 시장의 불안은 정권의 아킬레스건으로 작용하는 경우가 많다. 야당이 부동산 시장의 약한 고리를 잡고 흔들며 정치적으로 몰고 가기 좋은 소재다. 언론은 그 속성상 새로운 뉴스거리를 찾아 매일 기사화한다. 부동산 가격 상승기에는 가장 많이 폭등하는 지역과 사례를 연일 보도한다. 폭락기에는 가장 낙폭이 심한 지역과 좀 더 특이한 사례를 스케치한다. 그래야 뉴스가 된다. 그래서 언론의 기사는 부동산 시장의 평균치나 전반을 다루지 않고, 부동산 시장의 가장 극단에 있는 사례들을 기사화하기 때문에, 국민은 실제 부동산 시장에서 일어나는 상황보다 훨씬 강하게 느낄 것이다. 매일 부동산 관련 언론 기사를 보는 국민은 더욱 불안하고 공포감이 엄습한다. 지금이라도 '영끌 집투' 해야 이번 생애 내 집 마련이 가능한 것 아닌가!

# 5 대한민국 부동산
# 어디로 가나?

# 부동산 시장 전망

　서울의 집값은 2008년 금융위기 이후 하락하다가 2013년 하반기에 저점을 찍고 2014년부터 상승하기 시작하다가 2017년부터는 가파르게 올라가기 시작한다. 지난 4년 동안 서울을 중심으로 수도권과 세종시를 비롯한 집값이 천정부지로 상승했는데, 앞으로는 더 오를 것인가? 아니면 내릴 것인가? 전문가들 사이에도 의견이 분분하다.

　대한민국은 부동산과 주택 정보가 범람한다. 시중 서점에 가 보면 부동산 투자, 부동산 경매, 부동산 비밀 등 부동산으로 돈 버는 방법에 관한 책들이 가장 좋은 코너를 차지하고 있다. 방송과 신문에서는 부동산 실태와 진단, 그리고 전망에 관한 보도가 나오고 별도의 전문가 토론 코너가 마련되어 부동산과 집값에 대한 비평이 이뤄진다. 포털사이트와 유튜브에서도 부동산 시장 불안에 대한 원인과 대책에 나름의 논리적인 근거들을 제시하며 지금 아파트를 사는 것이 좋은지, 아니면 관망하는 것이 좋은지를 얘기한다. 국민은 혼란스럽다. 앞으로 집값이 오른다는 것인지, 아니면 내린다는 것인지? 아파트를 지금 사야 할지, 좀 더 기다려서 집값이 내리면 그때 사야 할지?

〈교보문고 부동산 코너에 전시된 부동산 관련 서적〉

## 부동산 가격 하락 요인: 과도한 집값 상승, 인구감소, 풍부한 주택공급

필자가 직·간접으로 접해본 상당수 전문가는 앞으로 집값이 내릴 것이라는 의견을 제시한다. 그 근거로 첫 번째 제시하는 것이 그동안 너무 많이 올랐다는 것이다. 지난 10년 동안 1인당 명목국민총소득(GNI) 증가는 2010년 2,673만원에서 2020년 3,762만원으로 40% 상승했다. 지난 4년간 서울 아파트 가격이 평균 34.5% 상승했으나, 지역에 따라 2배 이상 오른 곳이 속출했다. 2010~2016년 사이는 금융위기로 집값이 내림세를 보이다가 다시 회복되는 기간이라 제외했다. 따라서 2010년을 기준으로 4~50% 내외로 주택가격이 오른 것은 소득증가와 물가상승에 따른 정상적 상승으로 볼 수 있으나, 그 이상 오른 것은 저금리로 인한 풍부한 유동자금이 부동산으로 흘러들어 온 것이기 때문에 금리 변화가 있으면 언제든지 다시 빠져나갈 수 있다는 의견이 지배적이다.

### 〈1인당 실질 국민총소득〉

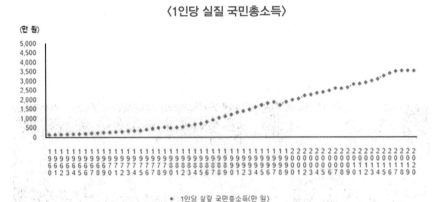

● 1인당 실질 국민총소득(만 원)

출처 : 한국은행, 「국민계정」, 통계청, 「장래인구추계」 • 자료 : 한국은행, 「국민계정」, 각 연도, 통계청, 「장래인구추계(2017년 기준)」

집값 하락의 두 번째 근거로는 인구 자연감소다. 2019년 11월 이후 사망자 숫자가 출생아 수를 넘고 있다. 결혼 건수도 갈수록 감소세로 저출생 고령화 추세는 예상보다 상당히 빨라질 것으로 전망된다. 연간 3~5만 명씩 감소하여 2030년에는 지금보다 50만 명이 감소할 것으로 예상된다. 인구학자인 서울대 조영태 교수에 따르면, 2050년부터는 매년 강남구 하나씩이 사라져 2100년에는 대한민국 인구가 1,700만 명으로 떨어져 인구절벽 시대가 온다고 진단한다.

절대 인구 감소를 지금 당장은 체감할 수 없지만, 20~40 청년세대가 줄어드는 추세는 몇 년 안에 체감할 수 있을 것이다. 65세 이상 고령인구는 2020년 16.1%인데 2040년에는 34.3%로 증가한다. 청년 인구가 감소하면 국가 경쟁력이 떨어지고 경제활력이 줄어들 것이다. 절대인구 감소와 경제성장 둔화는 물론이고, 주택의 주 수요층인 30~40대의 감소는 주택가격 하락으로 이어질 가능성 크다.

주택가격 하락에 무게를 두는 세 번째 주장은 주택공급이다. 2019년 5월에 발표한 3기 신도시를 비롯하여 기성시가지 재개발·재건축, 도심 공공주택 복합사업, 공공 택지조성 등을 통해 수도권을 비롯한 대도시권에 총 210만호 주택공급을 추진한다. 이러한 주택공급 물량은 2021년 하반기부터 순차적으로 사전분양을 통해 시장에 공급되고 있으며, 빠르면 2023년부터는 준공되어 입주 가능할 것이다. 1988년 올림픽 특수로 인해 폭등하던 주택가격이 1991년 1기 신도시 입주가 시작되면서 안정세를 찾았고, 강남 아파트 가격이 하락하기 시작했다. 1기 신도시 후방효과를 참고한다면 정부에서 발표한 주택공급이 본격적으로 이루어져 입주가 시작되는 2023년 이후에는 공급이 수요를 앞설 것으로 예상한다.

주택가격에 영향을 미치는 또 다른 변수 글로벌 경제와 국제 금리기준이다. 대한민국경제는 1990년대 이후 글로벌 경제 상황과 맞물려 전개되면서 외환위기와 금융위기라는 커다란 글로벌 쓰나미에 기업도산과 실업양산, 그리고 주택가격 폭락을 경험한 바 있다. 이러한 글로벌 경제위기의 파고를 지혜롭게 헤쳐 나가면서 기업 체질개선과 경제 시스템의 선진화 등 국가경제 기반을 다졌지만, 언제 또 글로벌 경제충격이 다시 재현될지 모른다.

## 부동산 가격 상승요인: 양질의 공간 욕구, 인구집중, 글로벌 도시 위상

사람이 소득이 높아지고 살만하면 어떤 현상이 벌어질까? 인간 생존의 3대 필수요건인 의식주 중에서 옷과 음식은 어느 정도 해결됐다. 소득이 높아진다고 하루에 3끼 먹는 것을 4끼나 5끼 먹지는 않는다. 물론 질 높고 좋은 음식을 먹고자 하겠지만, 예전과 크게 다르지 않을 것이다. 입는 옷도 품격 있는 의복을 선호하겠지만 그렇다고 몇 배나 비싼 옷을 고르지는 않을 것이다. 그리고 음식을 먹고 옷을 사는 데 드는 비용은 주택보다 상당히 저렴하다.

소득이 높아지면 더 좋은 공간에 살고자 하는 욕망이 커지기 마련이다. 최근 주택가격 상승도 여러 요인이 있겠지만 소득향상으로 인한 양질의 아파트에 대한 주택수요가 몰리면서 일어난 것이라 생각한다. 이사 갈 때 집은 크기나 질을 낮추어 갈 수 없다는 말이 있다. 경제 여건이 나빠져서 기존에 살던 집보다 질 낮은 집으로 이사 가면 엄청난 공간 스트레스를 받는다. 아파트에서 자란 MZ세대들이 사회초년생으로 독립하여 열악한 빌라촌 원룸에서 살아보니 적응이 안 돼 아파트를 다시 찾는 현상이 상당수다. 이 MZ세대들이 이번 영끌이에 합류한 것이다.

이번 코로나로 인해 재택근무와 자가격리가 늘면서 양질의 주택공간에 대한 수요가 더욱 커졌다고 할 수 있다. 예전에는 주택이 주로 쉬거나 잠자리 공간으로 인식되었다. 일을 하거나 사람들을 만나고 문화생활을 향유하는 것은 거의 외부에서 이루어졌다. 그래서 집 규모나 내부구조가 휴식과 잠자리 위주로 한정되었다. 그러나 이번 코로나 사태를 겪으면서 집은 휴식과 잠자리는 물론이고, 업무, 운동, 문화, 학습까지 할 수 있는 공간으로 변신을 요구받고 있다.

또한 소득이 높아질수록 주거환경이 좋을 뿐만 아니라 각종 생활편의시설이 잘 갖추어진 주택을 선호한다. 출퇴근이 편리한 역세권 주택, 산책과 운동하기 좋은 공원에 인접한 슬세권(슬리퍼를 신고 갈 수 있는 거리), 자녀 교육환경이 좋은 곳 등에 몰리기 마련이다. 앞으로 주거환경이 양호하면서도, 크고 넓고 질 좋은 주택에 대한 선호는 갈수록 높아질 것이다.

두 번째 주택가격 상승요인으로 꼽는 것은 아직도 서울을 중심으로 수도권 집중현상이 지속해서 이루어지고 있는 것이다. 2017년에 대한민국 인구의 절반이 수도권에 집중되었고, '국회미래연구원의 중장기 미래예측보고서'에 의하면 2050년에는 10명 중 6명은 수도권에 살 것으로 예측하고 있다. 좋은 직장과 풍부한 문화공간, 잘 갖춰진 현대 의료시설, 화려한 백화점, 그리고 수준 높은 교육환경을 찾아서 서울을 중심으로 한 수도권으로 인구가 집중되고 있는 것이다.

설상가상으로 양극화도 가속화되고 있다. 상위 1% 부자가 전체 자산의 25%를 소유할 정도로 대한민국은 양극화가 가속화되고 있다. 1990년대 이후 신자유주의 파고가 미국, 영국을 비롯한 서유럽을 강타하면서 양극화가 강화되었고, 대한민국은 외환위기를 극복하면서 2000년대 이후 경제적 빈부 격차가 벌어지면서 현재는 세계 주요 국가 중 미국 다음으로 양극화가 심한 나라로 분류되고 있다. 양극화는 경제적으로 여유 있는 사람들이 가격에 크게 구애받지 않고 양질의 주택을 구매하기 때문에 주택가격을 끌어올리는 효과를 가져온다.

서울은 대한민국의 수도이면서도 세계적인 도시다. 세계도시 경쟁력에서 상위 5~7번째를 달리고 있는 서울은 대한민국 국민뿐만 아니라 세계인들이 주목하는 도시다. 2020년에 서울에서 집을 구매한 사람 10명 중 6명이 외지인이다. 외국인의 서울 주택 구매는 2019년 기준으로 연간 1,129건으로, 전체물량의 1% 수준이나 매년 증가하는 추세이다. 서울은 글로벌 도시로서 세계도시 중 11번째로 억만장자(천억 이상 자산가)들이 많이 사는 도시다. 그만큼 서울은 부자들이 살기에 좋은 조건을 충족하고 있는 도시로서 집값 상승을 유지할 요인을 갖추고 있다.

## 미래 예측: 불확실성, 복잡계 이론

인간에게 있어서 미래를 예측하는 것은 매우 어려운 일이면서 아주 중요한 일이다. 미래를 예측한 자는 예나 지금이나 시대를 선도하며 세상을 통치하는 권력자다. 옛날에는 무당이나 선지자들이 미래 예측의 몫을 담당했으나, 오늘날에는 전문가들이 빅데이터를 분석해서 미래를 예측한다. 그러나 그 빅데이터는 과거에 일어난 사건들을 축적한 것이기 때문에 미래를 내다보는 데는 한계가 있다. 대한민국은 외환위기와 금융위기를 예측하지 못했으며, 세계 모든 국가는 코로나 사태가 팬데믹에 이르러 이렇게 장기간 세계인들의 이동을 막으리라고 누구도 예측하지 못했다.

필자는 서울시에서 지방자치단체 차원에서 수십 년간 주택정책을 수립하고 집행하면서 전문가들과 분기별로 만나 주택시장의 동향과 정책 방향을 논의했다. 2010~2015년 사이 상당수 전문가는 2018년부터 집값이 하락하기 시작하다가

2020년 이후에는 집값 폭락이 올 것으로 예측했다. 집값 등락 10년 주기설에 맞추어 1997년 외환위기, 2008년 금융위기에 이어 2018년에 세계적으로 어떤 큰 위기가 올 것으로 예측한 것이다. 당시에 이러한 예측을 기반으로 많은 건설사와 부동산 개발회사들이 현금 확보에 힘쓰며 사업 규모를 축소하는 등 보수적 경영전략을 취했다.

그런데 세계적으로 들이닥친 위기는 예전과는 전혀 다른 형태를 띤 코로나 팬데믹이었다. 세계 각국은 코로나로 인한 경제침체를 회복하고자 재정을 확대하여 돈을 풀고 금리를 낮추니, 현금 유동성은 더욱 풍부해졌다. 금융위기를 극복하면서 집값이 하락세를 멈추고 상승하는 과정에 있었던 주택시장에 더 많은 유동자금이 흘러 들어와 집값이 폭등하기 시작한 것이다.

미래는 알 수 없다. 미래는 불확실성이 많아 예측하기 어렵다. 주택가격은 '복잡계 이론'처럼 조건이 같더라도 결과는 다를 수 있다. 향후 집값은 어떻게 될까?

# 주택의 다양한 속성

최근에 서울 강남에서 촉발된 집값 상승이 수도권과 주요 광역도시의 집값 상승으로 이어지면서 주거불안으로 인해 국민의 삶이 팍팍해지고 있다. 그동안 정부에서 25차례에 걸쳐 주택수요 억제에서 주택공급에 이르기까지 다양한 부동산 시장 안정화 대책을 쏟아내고 있지만, 부동산 시장은 여전히 불안하다. 정치권이나 언론에서는 정부 정책에 대해 비판논조를 이어가며, 집값이 잡히지 않는 것은 정부의 무능력 때문이라고 비난한다. 심지어는 주택 임대인과 임차인의 편 가르기를 통해 정치적으로 이득을 챙기려고 집값 상승을 방치한다는 유언비어까지 나온다.

주택가격은 정부가 반드시 잡아야 하며, 집값을 잡지 못하는 것은 정부의 의지 부족이나 무능력 때문이라 생각한다. 야당은 부동산 시장의 약한 고리를 잡고 흔들며 정책의 문제점을 부각하고, 언론은 정부 정책의 실효성을 문제 삼고 있다. 국민은 불안하다. 부동산 시장에 정책의 효과가 나타나려면 상당한 기간 이 필요한데, 정치적 비난, 언론 비판, 그리고 국민 불안에 직면한 정부와 여당 은 조급증에 몇 달 간격으로 조금씩 더 강한 주택정책을 발표한다. 그러나 집값 은 잡히지 않고 국민은 정부를 믿지 않기 시작한다. 이러한 상황에서 선거를 치 르면 백발백중 여당에 불리하다. 야당이 선거에서 이겨 정권이 바뀌면 좀 더 나 아질까? 쉽지 않을 것이다. 진보와 보수 진영을 떠나 부동산 문제는 여러 경제 사회 연결고리가 복잡하게 얽혀있고, 글로벌 경제상황에 맞물려 있어서 단기간 에 쉽게 해결되는 것이 아니다. 정책을 폄하하며 비판과 비난을 하기는 쉽지만, 대안 제시와 대책실행은 어렵다.

그런데도 왜 부동산 문제와 집값 얘기만 나오면 수십 년간 여러 정부를 거치 면서도 이러한 현상이 반복되는 것일까? 그것은 바로 부동산과 집값에 대한 속 성을 제대로 이해하지 못했기 때문이다. 부동산과 주택가격에 대한 몇 가지 속 성을 알아보자.


## 주택은 개인이 소유하고 거주하나, 공공성이 강한 재화다

주택은 개인이 소유하고, 필요에 따라 남의 집을 임차하여 거주하는 극히 사 적인 공간이다. 그러나 주택은 인간 생존에 필수요소이며, 국민의 삶을 보듬는 소중한 보금자리다. 일터에서 돌아와 노동에 지친 노곤한 몸과 마음을 쉴 수 있 는 안식처다. 사회 최소단위인 가정을 구성하고 2세를 낳아 기르는 보육의 공간이다. 그런데 집값이 폭등하고 주택시장이 불안하여 서민들이 거주할 마땅한 집을 찾기 어려우면, 국민의 삶은 위태로워진다. 그러므로 정부를 비롯한 공동체사회에서는 주택시장 안정을 도모하기 위해 최대한 노력해야 한다. 따라서 주택은 다른 재화와 달리 공공이 가장 적극적으로 시장에 개입해서 시장 안정에 힘쓴다. 주택은 사적 재화이나, 공공성이 강한 재화인 것이다.

## 주택은 자본주의 논리에 따라 자유시장경제에서 사고파는 물건이다

주택은 다른 재화와 마찬가지로 주택시장에서 시장 논리에 따라 사고파는 물건이다. 주택공급의 85%가 민간부문에서 이루어진다. 따라서 집값이 폭등하고 주택시장이 불안하면 정치권과 언론에서는 집값을 잡으라고 아우성치지만, 자본주의 시장경제 논리에 따라 움직이는 집값을 정부가 나서서 잡기에는 분명한 한계가 있다. 부동산 자동 평가 금융업체인 〈공간의 가치〉에 의하면 2020년 기준 서울 상업용, 주거용 부동산 가치가 3,446조 원에 달한다. 자유시장경제 하에서 자장면 값 잡기도 어려울 것인데, 집 한 채에 10억 원이 넘나드는 집값을 어떻게 잡는단 말인가?

자유시장경제 하에서 정부의 한계를 분명히 하고 정부가 실제 할 수 있는 일을 하는 것이 필요하다. 국민에게도 소상히 설명하는 것이 좋다. 집값은 시장에 맡겨 놓고 집값 상승으로 인해 폭리를 취하는 다주택자들과 갭투자자들의 불로소득을 공공이 환수하는 대책을 세우고, 서민들의 주거불안 해소에 정책을 집중하는 것이다. 집값을 잡을 수 없는데도 잡을 것처럼 발표해 놓고 집값이 계속 상승하면 국민의 불신은 불 보듯 뻔하다. 이렇게 집값보다는 정부가 할 수 있는 일에 집중하면 오히려 주택시장이 안정될 것이다.

## 주택은 비탄력적인 재화로 수요공급 시장논리에 곧바로 반응하지 못한다

주택은 완성하는 데 상당한 기간을 요하는 재화로 주택시장의 수요공급에 곧바로 반응하지 못한다. 다가구·다세대는 준공하는데 6개월~1년 걸리지만, 최근 수요가 몰리는 단지형 아파트는 5~10년이 소요된다. 지금 아파트에 대한 수요가 엄청나게 몰리면서 아파트 가격이 천정부지로 치솟고 있지만 공급하는데 상당한 기간을 기다려야 하므로 정부나 수요자로서는 애가 타는 것이다. 바로 수요와 공급의 미스-매칭 때문이다.

공공택지가 이미 확보되어 있어도 최소한 행정절차와 설계기간에 2년, 공사기간 3년, 합해서 총 5년이 필요하다. 택지가 없는 경우는 택지수용을 위한 보상절차 2년이 추가 소요되어 7~8년이 걸린다. 주로 민간조합방식으로 시행하는 재개발·재건축의 경우 토지 등 소유자들로 구성하는 정비구역 지정, 조합설립과 설계기간, 사업계획승인, 관리처분 등에 7년 정도가 소요되고 공사기간 3년을 더하면 총 10년이 걸린다. 지금은 아파트를 지을 수 있는 택지가 별도 마련된 상태가 아니므로 택지개발방식이나 정비사업방식으로 주택을 공급해야 한다.

## 아파트 공급 5~10년 소요, 수요와 공급 비탄력적, 시장 논리 안 먹혀

재개발·재건축 등 정비사업은 때에 따라서 훨씬 많은 시간이 필요하다. 강남 재건축의 만년 유망주라고 불리는 E아파트 재건축은 1996년부터 재건축사업을 추진했으니 현재 25년째 진행 중이다. 정비사업은 토지 등 소유자의 동의를 얻어 재건축 추진위를 거쳐 조합을 구성하기까지 많은 시일이 소요된다. 주민들 의견이 다양할 뿐만 아니라 주도권 다툼으로 조합원 간의 내분이 일어날 경우, 그 갈등을 해결하기가 만만치 않다. 조합 내부의 의견을 취합하고 사업계획을 수립하는 동안 관련 법규들이 개정되거나 신설되면, 이에 따라 다시 조정해야 하는 등 정비사업의 특성상 많은 시간과 비용이 수반된다.


## 주택가격 상승기에 계획했으나,
## 입주 시기에는 가격 내림세로 전환, 난감

지금 아파트 수요가 몰린다고 건설하기 시작하면 5~10년 후에 아파트가 준공되는 시점에는 정부도 바뀌고 부동산 시장이 전혀 다른 상황에 놓일 수 있다. 노무현 정부에서 시작한 위례신도시가 이명박 정부에 입주를 시작했고, 이명박 정부에서 추진한 보금자리 주택이 박근혜 정부에 입주를 시작했다. 노무현 정부 때는 집값이 폭등했지만, 이명박 정부와 박근혜 정부에서는 상대적으로 집값이 하락하거나 안정된 상황이어서, 아파트 공급이 그리 반가운 것만은 아니었다. 집값 하락기에 아파트 공급은 아파트 가격 하락을 더욱 부추기는 결과를 초래했다. 따라서 주택공급은 중장기적이고 체계적인 로드맵을 수립하고 그에 따라 촘촘히 추진해야 한다.

김포 한강, 화성 동탄, 파주 운정 등 2기 신도시가 입지와 교통 등 광역 인프라 건설이 미흡한 점도 있었지만, 입주시기가 주택가격 내림세인 2010년 전후로 맞물리면서 일부단지에서 아파트 가격이 분양가 아래로 떨어지는 등 상당한 어려움을 겪었다. 서울에서도 주택가격 하락기인 2010년에서 2014년 사이에 완공되어 입주를 시작한 재개발·재건축 등 정비사업을 통한 아파트에서도 조합원 분양가 밑으로 하락하는 아파트들이 속출했다. 바로 '하우스푸어'로 어려움을 겪은 시기였다.

최근 몇 년 사이에 주택가격이 폭등하면서 시급히 주택공급을 충분히 해서 집값을 잡아야 한다는 목소리가 어느 때보다도 크다. 그러나 우물가서 숭늉 찾기다. 오죽했으면, 국토부 장관이 "아파트가 빵처럼 쉽게 만들 수만 있다면 밤을 새워서라도 찍어내고 싶다"라고 말했겠는가?

2017년 6월 문재인 정부 초기만 해도 부동산 상승이 지속해서 폭등하리라 예상하지 않았기 때문에 주택공급보다는 유동자금의 투기수요를 억제하는데 힘을 쏟았다. 주택가격 상승이 지속되자, 2018년 8월 대책부터 주택공급 정책을 본격적으로 펼치게 된다. 그 이후 3기 신도시 건설계획과 공공정비사업 등을 통해 총 210만호 건설계획을 발표한다.

노태우 정부에서 1989년 200만호 건설계획 발표 이후 1992년부터 1기 신도시 준공 입주가 시작되자 강남을 비롯해서 집값이 잡히기 시작했다. 문재인 정부에서 발표한 주택공급 계획이 일정대로 추진되어 하루라도 빨리 입주가 시작돼야 한다. 그 입주를 계기로 주택공급이 지속해서 이루어진다는 신호를 주택시장에 줄 수 있으며, 국민은 정부 정책을 신뢰하게 된다. 부동산은 심리기 때문에 정부 정책을 국민이 신뢰하면, 영끌 투자 등 무리해서 주택매수에 뛰어드는 수요가 없어지게 된다.

## 정부가 할 일은 부동산 시장이 잘 작동되게 하는 것

정부가 부동산 대책을 발표하면서, 집값 상승기에는 "이번에 집값을 반드시 잡겠다!, 조금만 더 기다렸다 집을 사라!". 집값 하락기에는 "빚을 내서라도 집을 사라. 집값은 이제는 떨어지지 않는다!"라고 얘기한다. 그러나 대책 발표 후 집값이 잡히지 않는다. 언론에서는 대책 발표 이후에도 집값 상승이 지속되는 사례를 연이어 보도한다. 전문가들은 부동산 대책의 문제점을 지적하고, 정치권에서는 정부의 무능을 질타하며, 국민은 정부 정책에 대한 불신이 커진다. 그런데 부동산 가격을 정부가 잡는다는 것이 과연 가능하고 합당한 일인가?

사실 부동산 가격은 정부가 개입해서 잡을 수 없다. 계획경제인 사회주의나 공산주의 사회체제에서는 가능할지는 몰라도, 대한민국과 같은 자유시장경제 체제 사회에서는 콩나물 가격도 잡기 힘들다. 하물며 시장에서 거래되는 재화 중에서 단위가 가장 큰 주택의 가격을 잡는다는 것이 과연 자본주의 국가의 정책이 될 수 있을까? 국민은 정부가 나서서 집값을 잡아주기를 원할 것이다. 그러나 국민이 원한다고 정부가 할 수 없는 일을 나서서 하겠다고 발표하고 하지 못하면 어떻게 되는가? 국민의 눈에는 할 수 있는 것을 못 하는 무능한 정부거나, 할 의지가 없어서 안 하는 불신의 정부로 비칠 것이다.

집값 등락으로 부동산 시장이 불안정하게 되면, 정부는 당장 가격에 힘쓰기보다는 부동산 시장 불안으로 야기되는 문제들을 해결하기 위한 대책을 강화해야 한다. 집값 폭등기에는 다주택자들의 불로소득 편취를 방지하거나 공공이 환수할 수 있는 대책과 중산층을 위한 주택공급과 전·월세 지원과 서민 주거안정을 위한 주거복지 대책 등을 펼치는 것이다. 주택매매와 전·월세 물건이 막힘없이 거래되도록 부동산 시장을 모니터링하고 관리하는 것이 중요하다. 부동산 시장의 경색을 막고 동맥경화를 뚫어주는 일이 정부가 할 일이다.

부동산 시장이 원활하게 작동되면 가격은 오르다가도 결과적으로 어느 순간 안정이 될 것이다. 집값이 오르는 것은 근저에 다 이유가 있기 마련이다. 가격은 워낙 많은 변수가 있어서 잡기 어렵지만, 정부가 부동산 시장의 원활한 작동에만 집중한다면 어느 정도 가능할 것이다. 가격을 잡기 위한 행위와 부동산 시장의 원활한 작동을 위한 행위가 같은 행위를 하더라도 결과는 다를 수 있다. 필요하다면 국민에게도 솔직히 정부의 역할과 부동산 시장의 현 상황을 설명해주는 것이 필요하다.

## 정부가 할 수 있는 일에 집중하고 국민의 신뢰 회복이 중요하다

대한민국 국민은 정부가 모든 것을 할 수 있다고 믿고, 정부에 모든 것을 해달라고 요구한다. 우리나라만큼 정부에 대한 국민의 의존도가 높고 기대치가 큰 나라도 드물 것이다. 우리 사회에서 일어나는 각종 사고나 사건 중 상당 부분을 대통령이나 장관, 시장 탓으로 돌린다. 잘못된 사고와 사건을 자세히 분석해 보면 실무선의 착오나 오판으로 일어난 일들이 대부분인데도 최고 책임자 잘못으로 인식한다.

정부 의존도가 높은 것이 꼭 나쁜 것만은 아니다. 그만큼 정부를 신뢰한다는 말이기도 하다. 코로나 팬데믹 사태에서 세계가 부러워하듯이 대한민국 방역시스템이 잘 작동되고 있는 것은 국민이 정부를 신뢰하고 정부 정책을 잘 따라줬기 때문이다. 우리나라만큼 인구 대비 확진자 발생률과 사망자 숫자가 적고, 사회적 거리두기 속에서 일상적인 경제활동을 하는 나라는 드물다.

하지만, 주택정책에 있어서는 국민이 요구한다고 해서 정부가 모든 것을 할 수 있다는 생각에서 벗어나야 한다. 정부와 여당 내에서도 공공이 집값 등 주택시장을 완전히 컨트롤 할 수 있다는 착시 현상이 일어나고, 그렇게 해야 한다고 생각할 수 있다. 그러나 현실은 전혀 그렇지 않다. 자유시장경제 하에서 정부예산은 국내총생산 2,000조의 1/4 수준이며, 경제는 갈수록 기업의 영향력이 커지고, 국가 간 경계가 사라진 오픈된 글로벌 경제시스템에서 언제 어디서 돌발변수가 생길지 예측하기 어렵다. 주택시장에서 공공역할은 제한적일 수밖에 없다는 것을 인식하고, 시장에 맡길 것은 과감하게 시장의 흐름에 따르되, 정부가 할 수 있는 일을 명확히 설정하여 추진하는 것이 바람직하다.

# 바람직한 주택시장 미래

　　필자는 지난 32년간 서울시에서 공직생활을 하면서 서울시 주택정책에 직간접적으로 참여하고 실행해 왔다. 그리고 2020년 7월 1일 자로 퇴직하여 대학에 몸을 담으며 지난 1년간 자료를 정리하고 부동산 시장에 대해서 새롭게 공부하면서 필자가 느낀 바람직한 주택시장의 미래를 제시하고자 한다. 이미 앞장에서 충분한 논의가 이루어진 부분은 간략하게 짚고 넘어갈 것이다.


## 비싼 대가를 치르고 맞이한 위기를 헛되이 낭비하지 말자

　　집값 상승으로 불안한 부동산 시장을 안정시키기 위해 정부에서 그간 25차례나 종합대책을 발표했지만, 집값 상승은 멈출 줄 모르고, 일부는 오히려 부작용만 나타나는 꼴이다. 국민은 부동산 불안감에 힘들어하고, 20~30대들은 집값 공포감에 '영끌 집투'를 마다하지 않고 있다. 전문가와 학자들은 그 부동산 실태를 진단하고 원인과 대책에 대해 논쟁 중이다. 국회에서는 부동산 문제로 여야 간 날 선 정치적 공방이 치열하다.

그런데 우리가 잊지 말아야 할 명언이 있다. 분노를 잠재우는 속 시원한 대책은 의심부터 하자. 국민이 부동산 문제로 우울하고 불안한 틈을 타 정부 대책을 폄하하고 정부의 무능을 질타하며 한방에 부동산 문제를 모두 해결할 수 있는 대안이라고 제시하는 경우가 있다. 그러나 그 내용을 자세히 들여다보면, 실현 불가능하거나 그것을 실행했을 때 더 많은 부작용을 낳을 수도 있는 것을 대책이라고 주장하는 경우가 상당히 많다. 대책이 시원할수록 과도한 규제거나 큰 비용을 요구하고 그 피해는 고스란히 국민에게 돌아온다. 특히 사회적 약자인 서민들과 무주택자들에게 더 큰 부담과 고통으로 돌아온다.

날 선 비판은 하되, 일시적 분노로 비싼 대가를 치르며 맞이하고 있는 위기를 헛되이 낭비하지 말자. 1997년 외환위기와 2008년 금융위기는 대한민국에 엄청난 충격을 주며 국민을 고통의 도가니에 몰아넣었다. 하루아침에 기업은 도산하고 직업을 잃어버린 실업자가 양산되어 가정이 해체되는 아픔을 겪었다. 그러나 위대한 대한민국은 이러한 역경을 이겨내며 기업의 체질을 개선하고 국가사회 시스템을 혁신하여 대한민국을 선진국 반열에 올려놓았다.

최근 몇 년간 집값 상승으로 많은 국민이 비싼 대가를 치르며 힘든 시기를 겪고 있으나, 이 위기를 잘 활용하여 우리의 허약한 부동산 체질을 혁신하는 계기로 삼으면 좋을 것이다. 우리의 부동산 시장은 굉장히 취약하여 외부의 충격에 민감하게 반응한다. 저금리로 인한 풍부한 유동자금이 쉽게 부동산 시장에 유입될 수 있고, 글로벌 경제 상황에 민감하게 반응하는 취약한 시장구조다. 이번에 부동산 시장의 위기를 극복하면서 구조적으로 취약한 시장 체질을 근본적으로 혁신한다면, 향후 부동산으로 인한 국민 불안감을 잠재울 수 있을 것이다.

## 준비된 주택공급, 토지 비축

최근 사람들이 많이 찾는 단지형 아파트는 건설기간이 5~10년 소요되기 때문에 아파트 수요가 급증하기 시작했을 때 주택공급을 시작하면 이미 늦다. 아파트 건설기간은 3년이나 적정한 토지를 찾아 보상·매입하고 택지를 조성하는 기간이 상당히 길다. 이러한 문제를 해결하기 위해서 2008년 '공공토지의 비축에 관한 법률'이 제정되어 2009년에 토지은행이 출범했다. 토지은행이란 SOC, 산업용지 등 공익목적에 필요한 다양한 용도의 토지를 한 곳(Land Bank)에 비축하여 적기, 적소, 저가에 공급하고 개발에 따른 투기수요를 억제하여 토지시장 안정에 이바지하는 것이다.

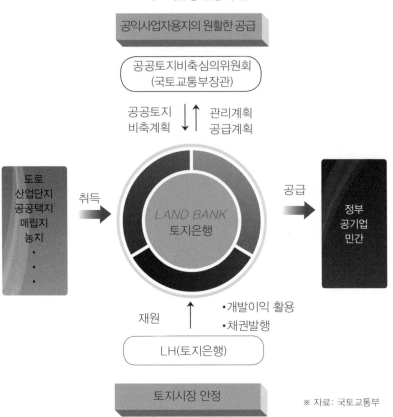

〈토지은행 운영체계〉

공익사업자용지의 원활한 공급

공공토지비축심의위원회
(국토교통부장관)

공공토지 　　관리계획
비축계획 　　공급계획

도로
산업단지
공공택지
매립지
농지
·
·
·
·

취득

LAND BANK
토지은행

공급

정부
공기업
민간

재원

•개발이익 활용
•채권발행

LH(토지은행)

토지시장 안정

※ 자료: 국토교통부

　　그러나 2019년 국감에서 토지은행을 시행하고 있는 LH가 제출한 자료에 따르면, 계획 수립 당시 매년 2조씩 총 20조의 공공개발용 토지 비축을 목표로 했으나, 실제 비축한 공공개발용 토지는 2,343억으로, 당초 목표 대비 12%에 불과했다. 노무현 정부에서 부동산 대책의 하나로 토지비축제도가 만들어졌지만, 아직도 이 제도가 실효성 있게 자리 잡지 못하고 있다. 애초 계획대로 20조 원의 토지를 비축해놓았더라면 최근과 같이 주택가격이 폭등하는 상황에서 단기간에 획기적인 주택공급을 추진하여, 불안한 부동산 시장을 잠재웠을 거라는 아쉬움이 남는다. 우리나라는 국공유지 비율이 30% 미만으로, 이스라엘(86%), 싱가포르(81%), 대만(69%), 미국(50%) 등 선진국보다 극히 낮다. 그래서 국가가 필요한 사업을 시작하려면, 토지 물색과 보상에 많은 시간과 비용이 소요되어 적기를 놓치게 된다. 또한 개발 프로젝트 입지가 선정되는 과정에서 투기수요가 몰리고 땅값이 천정부지로 올라 개발의 사업성과 실효성을 현저히 떨어뜨린다.

이번 기회에 토지비축제도를 적극 활용하여, 주택공급용 토지를 땅값이 오르기 전에 토지은행이 미리 확보해 놓고, 주택수요가 몰릴 때마다 곧바로 꺼내서 택지로 쓴다면 비탄력적인 주택의 속성을 해결하는데 상당한 효과를 볼 수 있을 것이다. 또한 주택시장에 구체적이고 확실한 주택공급 물량을 제시하기 때문에 주택시장 불안을 잠재우는 데 큰 도움이 될 것이다.


## 주택의 양量보다는 질質 관리가 중요


우리나라는 주택이 부족한 것이 아니다. 주택보급률이 전국기준 104%고, 수도권은 100%가 넘는다. 서울에서는 매년 가구 분화가 4~5만호 이루어지지만, 고시원은 오히려 텅텅 비어가고 있다. 다세대·다가구 빌라촌은 일부 지역이 재개발 분위기에 편승해서 집값이 들썩일 뿐, 여전히 집값이 저렴하다. 이번에 주택가격이 요동을 친 곳은 주거환경이 양호한 아파트 단지나 재개발·재건축이 추진되고 있는 지역이다. 경제성장과 더불어 소득이 오르면서 주거환경이 좋은 양호한 주택을 찾는 것이다. 특히 2~3인이 가정을 이루며 살 수 있는 20~30평대 아파트에 대한 수요가 몰리면서 아파트값이 폭등한 것이다.

같은 서울에서도 한편에서는 집값이 폭등하는데, 노후하고 열악한 곳에는 빈집이 생기고 있다. 지하방, 옥탑방, 비닐하우스, PC방 등에 임시거처로 생활하는 서울시민이 15만 가구 30여만 명이나 된다. 이들에게도 최소한의 주거기준에 맞는 주택에 살 수 있도록 주거의 질을 높여야 한다. 주택의 양보다 질을 높이기 위해서는 노후하고 불량한 주거지와 낡은 아파트 단지는 재개발·재건축을 통해 양질의 주택을 공급해야 한다. 다만, 재개발로 재정착하지 못하고 쫓겨나야 하는 영세 가옥주나 세입자의 주거대책을 병행해야 한다.

## 수요 있는 곳에 공급, 도시활성화와 주택공급, 건축용도의 범용화

집값 상승이 급등하는 2018년부터 주택공급을 위해 서울의 그린벨트를 풀어서 택지개발을 하자고 정부 측에서 주장했다. 그린벨트는 1,000만 시민이 사는 서울의 허파 역할을 하며 도시민의 건강한 생활환경을 위해 반드시 보존되어야 한다. 정부에서는 그린벨트 중 이미 훼손되어 제 역할을 못 하는 부분이 상당수 있고, 도심으로의 출퇴근이 쉬운 곳에 위치하고 있어 주택공급의 적지라는 것이다. 서울의 그린벨트는 70년대 초반에 총 166.82㎢가 지정되었으나, 김대중 정부 이후 국민임대, 보금자리 주택의 국책 사업과 집단취락지구 조성 등으로 이미 17.70㎢가 해제되었다. 더 이상의 해제와 개발은 곤란하다는 것이 서울시의 입장이었다. 그린벨트를 풀어서 주택공급을 할 것인가에 대한 논의는 2020년 7월까지 2년 동안 정부와 서울시, 그리고 국회에서 여야 정치인들 간에 찬반 공방이 오가고, 전문가와 서울시민들 사이에서도 여러 의견이 분분했다.

① 무엇이 우선인가? 그린벨트 보전? 주택공급?

개발제한구역은 국토계획법에 '도시의 무질서한 확산 방지, 자연환경 보존, 도시민의 건전한 생활환경 보호, 국가보안 상 개발을 제한할 필요가 있는 경우' 지정하게 되어 있다. 여기서 개발제한구역을 영어로 그린벨트로 해석하기 때문에 녹지 등이 훼손된 곳은 그린벨트의 기능을 할 수 없다는 오해가 있으나, 개발제한구역은 그린벨트보다 훨씬 폭넓은 개념으로 생태환경 측면 외에도 도시 생활환경 등 종합적인 관점에서 지정·관리하는 규정이다. 서울시는 개발제한구역의 해제를 반대하면서 기성시가지 내 유휴부지 등을 개발하여 8만 가구의 주택을 공급하겠다는 의견을 제시했다. 결국 정부와 서울시의 치열한 공방 끝에 그린벨트는 보전하고 기성시가지 개발을 통한 주택공급을 하기로 의견을 모았다. 당시 여론 조사에서도 그린벨트 해제에는 반대의견이 많았다. 당시 서울시의 주택정책을 총괄했던 필자로서는 그린벨트 개발을 막고 보존 결정을 끌어낸 것이 상당히 의미 있는 일이었다고 생각한다.

② 기성시가지 역세권에 용적률을 획기적으로 높여 주택공급과 지역거점 조성

서울을 비롯한 대도시들은 도시가 발전하고 확장하는 과정에서 외곽에 신도시가 개발되고 공공기관과 기업들까지 신도시로 이전하다 보니, 원도심은 노후

하고 쇠퇴하게 되었다. 원도심을 비롯한 노후 쇠퇴한 기성시가지를 정비하고 활성화하는 일이 중요한 과제이다. 기성시가지의 낡은 건축물들과 기반시설을 정비하면서, 용적률을 상향하여, 주택 업무 문화 호텔 판매시설 등 다양한 용도가 포함된 복합건축물을 짓게 한다.

  그러면 주택공급도 늘리고 일자리도 만들며 문화도 즐길 수 있어 도심이 활성화될 것이다. 바로 주택공급과 도시 활성화라는 두 마리 토끼를 한꺼번에 잡는 것이다. 기성시가지에 기업이 다시 유치되고 문화공간과 주민 편익 시설이 함께 들어서면 직주근접과 도시 공동화 문제까지 해결할 수 있는 것이다.
  주택은 수요가 있는 곳에 공급하라. 서울은 기성시가지가 현재 용적률이 140% 내외이다. 역세권을 중심으로 용적률을 대폭 올린다면 단기간에 성과를 낼 수 있을 것이다. 일본 도쿄도의 미나토구에 있는 롯폰기힐스와 미드타운이 좋은 사례이다.

  ③ 건축 용도의 범용화

  건축물은 29개 용도와 9개 시설군으로 분류되어 있어 각 용도별 시설 기준이 다르고, 용도를 바꿀 때는 별도의 건축허가나 신고 절차를 거쳐야 한다. 애초 용도의 건축기준과 주차장 설치기준에 맞게 지어진 건축물을 다른 새로운 용도로 바꾸기가 쉽지 않다. 이미 지어진 건축물이 새로운 용도의 건축기준이나 주차기준에 맞지 않기 때문에 용도변경을 할 수 없는 경우가 많다. 또한 집합 건물인 경우는 건축주 전원 동의를 받아서 용도 변경해야 한다.

이러한 문제를 해결하기 위해서 유사한 용도를 묶어서 같은 시설군으로 운용하고 있으나, 시설군의 폭을 더욱 넓힐 필요가 있다. 경제발전과 소득성장, 그리고 사회적 변화로 건축용도에 대한 수요가 빠르게 달라지고 있다. 기성시가지에서 빠르게 변하는 건축 용도 수요에 대처하기에는 용도변경해야 하는데, 건축기준에 맞지 않으면 기존 건물을 부수고 다시 지어야 한다. 이미 공간의 겸용은 많이 이루어지고 있다. 사무실과 아파트 겸용은 오피스텔, 호텔과 아파트 겸용은 생활형 숙박시설, 콘도와 아파트 겸용은 레지던스가 그 예이다.

이번 코로나 팬데믹을 겪으며, 주택수요가 많이 늘었다. 예전에는 주택의 주용도가 휴식과 잠자리였다면, 이제는 재택근무를 하는 일터이고, TV로 넷플릭스 영화를 보는 문화공간이며, Zoom으로 강의 듣는 교육공간이기도 하다. 때로는 2주간 자가 격리해야 하는 단절의 공간이기도 해야 한다. 기존의 잠자리 휴식공간에 일터, 문화, 교육, 격리 기능을 추가하려면 당연히 공간을 더 크게 하여 폐쇄감을 느끼지 않도록 해야 한다. 또한 외부와 소통하도록 열어야 하고, 자연 생태환경이 주택 내부로 들어오도록 계획해야 한다.

사회적 거리두기와 인터넷 기반의 배달문화가 발달하면서 근린생활시설과 판매시설 수요가 대폭 줄었다. 이럴 경우를 대비해서 공간 사용의 유연성을 늘리고 필요에 따라 여러 용도로 바꾸어 쓸 수 있도록 용도의 범용화가 필요하다. 건축 기획과 설계단계부터 여러 용도를 혼용해서 쓸 수 있도록 범용적 설계를 하고, 용도변경 인허가 절차를 대폭 간소화하여 시대적 수요에 맞추어 쉽게 용도를 변경할 수 있도록 하는 것이 필요하다. 예를 들면, 사무실과 근린생활시설,

호텔, 주택, 판매시설, 교육연구시설 등 여러 용도로의 사용이 가능하도록 건축한 다음 그때그때 필요한 용도로 바꾸어 활용할 수 있도록 하는 것이다.

## 제3섹터 주택, 사회주택과 공동체 주택 도입

① 민관협력형 사회주택

그동안 우리나라에서 주택은 민간에서 공급하는 민간주택과 공공에서 공급하고 관리하는 공공주택으로 분류된다. 민간주택은 개인이나 법인이 소유, 직접 거주하거나 시장가격으로 타인에게 임대한다. 공공주택은 저소득층과 청년, 사회초년생에게 시세보다 저렴하게 임대한다. 유럽 등 선진국에서는 오래전부터 공공임대와 민간임대로 충족할 수 없는 주거 사각지대를 해결하기 위해 사회주택 제도$_{social\ housing}$가 시행되고 있고, 이제는 전체 주택 물량의 상당량을 차지할 정도로 발전했다.

서울시는 신규택지가 고갈되고, 재정 부담이 가중되어 공공임대주택 공급이 한계에 직면했다. 그런데 매년 1인 가구는 증가하고 청년들의 주거비 부담 또한 커지고 있으며, 30대는 결혼, 출산, 보육에 적정한 주거공간을 찾아 서울을 탈출하고 있다. 이러한 심각한 주거 문제를 해결하기 위해 2015년 '사회주택 활성화 지원 등에 관한 조례'를 제정하여, 저렴한 임대료에 주거 안정성을 높인 민관협력형 사회주택 제도를 도입했다. 공공재정 투입이 높은 공공임대주택의 새로운 대안으로, 민간과 공공이 공동출자하고 주거 안정성을 높인 '사회주택' 공급을 추진하게 된 것이다. 사회주택은 공공이 토지를 사들여 민간 사업자에게 30년 이상 싼값으로 빌려주면, 사업자가 이 토지에 임대주택을 지어 시세 80% 이내의 임대료로 저소득층에 최장 10년까지 주택을 빌려주는 제도다. 저소득층은 주택을 싸게 이용할 수 있고, 민간 사업자가 참여하기 때문에 지방자치 단체의 재정부담은 줄어든다. 서울형 사회주택은 청년, 신혼부부 등 사회경제적 약자를 대상으로 새로운 유형의 민관협력형 임대주택을 제공하는 것이다. 사업주체는 사회적기업, 협동조합 등 주거관련 사회적 경제 주체로 이루어진다. 서울시는 사업주체에게 공공토지 임대, 리모델링비 보조, 금융지원 등을 하고, 사회주체는 사회주택건설, 임대관리와 유지보수, 공동체 활성화 등의 역할을 수행한다.

〈공공이 지원하는 민간임대주택〉

기존의 공공임대주택 공급의 재정적 어려움과 사회적 주거 취약계층의 주거 문제 해결을 위해 서울시에서 의욕적으로 사회주택 제도를 도입했지만, 사업추진에 현실적인 어려움이 많다.

우선은 재정적인 문제로, 지속적인 사회주택추진을 위해서는 토지매입비, 리모델링비 지원 등 정부 차원의 재정지원이 절실하다. 2020년 기준 사회주택 사업주체는 31개 업체에 불과할 정도로 사업주체의 역량이 미흡하고 영세하다. 이를 해결하기 위해 지원범위를 중소기업까지 확대하고, 사업자를 대상으로 건축, 재무 등에 관한 컨설팅을 실시하고 있지만, 여전히 참여하려는 사업자가 많지 않고, 사업자의 건축-임대관리에 대한 경험과 역량도 부족한 실정이다.

대부분의 사회적 경제 주체 사업자는 재정이 열악하고 신용도가 낮아 사업 초기투자금 마련이나 금융기관으로부터 자금 대출에 어려움을 호소하고 있다. 2015년에 시작한 사회주택은 2020년까지 5년 동안 2,364호를 공급했다. 사회주택이 제대로 자리 잡으려면 아직 갈 길이 멀다. 사업주체를 육성하여 역량을 키워야 하고, 정부 차원의 재정지원이 이뤄져야 한다.

이제 겨우 걸음마 단계인 사회주택의 사업주체 역량이 갖추어지지 못한 상태에서 잘잘못만을 따지고 감사하는 행위는 그나마 이제 시작 단계인 사회주택의 발전을 가로막을 수 있다. 자가 소유가 높은 미국에서도 사회주택은 주택산업의 중요한 역할을 하고 있다. 유럽에서는 국가별로 다양한 주택정책을 펼치고 있으나, 공공이 직접 소유하지 않고, 비영리 법인이 주택을 건설하여 시세보다 저렴하게 임대주택을 제공할 때 공공에서 그 비용의 일부를 지원하는 사회주택이 주택산업의 큰 축으로 자리 잡고 있다. 공공부문은 공공주택을 직접 건설하기보다는 민관협력체계를 구축하여 비영리단체를 지원하는 역할을 주로 담당하는 것이다.

② 공동체주택

필자는 2012년 마포구 성산동에 위치한 **소행주**(소통이 있어 행복한 주택)'을 방문하여, 공동체주택 건설과정과 주택관리 방식에 대해 인상 깊게 들었다. 7세대가 사는 지하 1층, 지상 4층 다세대 주택인데, 일단 1층 현관에 들어서니 7세대의 신발장이 있었다. 신발을 벗고 들어가면 거실 겸 주방 공간이 나오고 지하실로 내려가면 창고가 있다. 1층과 지하실은 7세대의 공동 공간이다. 지하실에는 쓰지 않는 물건을 가져다 놓으면 누구나 필요한 사람이 가져다 쓰고 돌려놓는다.

1층 공동 거실 겸 주방은 주말에 7가구 가족이 함께 밥을 지어 먹으며 유대를 나누는 공동체 공간이다. 4층까지 연결된 계단과 대지 단차를 이용하여 2층에서 밖으로 나갈 수 있는 작은 마당은 어린이 놀이터이다. 성인 14명 중 한 명씩 요일별로 돌아가면서 당번을 맡아 아이들이 학교에서 집으로 돌아오면 맞아들이고 보살핀다.

이들 7세대는 처음부터 서로 알고 지낸 사이가 아니었다. 공동체 생활을 하고 싶은 세대를 모집한 결과 7세대가 모였고, 종자돈을 모아 땅을 구하고 건축사에게 7세대 각자 자기가 살고 싶은 형태의 내부구조에 의견을 제시하면 설계에 반영하여 집을 짓는 것이다. 따라서 7세대 모두 내부구조가 다르다. 어떤 집은 거실이 크지만, 옆집은 부엌이 크거나 부부침실이 넓다. 그러나 1세대당 총평수는 동일하다. 건설비용은 평당 얼마로 총액을 계약한 것이 아니고, 정확하게 투입된 재료비와 인건비를 산출하고 거기에 이윤 몇 프로를 더해서 주는 정산방식을 택했다. 이렇게 하면 본인들이 원하는 건축자재를 선택할 수 있다는 장점이 있다. 물론 건설사와 신뢰가 있어야 가능하다.

당시 20여 년을 넘게 주택건축 관련 행정을 처리했던 필자에게는 '소행주' 방식이 너무나 생소하고 신선한 충격이었다. 소행주 방식은 어쩌면 주택건설과정에서 혁신, 새로운 주거문화를 창출할 수 있다는 생각이 들었다.

〈공동체주택의 개념〉

공동체주택은 독립된 공동체 공간(커뮤니티 공간)을 설치한 주거공간으로, 공동체 규약을 마련하여 입주자 간 소통·교류를 통해 생활문제를 해결하거나 공동체 활동을 함께하는 새로운 형태의 주택이다. 소행주가 바로 대표적인 공동체주택이다. 1994년 공동 육아에서 시작한 성미산 마을공동체는 점차 발전을 거듭하면서 교육, 주거, 문화 등 많은 분야에서 공동생활을 하는 공동체촌으로 발전했다.

가구 분화와 가족해체를 겪고 있는 현대사회에서 상호 간에 소통과 교류를 통해 따뜻한 인간관계를 맺고, 주거비용을 절감할 수 있는 공동체주택은 사회적 연대와 통합을 통해 주거문제를 해결하는 의미 있는 주거방식이다. 1인 가구 증가, 주거비 상승, 공동체 해체로 인한 고립, 주거불안, 육아 등의 문제를 개인이 아닌 입주자가 함께 해결하는 주거 형태인 것이다. 서울시에서는 2017년 〈서울특별시 공동체주택 활성화지원 등에 관한 조례〉를 제정하여 공공지원형 임대주택 방식으로 공동체주택 제도를 시행했다.

시는 공공토지를 임대하고 사업자금의 90%를 대출해 주거나 대출이자를 지원하는 역할을 한다. 그리고 사업자는 공동체주택을 건설하고 임대관리와 유지보수를 통해 공동체 활성화를 유지하고 지원하는 역할을 한다. 임대 및 매매 조건은 주거 취약계층의 경우 시세보다 30~70% 저렴하게 공공임대주택에 입주가 가능하며, 자가 소유의 주택이나 무주택은 시세보다 95% 저렴하게 공동체주택에 입주할 수 있다. 공동체주택이 다양한 방식으로 진화하고 발전하도록 공공임대형, 민관협력형, 민간임대형, 자가소유형 등 사업유형을 다각화하여 해당 사업에 걸맞은 맞춤형 지원을 시행했다. 2015년부터 시작한 공동체주택은 2020년까지 5년 동안 17개 사업자가 참여하여 1,407호를 공급했다.

최근 들어 청년들을 중심으로 사회적기업이나 협동조합 형태의 공동체주택 사업자들이 등장하는 것은 바람직한 일이다. 〈하우징쿱주택협동조합〉처럼 초기 주택협동조합에 청년 주거를 위한 쉐어하우스를 공급하는 주체들이 생기고 있다. 〈민달팽이주택협동조합〉이나 대규모 사회주택 단지를 만들고 있는 사회혁신기업 〈더함〉 등 다양한 형태의 공급 주체들이 나타나고 있는 것은 좋은 변화다.

〈나눔과 공유로 상부상조 실천〉

재능공유로
다양한 교육환경
마련

언어·악기·요리 등

물건공유로
상부상조
실천

공구 · 피아노
캠핑용품 · 유아용품 등

시간, 사람공유로
다양한 사회문제
해결

육아문제
고독 · 치안

공동체주택도 사회주택처럼 아직은 걸음마 단계로, 사업자의 역량을 강화하고 앞으로 더 많은 발전을 위해서는 다양한 지원책을 마련해야 한다. 또한 공동체주택을 스스로 기획하고 추진할 수 있는 주택협동조합들이 만들어지고 이들이 스스로 필요한 주택을 공급할 수 있도록 다양한 형태의 토지 및 금융지원제도를 만드는 것이 필요하다.

사회주택과 공동체주택은 아직까지 초기 단계로 전체 주택물량에서 차지하는 비중은 미미하다. 그러나 이 두 개의 새로운 주거형태는 주거비용 증가로 인한 주거불안, 1~2인 가구 증가, 인간 소외 등의 주거 문제를 민관협력의 사회적 연대를 통해 해결하여, 공동체를 회복하고 삶의 질을 높이며 도시생태계를 재구성하는 중요한 요소로 자리 잡을 것이다.

## 세계 선진국 수준으로 개편, 저 거래세, 고 보유세

이번의 주택가격은 우리나라에서만 오른 것이 아니고 세계 주요 도시에서 거의 비슷한 상황이 벌어졌다. 그런데 우리나라는 최근 몇 년 동안 거의 매일 부동산 뉴스가 언론의 메인 뉴스로 빠짐없이 등장하는데 왜 다른 나라에서는 그렇지 않을까? 우리는 온 국민의 매일매일 관심사가 이번에는 어디에서 얼마가 올라 거래되었고, 전문가들이 거의 매일 방송에 출연하여 앞으로는 어디가 또 오를 것이라고 전망한다. 부동산114와 국민KB은행, 한국감정원에서는 매주 주택가격 등락을 발표한다.

이런 뉴스를 매일 접해야 하는 국민은 그야말로 부동산으로 인한 스트레스로 불안감이 증폭될 수밖에 없다. 전월세로 살고 있는 서민들은 전세값 상승에 불안하고, 사회초년생들은 '내 인생에서 집 사는 것은 이제 영원히 불가능한 것인가?'하고 절망한다. 영혼까지 끌어서 집을 사야 하는 영끌이라도 해야 하는 것이 아닌지 불안을 넘어 공포감에 사로잡힌다. 집값 폭등으로 인해 집이 없는 사람은 상대적 박탈감과 소외감이 훨씬 증폭되어 벼락거지로 전락되는 느낌일 것이다. 그런데 왜 다른 나라는 우리처럼 그렇지 않을까? 그 나라나 도시에서는 특정 지역에서 부동산 가격이 폭등하면 소외감이나 경제적 박탈감이 없을까?

여러 이유가 있겠지만, 필자는 세금제도의 차이 때문에 경제적 박탈감이나 상실감이 훨씬 덜 하리라 생각한다. 선진도시들은 대부분 보유세가 주택가격의 1%이기 때문에 부동산을 쉽게 살 생각을 하지 못한다. 20억짜리 주택을 사면 매년 2천만원의 보유세를 감당해야하기 때문에 신중해야 한다. 대신 거래세는 우리와 달리 아주 낮다. 심지어 생애 처음으로 집을 사는 사람들에게는 거래세가 없는 도시도 있다. 우리나라도 이렇게 보유세를 높이고 거래세를 낮추면 투기세력들이 쉽게 부동산으로 인한 불로소득을 챙기지 못할 것이다. 집을 가지고 있던 사람도 소득이 낮아지면 보유세가 부담스러워 집을 팔 것이고, 그러면 주택시장의 매물이 풍부해질 것이다.

특정지역의 집값이 오른다고 사람들이 경제적 상실감을 가질 필요가 없다. 집값이 오른 만큼 세금을 더 낼 것이고 더 걷은 세금은 공공주택 건설 재원으로 활용하면 된다.

집주인은 가격이 올라서 좋고, 정부는 세금을 더 걷을 수 있으니 좋고, 서민들은 공공주택이 많아지니 좋을 것이다. 이렇게 되면 주택가격 상승을 틈타 투기세력들이 벌어가는 불로소득도 많이 줄일 수 있고, 주택시장 불안으로 가장 피해를 입는 저소득층에게는 공공주택을 제공할 수 있는 재원을 마련할 수 있는 이점이 있다. 또 부동산이 상승할 때마다 반복되듯이 강남에서 촉발된 주택가격 상승이 인접 지역으로 번지고 전국의 주요도시로 확대되어 주택가격을 자극하는 일은 대폭 줄어들 것이다.

혁신은 기회가 있을 때 해야 한다. 이번처럼 부동산 가격 상승으로 온 국민의 관심사가 주택가격에 쏠리고 있을 때 해야 한다. 부동산 안정기에는 국민의 관심을 받지 못하기 때문에 기득권 세력에 부담이 되는 세제혁신을 도모하기에는 불가능하다. 중저가의 주택은 세율을 현행처럼 하여 서민의 세제부담이 가중되지 않도록 하되, 고가주택은 보유세를 선진국처럼 실효세율 1% 정도로 하는 세제혁신이 답이다. 그렇게 되면 일부 특정 지역 부동산 가격이 폭등하더라도 국민의 경제적 상실감은 완화될 것이며 이로 인한 사회적 갈등도 감소할 것이다.

앞장에서 세제개편의 필요성에 대해서 자세히 논했다. 개발시대에 만들어진 '저 보유세와 고 거래세'의 현행 세제를 '고 보유세와 저 거래세'로 개편해야 한다. 세제개편의 필요성은 이미 30년 전부터 시민사회단체에서 의제로 다루었고, 노무현 정부에서는 구체적인 실행계획까지 검토했는데 집값이 다시 안정세를 찾으니까 흐지부지되었다. 집값이 오르면 세제는 집값 잡는 단골 메뉴로 등장한다.

세금 인상은 집을 보유한 사람에게 바로 직접적이어서 단기간에 집값 잡는데 가장 큰 효과를 가져올 수 있는 만큼 저항도 크다. 2021년 5월 정부 여당이 종합부동산세 부과 대상을 주택가격 상위 2%로 맞추어 시가 기준선을 13억에서 16억으로 상향한 것이 단적인 예이다. 국민 대부분은 종부세 대상이 아닐뿐더러, 상위 2%로 그 대상을 낮춘다 하더라도 그 효과는 미미하다. 그러나 여당이 종부세를 완화한 것은 기득권자들의 세제저항과 언론의 비판적 시각을 수용한 것이라 할 수 있다.

세제는 국민에게 직접적인 부담을 지우는 것이기에 단기간에 혁신하기 어렵다.

집값 안정기에는 가만히 있다가 집값 상승기에 세금인상을 통해 집값을 잡으려다 보니, "정부에서 잘못해서 집값 올려놓고 왜 국민에게 세금을 올리려고 하느냐!" 라고 반발한다. '정부 무능 집값 폭등, 세금 인상 국민 부담'이라는 프레임에 갇혀 버린 것이다. 사실이 그렇지 않다고 하더라도, 많은 국민은 그렇게 인식하고 있다는 것이 중요하다.

보유세가 낮다 보니, 집값 상승기에는 유동자금이 부동산으로 쉽게 흘러들어와 주택가격을 더욱 부추긴다. 거래세가 높다 보니, 집값이 오른다고 팔지 않고 임대 놓아 받은 임대료로 상대적으로 낮은 보유세를 내고도 남는다. 주택시장에서 매물가뭄이니, 한두 채라도 매물이 나오면 부르는 게 값이다. 이렇게 돌아가는 주택시장 가격 폭등의 악순환 고리를 끊어야 한다.

바로 '고 보유세 저 거래세'로 세제개편이 주택시장 악순환의 고리를 끊을 수 있는 답이다. 보유세가 높으니 유동자금이 쉽게 부동산으로 흘러 들어오지 않을 것이며, 주택을 구매할 때도 매매차익을 노리는 것보다 본인의 보유세 부담 능력을 고민할 것이다. 주택가격이 상승함에 따라 보유세 부담이 커지면, 거래세가 낮으니 바로 시장에 내놓을 것이다. 주택시장에 매물은 풍부해지고 수요와 공급의 시장 조절 기능에 의해 가격은 안정을 되찾을 것이다.

세제는 체감도가 높아 저항이 크기 때문에 개편을 한 번에 하기는 어렵다. 이번 기회에 향후 10년 정도 장기간에 걸쳐 보유세와 거래세 비율을 연차적으로 혁신하는 프로그램을 작동시켜야 한다. 그렇지 않으면 주택가격 상승의 악순환 고리는 어느 정부가 들어서도 끊을 수 없다. 선진국들이 왜 '고 보유세 저 거래세'의 세제를 운용하는지 생각해보면 알 수 있다.

## 지방정부의 역할과 책임 강화

대한민국의 부동산 불안의 진원지는 늘 서울발이며, 종착지 역시 서울에서 마감한다. 강남 대형 단지의 아파트 가격에 이상기류가 생기면 그다음 뭔가가 일어나기 시작한다. 주택은 매매계약이 이루어진 후 30일 이내에 실제 거래가격을 시군구에 신고하므로 실시간 가격 움직임을 파악하기 어렵다. 그래서 필자는 서울을 중심으로 분당, 일산, 구리 등 인접 도시까지 포함하여, 부동산중개업을 하시는 분 중 관할 자치단체의 추천을 받아 250명으로 구성된 「부동산 시장 모니터링단」을 구성했다. 2~3개월에 한 번씩 메일이나 설문지를 발송하여 부동산 시장에 대해 현장의 생생한 목소리를 듣는 것이다.

그런데 현행제도 아래에서는 부동산 정책을 수립하고 실행하는 데 있어서 지방정부의 역할은 극히 미미하다. 부동산 정책은 크게 금융, 세제, 주택공급, 임대시장관리, 주거복지 등 5가지로 나누는데, 지방자치단체에서 할 수 있는 것은 건축인허가를 통한 민간주택공급과 서울시 재정 범위 내에서 공공임대주택 건설과 임대료 지원 등 부동산 정책 중 극히 일부분이다. 따라서 부동산 시장에 미치는 지방자치단체의 영향력은 미미하다. 부동산 시장에 강력한 영향력을 미치는 금융, 세제, 신도시건설을 통한 주택공급, 임대기간과 임대료 상한제 등 임대시장관리, 공공임대주택의 정부예산 지원 등은 전적으로 정부의 권한이다.

부동산 시장 현장의 움직임을 가장 생생하게 잘 파악할 수 있고, 시민의 생활행정을 바로 집행할 수 있는 서울시장에게 부동산 시장에 대한 적정한 책임과 권한을 일부 이양하여, 정부와 역할을 분담하는 방안을 강구할 필요가 있다고 본다. 필자가 정부의 부동산대책회의에 참석해 보면, 이미 시나리오는 짜여 있고, 그중 서울시 할 일을 분담 받아오는 수준이다.

우리나라가 아직은 정치 행정적으로 지방분권이 완전히 이루어지지 않았고, 지방정부가 아닌 지방자치단체로 그치고 있다. 지방정부는 선거 때 정치적 구호에 머물고 만다는 것이 참으로 아쉽다. 2022년 20대 대선이 불과 몇 개월밖에 남지 않았는데도 이번에는 그마저 지방분권 얘기조차도 별로 없다. 부동산 시장은 여러 복합적인 요인에 의해서 매우 민감하게 움직이는 것으로 서울시장의 역할이 중요한데도 말이다.

선진국에서 시행되고 있는 적정임대료 운용과 임대료 분쟁조정위원회 등 임대시장 관리와 다주택자들의 불로소득 환수를 위한 일부 세제권한을 지방자치단체에 이양한다면 지금보다 훨씬 효과적으로 운용하여 주택시장 안정에 기여할 수 있을 것이다. 그리고 LH의 공공주택공급과 주거복지 기능을 지방공사에 이양하고 정부 재정지원을 확대하는 것이 필요하다. 주차장법 등 주택 관련 건축기준을 대폭 자치단체 조례로 위임하는 것도 중요하다. 서울의 주택가격 상승을 왜 정부와 국회가 전부 책임지려 하는가? 서울시와 역할과 책임을 나누어지면 정책효과도 훨씬 빠를 것이며 국민 체감도도 높아질 것이다. 정치적 부담도 더 완화되지 않겠는가?

## 파도를 보지 말고 파도를 일으키는 바람을 보자

집값이 오르면 오른 대로 걱정, 내리면 내린 대로 걱정이다. 그러나 좀 더 멀리, 크게 보면, 집값은 오름과 내림이 반복된다. 한없이 올라갈 것 같은데 어느 순간 내리막길을 걷는다. 우리 인생사와 마찬가지다. 주택은 다른 재화와 달리 건설하는 기간이 길어서 수요와 공급에 의한 시장논리가 곧바로 작동되지 않는다. 아파트 수요가 급증할 때 아파트 건설에 착수하면, 5~10년 후 준공하고 입주할 때는 전혀 다른 상황이 될 수 있다. 오히려 과다한 아파트 공급에 집값은 폭락하고, 건설사는 부도가 날 수도 있으며, 과도한 대출을 받아 집을 장만한 영끌이는 하우스푸어가 될 수도 있다.

"인생은 가까이 보면 비극이지만, 멀리서 보면 희극이다." 찰리 채플린의 영화에 나오는 대사다. 인생은 하루하루 일어나는 작은 일에 너무 집착하면 늘 불안하고 안절부절 고통스럽지만, 멀리서 크게 긴 호흡으로 바라보면 불안하고 고통스러운 일도 별것 아닐 수 있다는 말이다. 집값의 등락에 너무 일희일비 하지 말고, 중장기적인 큰 틀에서 바라보자.

바다를 항해하는 배가 폭풍우를 만났을 때 승객들은 제자리를 잘 지켜 배의

균형을 바로 잡아주는 것이 안전하다. 파도에 밀려 이리저리 쏠림현상이 일어나면 배는 어느 한쪽으로 기울어져 전도되기 십상이다. 선장은 조금만 지나면 폭풍우가 지나갈 것이고, 배는 안전하게 계속 항해할 수 있다는 믿음을 승객에게 주어야 한다. 선장과 승객들 간에 상호 신뢰가 사라지면, 선장이 아무리 얘기해도 승객들은 듣지 않고, 각자도생의 살길 찾아 바쁘게 움직일 것이다. 그러면 배는 쏠림현상으로 이리저리 요동을 칠 것이고, 결국은 침몰 위기에 처할 것이다.

난 사람의 얼굴을 봤을 뿐, 시대의 모습을 보지 못했소.
시시각각 변하는 파도만 봤겠지. 바람을 봐야 하는데.
파도를 만드는 건 바람인데 말이요.
당신들은 그저 높은 파도를 잠시 탔을 뿐이오.
우린 그저 낮게 쓸려가는 중이었소만.
뭐 언젠간 오를 날이 있지 않겠소.
높이 오른 파도가 언젠간 부서지듯이 말이요.

몇 년 전에 상영되었던 '관상'이란 영화에 김내경(송강호 분)의 마지막 대사다. 필자는 지난 30년 대한민국의 부동산 가격 추세를 살펴보고 현 상황을 분석하며, 향후 바람직한 부동산의 미래를 제시했다. 독자들은 현재의 부동산 상황과 집값 오름세에 관심을 두는 것이 필요하지만, 긴 안목으로 큰 틀에서 부동산 전체의 흐름을 살피는 것도 중요하다는 것을 말하고 싶다.

우리는 늘 출렁이는 파도 위에 얹혀살고 있다. 하루하루 일어나는 소소한 일들에 파묻혀 세상을 긴 호흡으로 크게 보지 못하고 있다. 산 위에 올라가서 바다를 바라보면 시시각각 변하는 파도를 보며, 파도를 만드는 바람의 향배도 알 수 있다. 우리의 삶에서 하루하루 일상이 중요하지만, 가끔은 긴 안목으로 인생의 큰 흐름을 살펴보는 것도 중요하다. 내 인생이 어디로 흘러가고 있는지, 올바르게 내가 원하는 대로 잘 가고 있는지.

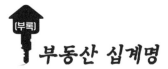

# 부동산 십계명

1. 똑똑해져라. 집은 나에게 가장 큰 자산이다. 시장에서 배추 한 다발, 백화점에서 옷 한 벌 살 때도 많은 고민을 한다. 집을 사거나 팔 때 많은 조사와 공부를 한 후 결정해야 한다.

2. 정부 발표 배경과 추세를 보라. 정부 말을 믿고 있었다가 낭패를 보았다고 정부를 비난해보았자 소용없다. 정부로서 본연의 일을 한 것뿐이다.

3. 감정적으로 생각하지 말자. 집값의 등락은 늘 일어난다. 남의 말을 듣고 충동구매는 금물이다.

4. 멀리 내다보자. 집값은 여러 요인에 의해서 오르내리지만, 일정한 변화의 추세를 가지고 움직인다.

5. 본인의 인생 주기에 맞추자. 본인의 나이, 자녀 교육 등 인생 주기에 맞는 집을 선택해야 한다.

6. 집은 감당 가능한 범위 내에서 적정한 시기에 반드시 사자. 장기적으로 보면, 집은 경제발전, 소득성장과 더불어 오른다. 집은 거주, 자산, 연금 등 3대 기능이 있어서 적정한 시기에 사는 것이 좋다.

7. 성장 잠재력을 보고 사자. 주택은 입지가 중요하다. 교통, 일자리, 교육, 주
거환경 등 앞으로 성장 가능성을 보는 눈을 기르자. 지역이 어떻게 변할지
상상력을 기르는 것이 중요하다.

8. 부동산에 올인하는 것은 금물이다. 모파상의 가짜 반지처럼 인생의 소중
한 시간을 부동산에 너무 집착하여 헛되이 보내는 수가 있다.

9. 정치에 관심을 두자. 부동산에 관한 정책 결정은 최종적으로 정부와 국회
에서 이루어진다. 좋은 정치인이 당선돼서 올바른 정책을 하도록 해야 한
다. 플라톤의 얘기처럼 정치에 관심을 두지 않으면 나보다 어리석은 자의
통치를 받게 된다.

10. 자기만의 부동산 십계명을 만들어라. 시류에 의해 흔들리지 않는 자기만의
부동산 철학이 필요하다.

# 대한민국 부동산 흐름의 핵심을 잡는
# 경륜 있는 공직자의 혜안과 통찰력!

**권선복**
(도서출판 행복에너지 대표이사)

우리 조상들은 풍수지리의 원리를 이용해서 사람이 살아가는 '집', 즉 주거환경이 얼마나 중요한지를 잘 알고 있었습니다. 주거공간과 환경은 생활의 기본이 될 뿐만 아니라, 삶의 질을 결정하는 모든 요소에 영향을 미치기 때문입니다. 이러한 주거환경의 중요성과 고도 개발시대에 만들어진 부동산 시장 흐름의 영향으로 인해, 부동산은 주거환경을 결정하는 중대한 요인일 뿐만 아니라 개인의 자산가치를 높이는 가장 중요한 투자로 여겨지고 있습니다. 이러한 분위기 속에서 부동산 정책에 따라 정부의 지지율이 급변할 정도로 부동산 시장의 흐름은 정치적으로도 대단히 중요하고 민감한 이슈로 등장하곤 합니다.

이 책『대한민국 부동산 트렌드』는 2020년 서울특별시 행정2부시장으로 퇴임하기까지 30여 년을 서울시 공직자로서 일선 현장을 진두지휘한 진희선 연세대학교 도시공학과 특임교수의 '대한민국에서 집이 있는 사람이든, 집이 없는 사람이든, 꼭 알아야 하는 부동산 30년 트렌드'를 담고 있는 안내서입니다.

　"부동산 시장은 강제로 끌고 나가기 어려운 존재다. 파도를 읽으려면 파도가 아닌 바람을 봐야만 한다"는 통찰을 기본으로 하여 집과 토지의 역사적 의미, 집값의 이상 폭등 과정과 폭등이 사회에 끼치는 영향, 정부의 부동산 대책과 그 결과에 대해 현장전문가만이 할 수 있는 예리한 분석과 친절한 설명으로 전달하고 있는 것이 특징입니다.

　이 책을 통해 30여 년간 대한민국 부동산 시장 전개에 대한 날카로운 분석을 읽으면서 독자들은 대한민국 부동산 시장이 어떻게 움직이는지, 어떤 원칙과 관점으로 소중한 부동산 투자를 진행해야 하는지에 대해 유익한 통찰을 얻을 수 있을 것입니다. 부동산 시장은 여러 요인에 의해서 움직이지만 분명히 일정한 변화의 추세를 가지고 있기 때문입니다.

　이 책『대한민국 부동산 트렌드』가 일반 독자들에게는 부동산 투자에 대한 현명한 통찰을, 공직에 있는 분들에게는 도덕 원칙과 서민경제를 모두 아우를 수 있는 부동산 정책의 청사진을 제시할 수 있기를 소망합니다!

서울시 부시장이 말하는

# 대한민국
# 부동산
# 트렌드

**초판 1쇄 발행** 2021년 11월  1일
    **2쇄 발행** 2021년 11월 11일
**지 은 이** 진희선
**발 행 인** 권선복
**편    집** 백예나
**디 자 인** 박현민
**전 자 책** 오지영
**발 행 처** 도서출판 행복에너지
**출판등록** 제315-2013-000001호
**주    소** (07679) 서울특별시 강서구 화곡로 232
**전    화** 010-3267-6277
**팩    스** 0303-0799-1560
**홈페이지** www.happybook.or.kr
**이 메 일** ksbdata@daum.net

값 20,000원
ISBN 979-11-5602-930-4  03320

Copyright ⓒ 진희선, 2021

도서출판 행복에너지는 독자 여러분의 아이디어와 원고 투고를 기다립니다. 책으로 만들기를 원하는 콘텐츠가 있으신 분은 이메일이나 홈페이지를 통해 간단한 기획서와 기획의도, 연락처 등을 보내주십시오. 행복에너지의 문은 언제나 활짝 열려 있습니다.